日本企業最大の「欠落」と
その処方箋

CFO思考

徳成旨亮 著
Tokunari Muneaki

ダイヤモンド社

はじめに

なぜ今「CFO思考」が必要なのか

日経平均株価を構成する225社のうちの2社のCFO（最高財務責任者）として、私は国内外あわせて毎年平均100名前後の機関投資家の方々と、直接もしくはネット経由で面談し、自社の株式への投資をお願いしてきました。

面談先の9割程度は海外投資家で、投資家の属性はソブリンウエルスファンド（中東産油国やシンガポールなどの政府系運用機関）、各国の教職員年金などの年金基金、ヘッジファンド、アクティビスト（物言う株主）、ESG投資家など、多岐にわたります。面談先には、新興の投資ファンドもいれば、タイタニック号に投資した歴史を持つスコットランドの老舗機関投資家なども含まれます。また、その投資スタイルも運用の期間もさまざまです。

これら多くのグローバル投資家から、私が繰り返し言われてきた言葉があります。それは、

「君たち（日本経済・日本企業・日本人）には『アニマルスピリッツ』はないのか？」

というフレーズです。

経済学者の**ジョン・メイナード・ケインズによれば、アニマルスピリッツとは、「実現したいことに対する非合理的なまでの期待と熱意」**を意味します。海外の投資家たちは、日本の社会全体や企業経営から血気と活力が衰えている、つまり「アニマルスピリッツ」が日本経済から失われていると見ているのです。

日本経済と日本企業には魅力がないと判断した海外機関投資家は、投資額全体に占める日本株のウエイトを落とし続けています。

米国の代表的な株価指数であるS&P500は過去30年で約9・1倍に上昇し、

図表1｜上昇を続ける米国株、高値を更新できない日本株

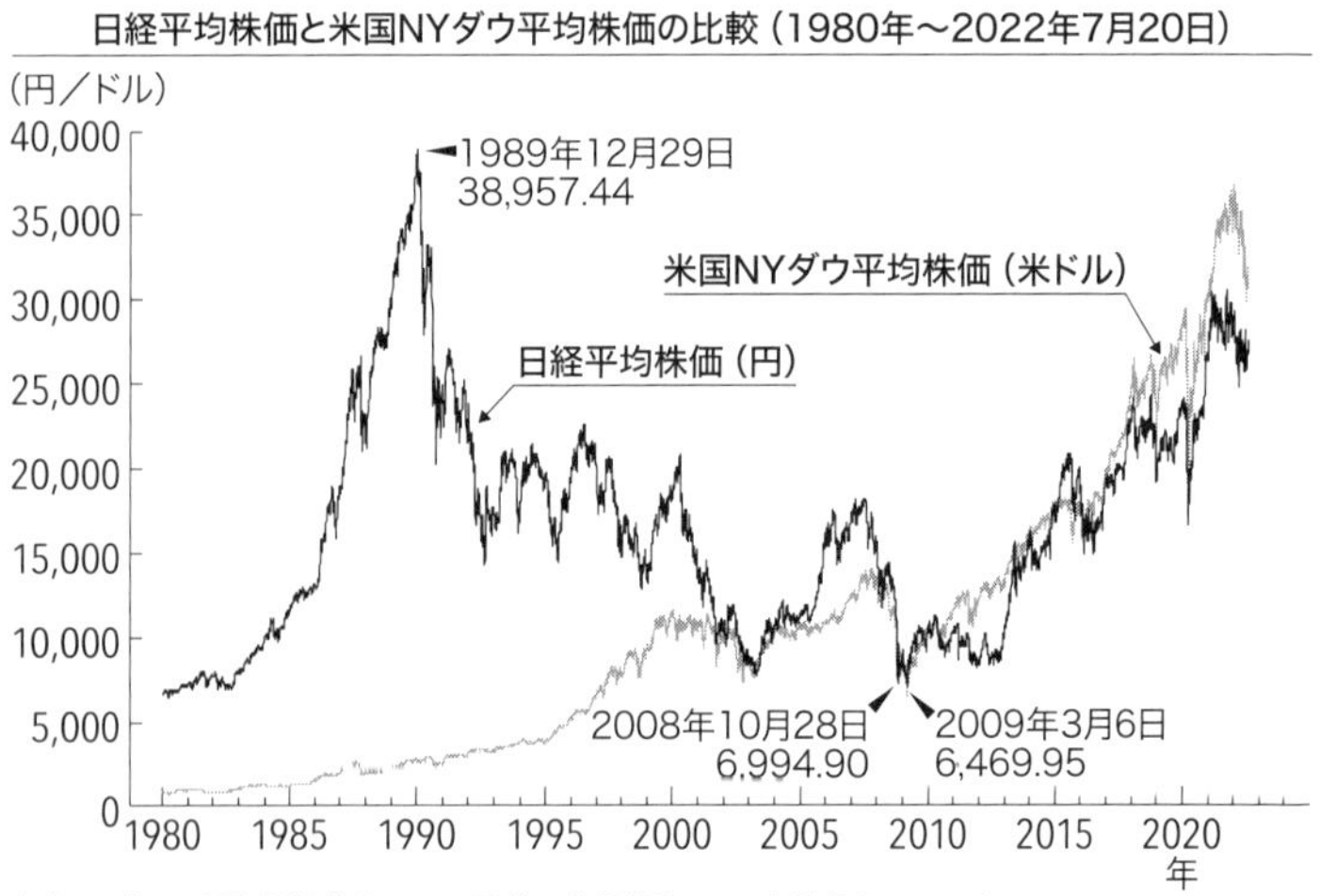

出典：三菱UFJ国際投信「グローバル時代の投資戦略 2022年秋号」65ページ

ドイツの株価指数も約7・4倍になっているのに対し、日経平均株価は1989年12月29日の大納会で付けた史上最高値の3万8957円から30年が経過した今も、高値を更新できないまま（**図表1**）であり、日本株が投資対象として魅力を失っていることは事実です。

同時に、日本の名目GDPが世界経済に占めるウエイトも15％から5％台にまで縮小し、日本の相対的位置付けは低下し続けています。

さらに、国民の豊かさを図る尺度でもある「国民1人あたりGDP」は、2022年時点で3万3821ドルと世界30位。**図表2**を見ると、日本は過去30年にわたって4万ドル近辺で停滞しており、

図表2｜**日本は国民の豊かさも過去30年にわたって横ばいのまま**

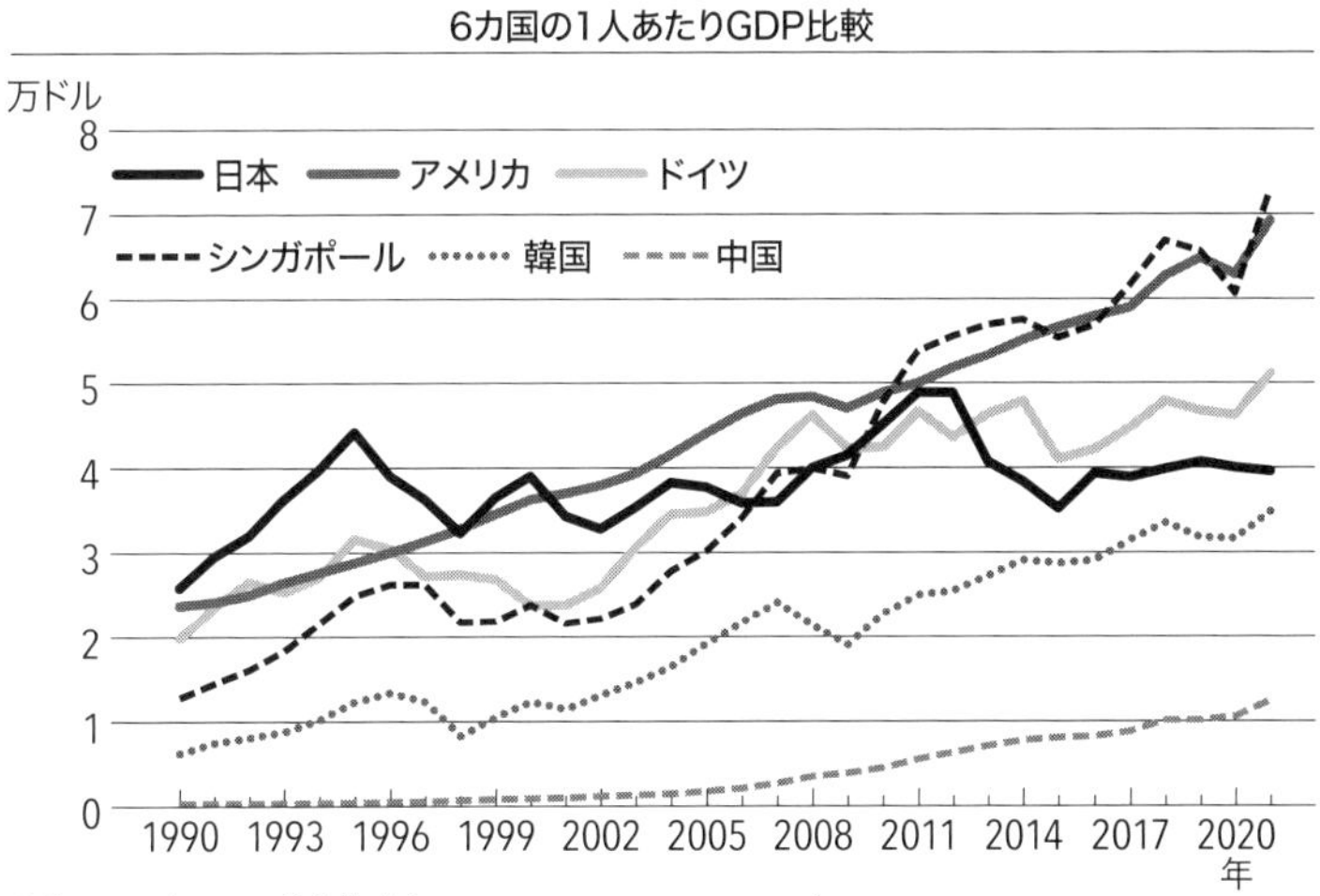

出典：IMFデータから筆者作成（https://www.imf.org/en/Data）

シンガポール（6位）や香港（20位）に抜かれ、台湾（33位）や韓国（34位）にも迫られています。[*1]

これらの数字からわかるように、日本はもはやアジアの盟主ですらなく、先進国の中でも貧しい国のひとつになっています。

「CFO思考」は、個人と経済が成長する鍵

この現状を覆すにはどうすればよいか？　それが本書のテーマです。**その答えは「CFO思考」にある**と私は考えています。

「CFO（Chief Financial Officer、最高財務責任者）」と聞くと、数字のプロであり経理や資金調達に責任を負っている「経理・財務担当役員」が思い浮かぶ方も多いと思います。

しかし、**欧米で「CFO」といえば、CEO（最高経営責任者）、COO（最高執行責任者）とともに3名で経営の意思決定を行う「Cスイート」の一角を占める重要職**です。その責任領域は、会社によって濃淡はあるものの、「経理」「予算」「財務」「税務」のほか、「経営戦略」「M&A等の戦略投資」「資本政策」「IR（投資家対応）・SR（株主対応）」「内部管理」「気候変動を含むサステナビリティ・ESG」「DXを含むIT・システム」など、非常に多岐に

渡っています。

欧米のＣＦＯにはいくつかの側面がありますが、その本質のひとつは、「コミュニケーター兼インフルエンサー」、日本の昔の表現では「顔役」です。

すなわち、ＣＦＯは、投資家をはじめとする社外の多くのステークホルダー（利害関係者）に対しては、会社を代表してエンゲージメント（深いつながりを持った対話）を行い、社内に対しては、ＲＯＥ（自己資本利益率）に代表される投資家の期待・資本の論理や、ＥＳＧ投資家や地域社会など、異なるステークホルダーの要望を社員にもわかるように翻訳して伝え、その期待を踏まえた経営戦略を立て、それを実践するよう組織に影響を与え行動を促す、という役割を担っています。

そして、「アニマルスピリッツ」をＣＥＯなどほかの経営陣と共有し、「数値をベースにした冷静な判断力」を持って考え、企業としての夢の実現に向け行動する、いわば企業成長のエンジンの役割を果たしています。

欧米同様、日本においても、**これからの時代のＣＦＯには、経理・財務担当役員としての役割だけでなく、企業成長のエンジンも務めることが求められます。**

すなわち、数字のプロとしての「冷徹な計算」だけでなく、会社全体として実現したいこと（パーパス）に対する「非合理的なまでの期待と熱意（アニマルスピリッツ）」をＣＦＯが持つことで、企業体として取れるリスクを見切ったうえで、M＆Aなどの戦略投資や未来に向けた設備投資や研究開発が実行できるのです。

本書では、**従来の日本の経理・財務担当役員に多く見られる「CFOは企業価値保全を第一義にすべきだ」という考え方を「金庫番思考」、「CFOは冷徹な計算と非合理的なまでの熱意を併せ持ち、企業成長のエンジンとなるべき」という考え方を「CFO思考」**と呼びます。**「『CFO思考』こそが、企業のパーパス（存在意義・目的）を実現させる」**。これが本書の結論です。

この思考法は、個人一人ひとりの成長にもつながると私は考えています。

「失われた30年」とも称される低成長の時代が長く続き、社会に閉塞感が生まれ、本来、夢を語りチャレンジできるはずの世代がリスク回避的な行動を取るようになっています。

そうした社会にしてしまった一人として忸怩《じくじ》たる思いがありますが、未来を創るビジネスパーソンの皆さんには、「数値をベースにした冷静な判断力」と「アニマルスピリッツ（実現したいことに対する非合理的なまでの期待と熱意）」の両方を持ってほしい、つまり「CFO思考」を実践してほしいと考えています。

「失敗を誉める文化」の醸成や、個人が失敗をしても経済的に困窮しないセーフティーネットを社会に実装することと併せて、**「CFO思考」を実践する個人が増え、「CFO思考」を持つ**

企業経営者が増えることで、日本経済は「血気と活力」を取り戻し、着実に成長への道に回帰できると私は考えています。

本書では、CFOが日頃対話している「海外投資家」は何を考えているのか、CFOの業務とはどういうものか、「CFO思考」がなぜ企業や経済の成長につながるのかといったことを、具体的にお話ししていきます。

本書でお話する内容には、コーポレートガバナンスのあり方やサステナビリティと成長戦略との関係など、企業経営に関するテーマが多く含まれています。

同時に、現在、各企業において、経理、予算、財務、税務、IR、サステナビリティ・ESG、DX・ITといった分野で働くビジネスパーソン、もしくはそのような分野に興味がある方々も意識して書き下ろしました。皆さんが担当しておられるこれらの業務において、どのように「CFO思考」を発揮すればよいのかをご紹介しています。

こうした実務に携わっておられる皆さんには、グローバルで活躍できる人材として、将来日本企業と日本経済の成長のエンジンになっていただきたいと考えています。本書を読んで「CFOを目指してみたい」と少しでも思っていただいた方のために、CFOに求められるスキルを「CFOチェックリスト」として巻末に掲載しています。

業種をまたいでＣＦＯ職を担い、４年連続「ベストＣＦＯ」に選出

私は三菱ＵＦＪフィナンシャル・グループ（ＭＵＦＧ）という銀行、信託銀行、証券、カード（ニコス）、リース、消費者金融（アコム）などを傘下に持つ持株会社のグループＣＦＯや、米国中堅銀行のユニオンバンク取締役を経て、ニコンというデジタルカメラ、顕微鏡、半導体露光装置などの精密機器メーカーでＣＦＯとして経営に携わっている現役のビジネスパーソンです。

最初に入社した三菱信託銀行時代に証券アナリストの資格を取り、２０１４年には金融庁の「日本版スチュワードシップ・コード」策定のための有識者検討会のメンバーになるなど、投資家サイド、すなわち資金運用サイドから資本市場に長年関与してきました。

２０１０年頃からは、普通株や優先株による１・６兆円の増資、優先出資証券などのメザニン（資本と負債の中間形態）ファイナンス、民間銀行初のグリーンボンド（環境改善活動に使途を限定した債券）の発行などを通じて、それまでとは反対の資金調達サイドから資本市場に頻繁にアクセスしてきた経歴を持っています。

また、ＭＵＦＧの財務企画部長としてリーマンショックやモルガン・スタンレーへの出資を

経験し、同社のCFOとなってからは東南アジアの銀行やアセットマネジメント（資産運用）会社のM&Aや戦略投資に関与してきました。

この間、さまざまな種類の投資家と数多く対話してきましたが、ありがたいことに、米国金融情報誌『インスティテューショナル・インベスター』が主催する世界中の投資家やアナリストの投票で、**日本の銀行部門のベストCFOに4年連続で選出**していただきました。そして、ニューヨーク証券取引所でクロージングベル（取引終了を告げる鐘）を鳴らすという機会にも恵まれました。

また、全米15位前後の西海岸ベースの中堅銀行であるユニオンバンクの取締役となり、米国流のコーポレートガバナンスが実際にどのように運営されているのかを、3年間実地で経験しました。

新型コロナウイルスが猛威を振るい始めた2020年4月にニコンに転じましたが、その年、同社はコロナ禍もあり、100年を超える歴史のなかで最大の赤字に見舞われました。しかし、社員の懸命な努力のおかげで、**1年でV字回復を果たし、2021年1年間のニコンの株価は1・9倍と、日経平均構成銘柄中4位の上昇率となりました。**こうしたこともあり、2023年4月に公表された『インスティテューショナル・インベスター』のCFOランキングでは、世界中の投資家（バイ・サイド）から、日本の電機・精密機器セクター29社中、3位に選んでいただきました。

CFOという仕事の魅力と楽しさを、グローバルな経験から伝えたい

周りの方から、私はよく「楽しそうに仕事をしていますね」と言われます。実際、私は、**CFOという仕事をエンジョイしていますし、ビジネスパーソン人生を賭けるに足る役職**だと思っています。

本書には、私が経験した世界中のさまざまな投資家とのやり取りや、アクティビストとの対話、モルガン・スタンレーへの1兆円規模の出資などM&Aの現場で実際に起こったこと、世界の金融の中心地ウォール・ストリートにあるニューヨーク証券取引所でクロージングベルを鳴らしてわかったこと、コロナ禍での大幅赤字から脱却を遂げるまでの苦悩、そしてそうした経験のなかで気付いたCFOとして働くことの意義――そうしたものが詰まっています。

グローバルな実体験に基づく本書を通じて、CFOが企業を成長軌道に乗せるために果たすべき役割の重要性への理解が深まるとともに、企業とステークホルダーとのあいだの結節役であるCFOという仕事の魅力と楽しさが、一人でも多くの読者の皆さんに伝われば、それに勝る喜びはありません。

CFO思考

◉

目次

はじめに

なぜ今「CFO思考」が必要なのか——1

「CFO思考」は、個人と経済が成長する鍵——4
業種をまたいでCFO職を担い、4年連続「ベストCFO」に選出——8
CFOという仕事の魅力と楽しさを、グローバルな経験から伝えたい——10

第1章

CFOは誰と向き合い、何を動かす存在なのか

「君のオフィスの設定温度は何度だ?」——22
子孫のため、大学のため……多様性に富む海外の金主——27
4兆円をみずから運用! 米国の大学基金は桁違い——30
50兆円を超える資金を運用する政府系ファンド——32
投資から得られる富は、労働から得られる富より早く増える——34
投資家に自社を選んで投資してもらうのがCFOの仕事——36
1社で日本企業すべてが買える! 高まる資産運用会社の影響力——38
「ピケティの不等式」が導く金融資本主義の隆盛——40

「草食系」の日本の資産運用業界――41
バブル期の日本経営者が恐れられていた本当の理由とは――45
経理・財務担当役員は資本主義のルールを学ぶ必要がなかった――46
「投資家の期待リターン」を知ることがＣＦＯの第一歩――48
「ＲＯＥ８％」達成は、経営者としての責務――53
日本の上場企業の半分は「解散価値割れ」――56
アクティビストに追い風となったガバナンス改革と東証の指針――58
アクティビストの典型的行動パターン――61
横並び意識やお上への従順性を利用したコーポレートガバナンス改革――63
アクティビストとの対話と一般投資家との対話――68
アクティビストの書簡――東京ドームの例――70
元アクティビストから学んだ対策とは――72
アクティビストとの対話は、最もやりがいのある仕事――75
そもそも「株式会社」とは何なのか――アニマルスピリッツのルーツ――77
「東インド会社」と競馬の賭け金――80
「ステークホルダー」とは、会社に何かを賭けている人々のこと――82
ステークホルダー間の序列・優先順位とは？――84

株主至上主義を修正する米国、株主軽視を批判される日本――86
CFOは、ステークホルダーと会社との結節役――90

第2章

CFOはどのような仕事をしているのか

三菱UFJの利益の7割はM&Aから――94
米国経済を救った90億ドルのモルガン・スタンレー向け出資――97
「時間の無駄」と思われていた日本企業との交渉――100
モルガン・スタンレーが中国系金融機関になっていた「歴史のイフ」――102
なぜMUFGは巨額出資を決断できたのか――104
1つの案件で数十億円の収益――MUFGが買収で得たものとは――106
高度な資産運用業務で日本人の資産形成に貢献――109
タイタニックに投資した資産運用会社を買収――111
史上最大の赤字からの復活――113
カメラから半導体露光装置まで――115
デジカメ市場は10年あまりで20分の1に激減――117

デジタル社会にも地政学上も重要な台湾の半導体企業——120
世界シェア100%！　トヨタ並みの時価総額を誇るオランダ企業——124
なぜニコンは半導体露光装置でシェアを奪われたのか——125
ロックダウンの影響で露光装置の売上は「ゼロ」に——126
「業績の底打ち感」を印象づけて危機を乗り越える——129
ニコン復活のための3つの作戦——130
「PBR1倍割れ」はROEが低いから？　PERが低いから？——140
PERを高める2つの方策——143
「サプライズのない経営」で資本コストを下げる——146
「サステナビリティ戦略」を「成長」のドライバーに——148
目先の利益しか見ない「PL脳」に要注意——152
成長戦略を支えるバランスシート——154
「イノベーションに必要な時間軸」と「投資家の時間軸」とのミスマッチ——156
9カ月で二度賃上げしたニコン——158
人材はバランスシート上の資本——161
ESG経営は本当に企業価値向上につながるのか？——163
企業価値と正の相関がある非財務KPIとは？——165

相関関係があっても因果関係があるとは限らない――168
非財務価値を財務価値につなげるストーリーこそが大切――169

第3章

CFOが担う10の責任領域と役割

米国のCFOは「経営スリートップ」の一員――174
「海外投資家とのすれ違い」を防ぐには――178
複数の企業をまたいで活躍する海外の「プロCFO」たち――181
欧米ではCFOは「次期CEO」の最有力候補の一人――183
CFOが関与する10の責任領域――184
領域1　経理――ものさしである会計基準の上手な使い手に――185
領域2　予算――管理会計の分析結果を「企業価値向上」につなげる――191
領域3　税務――社会的義務と納税額最適化のバランスを取る――195
領域4－1　財務（負債）――金融機関との「選び、選ばれる」関係――202
領域4－2　財務（資本）――健全性・成長性・株主還元の最適バランスを追求――208
広がるCFOの担当領域――214

領域5　リスクマネジメント——温暖化の「機会とリスク」に責任を持つ——216
領域6　DX——効率化の推進と人材捻出——220
領域7　人的資本経営——人件費はコストではなく「将来への投資」——225
領域8　コーポレートガバナンス——「形」ではなく「実効性」が重要——228
領域9　IR——会社の「顔」として内外に影響を与える——237
領域10　経営戦略——M&A・成長投資だけでなく事業撤退・売却が鍵——244
取締役会は経営陣のアニマルスピリッツを刺激しているか——247
リスクを取らないことを叱る米国企業の取締役会——249
「進んで受け入れるリスクの水準」から、経営計画を考える——251
CFOが企業活動を活性化できる3つの理由——253
これからの日本企業に求められるCFO像——262

第4章　「CFO思考」で日本経済に成長を

日本経済低迷——5つの事実——267
日銀が日本企業の最大株主という異常事態——269

資本主義のダイナミズムを失いつつある日本経済――272
行動経済学の観点からアニマルスピリッツを再定義する――274
強気の経営者が増えれば経済が活性化する――277
「企業の永続性」を「成長」より優先する日本の取締役会――279
取締役会に投資家を招く「ボード3・0」という考え方――281
取締役会でのリスクテイク議論を活性化するための2つのアイデア――284
ニューヨーク証券取引所で鐘を鳴らしてわかった米国型資本主義の根幹――286
日本にはびこる「ルール疲れ」の原因とは――291
「リスクを取って、手を抜く」ことで余裕が生まれる――293
1株で10の議決権! 「クラス株」に見るアニマルスピリッツ――294
「企業が最も経営破綻しない先進国」のままで良いのか?――298
業態転換よりも市場からの退出を求める海外投資家――300
「過度の多角化は悪」との批判にどう答えるべきか――303
「安定性」と「成長性」を両立させよう――日本企業のチャレンジ――306

第5章

グローバルで活躍できるCFOへのキャリアステップ

CFOを目指すべき理由――310
生成AI「チャットGPT」と共存できるビジネスパーソンとは――312
CFOへの中間点「FP&A」とは何か――315
CFOに求められる資質とは――319
数字に強くコミュニケーション能力がある女性CFOが増加中――321
人口が減っていく日本で生活水準を維持するために必要なもの――323
誰もが備えている「アニマルスピリッツ」のDNA――326
40年前は、米国企業の6割がPBR1倍割れだった！――328
CFOへのキャリアパスを描く――巻末「CFOチェックリスト」――331

おわりに――334
CFOチェックリスト――344
参考文献――349

第1章

CFOは誰と向き合い、何を動かす存在なのか

本書のテーマはＣＦＯです。この第1章では、ＣＦＯが主に対話する相手である「投資家」と、活躍する場である「株式会社」についてみていきましょう。

ＣＦＯは企業を取り巻く多くのステークホルダー（利害関係者）と対話しますが、そのなかでも企業経営に最も影響力があり、ＣＦＯが最も気を遣う相手が株主や投資家であり、特に海外の機関投資家です。

本章では、日頃、ＣＦＯが対話（エンゲージメント）を行っている機関投資家とはどういう人々なのかについてお話しします。そして、投資家から見た日本企業の課題についてお話を進めます。

また、ＣＦＯが活躍する「場」である「株式会社」とはそもそも何なのか、についても考えてみたいと思います。

「君のオフィスの設定温度は何度だ？」

２０１５年7月、私は三菱ＵＦＪフィナンシャル・グループ（ＭＵＦＧ）のＣＦＯとなって初めての海外ＩＲを行いました。海外ＩＲとは、諸外国に点在する投資家を訪ねて面談し、自社の戦略をアピールして最終的に株式を買ってもらう、あるいは既存株主には買い増しまたは保有継続してもらうことを目的とする活動です。

私は過去にも同社の財務企画部長として海外投資家と面談した経験がありました。その延長線上で準備した財務計数や中期経営計画に関する膨大な英文のQ&A（模範回答集）を機中で勉強しながら、最初の訪問地ロサンゼルス（LA）に向かいました。

真夏のLAで最初に訪問したのは、中堅のファンドでした。その対話の第一問がこれでした。

「君のオフィスの設定温度は何度だ？」

一瞬、質問の真意が摑めず返答に困った私に対し、そのファンドマネージャーは続けました。

「どうせ『地球にやさしく』なんていう御託を並べて、28℃設定にしてるんだろう。グーグルやアマゾンのオフィスは何度か知っているか？　21℃だぞ。人間は少し寒いくらいのほうが頭が働くんだ」

啞然としている私に彼はたたみかけます。

「君の会社は、日本の最優秀と言われる大学の卒業生のなかから、さらに優秀と言われる学生を採用しているんだろう。そうした**若者のアニマルスピリッツを掻き立て、その能力を最大限に活かすことこそが、経営者の役割ではないのか？**

日本は少子高齢化でこれからどんどん人口が減り人口オーナス（注：人口ボーナスの逆）で経済成長は鈍化する。そうしたなかで君の会社のような企業が、優秀な人材の能力を最大限活かさないでどうする。

有能な人材は経営にとっては資源であり資本だ。『地球にやさしく』なんて言って地球の資源を心配している場合か？　地球に負荷をかけてもいいから、最高の職場環境を準備して、自分の会社の人材に最高のパフォーマンスを出させるべきじゃないのか？　このままだと、**地球が滅びるはるか手前で日本経済は沈没するぞ**」

このファンドマネージャーは日本株の運用を数十年も行ってきた業界では名の知れた人物で、妻は日本人、趣味は京都の寺院の庭巡りという日本通の方です。

その彼が日本の将来を憂えて、安易に平等主義やきれいごとに流れるのではなく、有為な人材には最高の職場環境を用意し、必要な教育・研修の機会を与え、同時にとことん負荷をかけて高い成果やアウトプットを求め、アニマルスピリッツを刺激する処遇制度を用意し、企業価値を高めることが企業経営者の責務ではないか？　そうした議論をふっかけてきたわけです。

2020年9月、経済産業省は「持続的な企業価値の向上と人的資本に関する研究会」の報告書（研究会で座長を務めた一橋大学名誉教授の伊藤邦雄氏にちなみ、通称「人材版伊藤レポート」と呼ばれる）を公表し、「人材」を「資本」ととらえ、人的資本の価値を創造することによって企業価値を創造していく、という概念を打ち出しましたが、その5年以上前に、西海岸の投資家から同様の課題を突き付けられたわけです。

この「オフィスの設定温度論争」をしかけてきた投資家を含め、資本市場の最前線で過去面談したグローバル投資家から、私が繰り返し言われてきた言葉があります。「君たち（日本企業、日本の経営者、日本人）には、『アニマルスピリッツ』はないのか？」というフレーズです。

アニマルスピリッツとは何か？　それは、「実現したいことに対する非合理的なまでの期待と熱意」のことです。

英国の経済学者ジョン・メイナード・ケインズの代表的著書である『雇用・利子および貨幣の一般理論』のなかに、不確実な状況下における意思決定に関する次のようなくだりがあります。[*1]

> 投機による不安定性のほかにも、人間性の特質にもとづく不安定性……（中略）……**おのずと湧きあがる楽観**に左右されるという事実に起因する不安定がある。……（中略）……その決意のおそらく大部分は、ひとえに**血気《アニマルスピリッツ》と呼ばれる、不活動よりは活動に駆り立てる人間本来の衝動**の結果として行われるのであって、数量化された利得に数量化された確率を掛けた加重平均の結果として行われるものではない。……（中略）……企業活動が将来利得の正確な計算にもとづくものでないのは、南極探検の場合と大差ない。こうして、もし**血気が衰え、人間本来の楽観が萎えしぼんで、数学的期待に頼るほかわれわれ**

に途がないとしたら、企業活動は色あせ、やがて死滅してしまうだろう。……（中略）

将来のはるか先まで見はるかすような**期待に依拠する企業活動は、社会全体に利益をもたらす**と言ってさしつかえない。だが、個人の**企業心が本領を発揮するのは合理的計算が血気によって補完、支援され**……（中略）……**る場合**だけであることは、疑いもなく経験の教えるとおりである。

つまり、企業活動の本質は、利益の見込みやリスクの確率に基づくものでなく、人間が本来持つ将来に対する期待や自然発生的な衝動にある、とケインズは言い、そうした人間の特質を「アニマルスピリッツ」と称しています。ケインズは、「企業活動は、南極探検と大差ない」とまで言っているのです。

日本の現状は、まさに「企業活動は色あせ、やがて死滅してしまう」状況に近づきつつある可能性があります。日銀が各企業の最大の株主となり、企業の新陳代謝がなく、社会全体や企業経営から血気が衰え、数値的期待値を最重視しリスクに怯えている状態、つまり「アニマルスピリッツ」が失われている状態にあると、海外投資家は見ているのです。

もちろん、日本がこうなったことにはやむを得ない事情もあります。人口減少や高齢化というデモグラフィック（人口統計学的）な変化は抗しがたいものがあり、縮小する市場のなかで仮に「アニマルスピリッツ」を無邪気にふるって失敗すると回復が困難であることは事実です。パイが広がらないなかでは、無理をせず、安全を第一とする考え方には合理性があります。そうして、社会も企業も個人もリスク回避的になり、安全運転を重視して、成長戦略よりもコスト削減を優先してきた結果、今日の低成長と国際的な地位低下を招いたと考えられます。

また、こうした思考方法が数十年の長きにわたり続いたことから、世代を超えて、日本人および社会全体から「アニマルスピリッツ」が失われていったのだと考えることができます。

特に、本来楽観的思考やチャレンジ意欲をより持っているはずの若者世代が、人口減少や高齢化に伴う将来の生活不安、特に年金制度への不信から保守的になり、リスク回避的な行動を取るようになっていったことは、日本社会の活力をさらに失わせています。

子孫のため、大学のため……多様性に富む海外の金主

さて、2015年7月の私の最初のCFOとしての海外IRツアーは、「オフィスの設定温度論争」で幕を開けたわけですが、そのあとの投資家面談でも、業績や株主還元などの質問に加えて、事前に用意した問答集では想定もしていなかった質問や議論をしかけてくる投資家も何社かありました。

海外の機関投資家は、こうした質問を通して、どんな人物がその企業を率いているのか、経営者の資質や力量を見定めようとします。

したがって、CFOという名刺を持って海外IRに臨む以上は、業務の実態が経理・財務担当役員で経営戦略は担当外だったとしても、資本市場と社内の結節役、会社のスポークスパーソンとして、自社に関するあらゆる質問に答えられるように準備する覚悟が必要です。

個人投資家と区別して「機関投資家」と呼ばれる彼らは、どのような生き物なのでしょうか。

日本語では**「機関投資家」と表現される人々、組織、団体は、実は、英語ではアセットオーナー（金主）とアセットマネージャー（運用者・資産運用会社）という異なる2つの言葉で区別されます。**アセットオーナーとは、資産運用の原資を拠出する組織や団体のことで、資金を預かって実際に株式などに投資する組織がアセットマネージャーというわけです。CFOが面談するのは主にアセットマネージャーですが、みずからの資産をみずから運用するアセットオーナーと対話することもあります。

CFOがIR面談で想定外の質問を受ける背景には、海外の機関投資家の背後にある資本主義の深みや企業への投資の歴史が日本とは大きく異なることがあります。具体的には、海外では、成り立ち、運用目的、リスク許容度などが異なる多種多様なアセットオーナーが存在し、その結果、彼らの資金を預かって運用するアセットマネージャーの運用手法も多種多様です。

たとえば、米国などでは「**ファミリーオフィス**」と言われる、富裕層の個人が相続などで引き継いだ膨大な資産を運用するために設立した機関が、金主としてリスクマネーの供給元になっています。

彼らは、子孫のための資産運用を行っています。その運用スタイルはファミリーオフィスごとにかなりの違いがありますが、PE（プライベート・エクイティ、未公開株式）投資や不動産・インフラ投資など流動性に乏しい資産にも相応のアロケーション（割り当て）を行っているケースが大半です。

また、**欧米の大学基金**も、リスクマネーの出し手（金主）として現代の金融資本主義の担い手となっています。その規模は、米国のハーバード大学が約4・5兆円、イェール大学が約3・3兆円、スタンフォード大学が約3・1兆円、さらに英国のケンブリッジ大学が約1・0兆円に上ります。日本では最大の慶應義塾大学でも約730億円、以下、早稲田大学が約300億円、東京大学が約150億円と、彼我の差は歴然です。[*2]

英教育情報誌『タイムズ・ハイアー・エデュケーション』が発表した「2022年世界大学ランキング」によれば、トップ100に入っている日本の大学は東京大学（同率35位）と京都大学（61位）の2校のみです。[*3] 海外と比べて乏しい資金力を考えると、研究基盤がさらに弱体化し、ランキングが低下していくことが危惧されます。

このことを問題視した日本政府は、欧米の大学の基金を参考に、10兆円規模の「大学ファンド」を創設し、年間3％の投資収益に長期物価上昇率1・38％を加えた年率4・38％以上の運用成績を目指すとしています。[*4]

2023年4月、文部科学省はこの10兆円ファンドの運用益から1校あたり年間数百億円の支援が受けられる「国際卓越研究大学」の認定に向けて、10の大学が申請したと発表しました。[*5] 秋までに数校に絞り込み、2024年に支援を始め、世界最高水準の研究大学を育成する、というのが政府の目論見《もくろみ》です。

4兆円をみずから運用！　米国の大学基金は桁違い

日本の「大学ファンド」が参考にしている米国の大学のアセットアロケーションを見てみましょう。**図表1−1**は、イェール大学の基金の例です。

ご覧のとおり、「伝統的4資産（国内株式、海外株式、国内債券、海外債券）」への投資割合は合計で21・5％にすぎず、8割弱の資産はベンチャーキャピタルによる新興企業向け投資やバイアウトファンド経由のM＆A（企業の合併・買収）、さらにヘッジファンドや不動産、石油や天然ガスなどのエネルギー投資に振り向けられています。

同大学の基金の投資残高は2020年6月期末で312億米ドル（1ドル107円換算で約3・3兆円）、2020年6月会計年度のリターンは収益率6・8％でした。

一方で、ハーバード大学基金を運用するハーバード・マネジメント・カンパニー（HMC）は1974年に設立され、卒業生、有名人、企業などからの寄付金、大学運営資金などを原資に、将来世代の教育・研究費を捻出するための投資を行っています。

HMC設立以来の年率リターンは約11％に上り、これまで合計で約350億ドル（約4・5兆円）を大学に還元しており、現在では大学の年間運営費の3分の

図表1-1｜米国の一流校は研究資金をみずから増やしている

イェール大学のアセットアロケーション（2020年6月期）

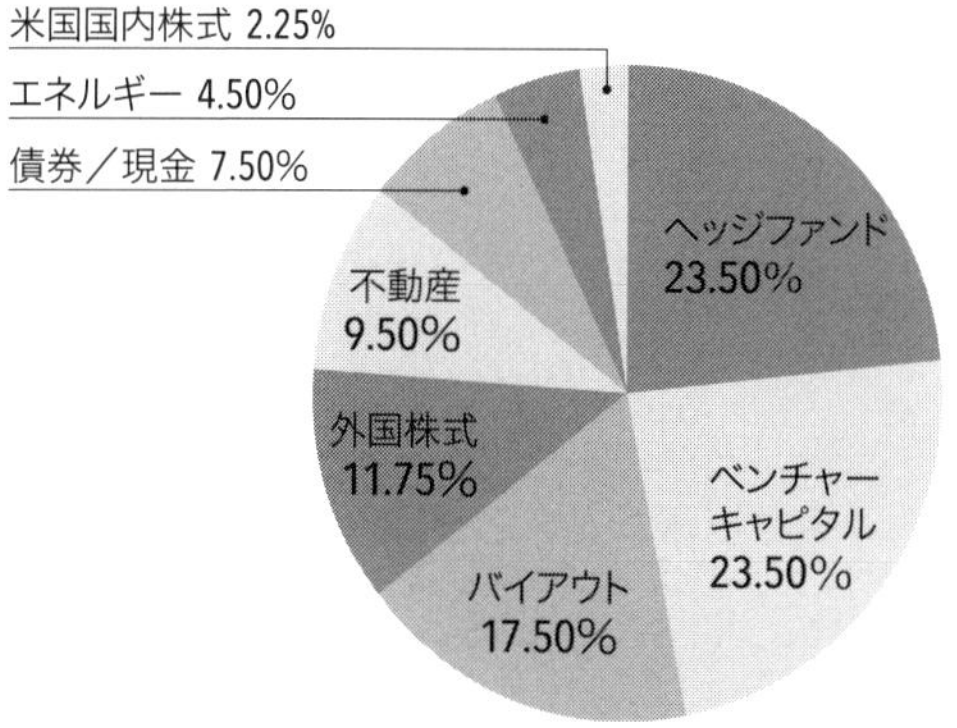

出典："Investment return of 6.8% brings Yale endowment value to $31.2 billion," YaleNews, September 24, 2020
https://news.yale.edu/2020/09/24/investment-return-68-brings-yale-endowment-value-312-billion

1以上を同社の資産運用が賄っています。

HMCのアセットアロケーションは、上場株式が18・9％、債券・物価連動債が5・1％、現金・その他が5・6％と、「伝統的4資産」の割合は29・6％にすぎません。残り7割あまりの資金は、非伝統的な運用対象に振り向けられています。すなわち、PE（プライベート・エクイティ）に23・0％、ヘッジファンドに36・4％、不動産に7・1％、天然資源・商品に2・6％、その他の現物資産に1・3％といったアセットアロケーションです。

日本において、たとえば東京大学が入学金や政府からの運営費を原油や非上場ベンチャー企業向け投資に回す、という状況は考えにくいのですが、米国では、大学も象牙の塔に閉じ籠っておらず、アニマルスピリッツを発揮して資産運用を行い、みずからの研究資金を増やしているのです。

50兆円を超える資金を運用する政府系ファンド

ソブリンウエルスファンドと言われる政府系の運用機関もリスクマネーの供給源です。ソブリン（主権者）のウエルス（富）を最大限にするためのファンド（基金）という名称からもわかるように、国家がその将来をかけて運用している資産です。

上位10の政府系投資ファンドの運用資産はそれぞれ50兆円（3846億ドル）を超えています。これらの政府系投資ファンドは大きく2つのグループに括《くく》ることができます。

1つは、中東のオイルマネーを運用するアブダビ投資庁（ADIA）やクウェート投資庁、北海油田からの収益を投資の原資にしているノルウェー政府系ファンドです。彼らは、いずれ枯渇する天然資源の売却収入を資産運用に回すことで将来の国を成り立たせる、という極めて重い使命を負って運用を行っています。

一方、中国の政府系ファンドやシンガポールのGICとテマセクなどは、貿易黒字などを原資に将来に備えるための運用機関です。

私はこれらソブリンウエルスファンドのいくつかと面談したことがありますが、いずれも、国の将来を担っているという緊張感と真摯な姿勢が垣間見える面談となりました。

特に記憶に残っているのが、ADIAとの面談です。先方は3名でしたが、カンドゥーラと呼ばれる白い布の服をまとった王族出身の若者の左右を欧米人と中国人のファンドマネージャーが固めていました。

彼らは、資産運用の世界で実績を挙げ、巨額の資金を運用する中東のソブリンウエルスファンドに「傭兵」兼「教育係」として雇われた人々です。明治維新直後に日本が欧米から多数招いた「お雇い外国人」のようなものです。

その白い布の服をまとった王族出身の20代くらいの若者は、左右の経験豊かな非中東系の専門家が私に浴びせる質問に聞き入っていました。次世代を担う若い王族に、投資や金融のリテラシーを身につけさせるための教育は、こうした中東諸国においては国の将来にかかわる重大テーマなのです。

2年後、同じＡＤＩＡを訪問した際には、その王族の青年からも直接質問を受けましたが、周りを固める人間はすっかり変わっていました。運用成績が振るわずにクビになったのか、教育係として不興を買ったのか、あるいは更なる好条件で別のファンドに移籍したのか、理由は不明です。

投資から得られる富は、労働から得られる富より早く増える

こうしたＣＦＯが対話するアセットマネージャーやその背後にいるアセットオーナーには同じ特徴があります。彼ら**機関投資家と称される人たちはいずれも、「ピケティの不等式」を拠《よ》り所としている**、という点です。

「ピケティの不等式」とは、２０１４年の年末に和訳版が発行され、５０００円を超す分厚い学術書であるにもかかわらずベストセラーとなった『21世紀の資本』のなかで、著者である仏

の経済学者トマ・ピケティ氏が提示した「r＞g」という不等式です。[*6]

この式は、金融資本主義の本質と資産運用業界の隆盛の理由を端的に表しています。

この「r＞g」という不等式においては「r」は資本収益率（return）を示し、「g」は経済成長率（growth）を示しています。ピケティ氏は本書のなかで、世界20カ国以上の過去200年の税務データを収集・分析した結果、r＞g、つまり**投資によるリターンのほうが、労働による賃金の伸び率を上回っている**と述べています。

この不等式が意味することとは、資産（資本）によって得られる富、つまり資産運用により得られる富は、労働によって得られる富よりも成長が早いということです。言い換えれば「裕福な人（資産を持っている人）はより裕福になり、労働でしか富を得られない人は相対的にいつまでも裕福になれない」ということを示唆しています。

世界中の富裕層がファミリーオフィスなどを通じて、優れたアセットマネージャーに資金を預け、アセットマネージャーは運用の果実の一部を報酬として享受します。

つまり、CFOが相対する資産運用会社は、「ピケティの不等式」を商売にしている人たちなのです。

セームボートマネー（金主の出資に加えてファンドマネージャーが自己資本を投下すること。「同じ船に乗る」という意味）やプロフィットシェアリング（予定利回り以上の収益が出たら、利益を山分けすること）の仕組みにより、資産運用者にとっては、自分たちの利益を極大化することと、背景にいる金主の利益を極大化することの利害が一致しています。一方で、投資に失敗すると金主の不興を買うだけでなく、自分にも利益が落ちません。

私も何度か資産運用会社のファンドマネージャーとの面談で、「なんだ、この業績は！　マイマネーをどうしてくれる？」と凄《すご》まれた経験があります。「金主から預かっているカネであって、あなた自身のカネじゃないのでは？」と反論しようかと思ったこともありますが、彼らのお金もセームボートマネーの仕組みで一部に投入されている、という意味では「マイマネー」と彼らが主張することにも一理あります。

投資家に自社を選んで投資してもらうのがCFOの仕事

すべての運用者が、市場平均（ベンチマーク）を上回る、あるいは投資家の期待リターンを満たすだけの運用成績を上げることができるわけではなく、市場から淘汰されるファンドマネージャーもたくさんいます。

このように、**欧米の資産運用は、アニマルたちが「r＞g」の差分の分け前を取り合う弱肉強食の厳しい世界**なのです（「g」が長期金利と近似し、「r」と「g」の差分は資産運用による超過収益と仮定)。

欧米のファンドマネージャーたちが、日本企業の経営者の資質を見抜こうと厳しい質問を浴びせるのにはこうした背景があります。

また、欧米の投資家の運用スタイルは千差万別で、株式投資で言えば、TOPIXなどベンチマークに勝つことを目的とするアクティブ運用だけでなく、絶対利回りを追求するタイプの投資家もいます。

また、日本人以上に日本に詳しいファンドマネージャーやアナリストがいて、20銘柄程度の数少ない日本企業を厳選して集中投資するスタイルの運用者もいます。

このように、**「お眼鏡にかなえば、自分の会社の株を集中的に買ってくれるかもしれない」と思わせる投資家が世界各地におり、私を含む主要企業のCFOのIR活動は、いきおい、こうした投資家を定期的に訪問することが中心となる**のです。

加えて、債券投資の世界でも、日本には存在しないタイプの投資家がいます。2015年、私は、MUFGが日本の民間金融機関として初のグリーンボンド（環境問題の解決を目指す資金を調達するために発行する債券）を発行した際に欧州で投資家訪問をしたのですが、前年の通常社債の発行時には登場しなかったESG専門の投資家が多く存在することに驚きました。

このように、株式、債券、そして不動産やインフラなどのアセットクラスごとにユニークな投資行動を取る運用者がおり、欧米の資産運用の世界の奥深さや懐の深さは計り知れないものがあります。

1社で日本企業すべてが買える！　高まる資産運用会社の影響力

「r＞g」という「ピケティの不等式」は金融業界の序列をも変えてきました。

私はMUFGの役員として、さまざまな国際的な金融のフォーラムや会議などに参加してきましたが、「会議の中心」が10年単位で変わってきたという印象を持っています。

すなわち、2000年より前は商業銀行が中心的立場にいました。米国ではシティバンクやJPモルガン・チェース、英国ではバークレイズやHSBCなど商業銀行の経営者が会議で基調講演をしたり、パネルディスカッションにも登壇したりしていました。

2000年前後からはM&Aなどの投資銀行ビジネスが花形となり、投資銀行（インベストメントバンク。日本で言えば証券会社）が金融界で主要な立場を占めるようになってきました。ゴールドマン・サックス、モルガン・スタンレー、リーマン・ブラザーズといった金融機関の発言力が大きくなっていったのです。

そして、世界は2008年、日本ではリーマンショックと呼ばれる世界金融危機を迎え、商業銀行や投資銀行は大きく傷つきました。

その後の世界経済の回復と世界的な株高局面で、金融機関の序列はがらりと変わりました。すなわち、**これまでの銀行、投資銀行に代わって、資産運用会社が金融界の中心的役割を担うようになってきている**のです。

資産運用会社の雄である米国のブラックロックがその代表選手であり、同社CEOのラリー・フィンク氏が金融業界で最もその発言の影響力がある人物と目されるようになりました。

グローバルな会議、たとえば毎年1月下旬にスイスのリゾート地で開かれるダボス会議では、「ラリーが何を言うか」に、金融界、さらには経済界の注目が集まるようになっています。

米国ブラックロックの運用資産残高は8・6兆ドル（約1118兆円）。世界最大のアセットマネジメント会社です。[*7]

東証の時価総額が5兆ドル、上海証取と香港証取を足した中国上場企業の時価総額が11兆ドル、GAFAに代表されるテック企業が多数上場しているNASDAQの時価総額が18兆ドル。[*8]

ブラックロック1社で、日本企業のすべて、または中国企業の約8割、あるいはNASDAQ上場企業の半分近くの株を買えるわけですから、その巨大さと影響力がおわかりいただけるかと思います。

「ピケティの不等式」が導く金融資本主義の隆盛

銀行から投資銀行、そして資産運用会社へという金融界の覇権の移行は、歴史の必然である、と私は考えています。すなわち、資本主義が高度に発展・進展すると、金融資本主義に進み、そこでは富の蓄積が行われ、最も効率的な利益創出である資産運用が行われるようになります。

ピケティ氏の「r＞g」という不等式において、「r」を受け取ることができるのは投資のリスクを取っているファミリーオフィス、ソブリンウエルスファンド、年金基金、大学基金などのアセットオーナーです。そして、セームボートマネーやプロフィットシェアリングの形で（欧米の）資産運用会社もその「r」の成長の恩恵に与《あずか》ることができる立場にいます。

同じ金融機関でも、経済成長「g」を裏で支える銀行業は金利という定額の収入しかなく、それを超える上振れメリット（アップサイド）を享受することはできません。

また、証券会社は、企業の成長率「g」が株式や債券という有価証券に形を変えていくプロセスには株式増資や債券発行の引き受けという形で関与しますが、その株式や債券が生み出すリターン「r」を受け取る立場にはありません。

実は、資産運用業が金融機関の序列の最上位にいる状況は欧米先進国だけに限りません。

中国や中東の諸国も早くから「r＞g」の不等式に気づき、ソブリンウエルスファンドという名の国営の資産運用会社を立ち上げ、最優秀の人材をここに投入して国富を増やしてきました。

たとえば、シンガポールの国家予算の4分の1は、同国のソブリンウエルスファンドの1社であるGICによる運用収益で賄われている状況です。つまり、シンガポールでは政府そのものがアセットオーナーとなって、「r」のメリットを享受し、国家予算を厚くしています。その結果、シンガポール国民も「r」の恩恵に与っている、と表現することもできます。

このように、欧米先進国や一部中進国においては、「r＞g」という「ピケティの不等式」のメリットを貪欲に追求するアセットオーナーやそのおこぼれに与ろうとするアセットマネージャーがおり、各企業はこうした機関投資家から選ばれようと成長戦略を磨き、ROE（自己資本利益率）などの資本効率を高める努力をしています。

これが、金融資本主義が発展した社会の姿です。

「草食系」の日本の資産運用業界

一方、日本の機関投資家の行動様式や業界構造はほかの先進国とは異なる状況にあります。

すなわち、金主であるアセットオーナーは多様性が乏しく年金性資金が主流です。また、資産運用会社もＴＯＰＩＸなどベンチマークに追随する運用が多く、どこも似たり寄ったりで特徴がありません。

まず、金主から見てみると、日本における最大のアセットオーナーは年金積立金管理運用独立行政法人（ＧＰＩＦ）という政府系機関です。ＧＰＩＦは日本国民の国民年金や厚生年金を管理・運用する世界最大の年金基金です。その他、共済年金や各企業の年金などが日本におけ る主な資金の出し手です。年金基金に匹敵する１０００億円以上を運用するファミリーオフィスや大学基金などはほとんどありません。

日本の年金性資金のアセットオーナーは、リスク許容度が小さく、いわば「安全運転」の運用をアセットマネージャーに指示します。

すなわち、運用対象資産は流動性のある株式や債券などが中心で、不動産やＰＥなど低流動性の資産への投資は限定的です。たとえば、ＧＰＩＦの運用対象資産は、「伝統的4資産」と呼ばれる「国内株式」「海外株式」「国内債券」「海外債券」の４つであり、これらに25％ずつ投資する基本的ポートフォリオを組んでいます。

ＧＰＩＦに代表される公的年金および企業年金の運用では、ＴＯＰＩＸやＳ＆Ｐ５００といったベンチマークよりも高い運用利回りを求めるアクティブ運用の割合が年々減少し、市場平均並みのリターンでよしとする草食系のインデックス運用（パッシブ運用）の割合が年々増加しています。

また、資産運用会社サイドも、欧米のようなセームボートマネーやプロフィットシェアリング方式の運用を採用している会社は少なく、**ＡＵＭ（アセット・アンダー・マネジメント。運用残高）に一定の料率をかけた金額を運用報酬として受領する、という手数料体系が一般的**です。

この方式に従えば、ある運用機関の運用成績が業界平均を下回っても、相場自体が堅調で資産の時価が増えれば、得られる手数料も増えることになります。

セームボートマネーやプロフィットシェアリングがない以上、同業他社と同じような運用成績をあげておけば、ＡＵＭを削られることもなく、業界標準並みの報酬を得られます。つまり、アップサイドもないかわりにダウンサイドリスクも限定的です。

日本では、資産運用会社のファンドマネージャーがクビになるといった例はきわめて稀《まれ》です。この点で、運用成績が振るわなければ市場から淘汰される欧米のファンドマネージャーとは大きく異なります。

もっと言えば、日本の運用機関で資産運用をしている大多数が「サラリー・ファンドマネージャー」であり、毎月、定額の給料を得ながら運用し、運用が上手くいっても失敗してもボーナスが若干上下する程度という報酬体系のなかで働いています。

また、日本では資本主義の歴史の違いや資本市場の厚みの違いから、欧米では主流の独立系資産運用会社は少数派です。その多くは銀行や証券会社などの子会社であり、経営者も資産運用の経験のない人物が天下りで派遣されるケースも見られます。

2023年4月に金融庁が公表した「資産運用高度化プログレスレポート2023」によれば、海外の大手資産運用会社の経営トップの約6割は20年以上の運用経験があり、内部昇格者が半分であるのに対し、日本では4割弱が運用経験3年未満で、さらに約7割が親会社などのグループ会社の出身者です。[*9]

このレポートでは、こうした人事は「顧客の最善の利益や資産運用会社としての成長よりも、グループ内の人事上の処遇を重視しているのではないかと一般に受け止められるおそれがある」と指摘しています。また、欧米の資産運用会社では、誰が責任を持ってファンドや投資信託を運用しているのかがわかるようにファンドマネージャーの個人名が開示されていますが、日本では運用担当者の氏名開示が進んでおらず、ファンドの本数に占める開示割合は、世界各国の中でも最低水準だと指摘しています。

このように、**日本の資産運用業界は、資金の出し手や金主も、運用者やファンドマネージャーも双方が安定志向の「草食系」**なのです。

バブル期の日本経営者が恐れられていた本当の理由とは

こうした「草食系」の投資家に対応する**日本企業の経営陣も、欧米の経営者が当たり前に持つ資本市場に関する基本的知識に欠けるきらいがありました。**

たとえば、機関投資家が投資を行う場合の期待リターンである「資本コスト」の概念もそのひとつです。株式に投資する株主は、企業経営の最終的なリスクを引き受けています。仮に、企業が倒産するとすべての債権者に弁済した残り（残余財産）の範囲でしか支払いを受けることができません。そうしたリスクを引き受ける以上、通常の安全資産、たとえば、国債や銀行預金から得られる利息やリターンよりも高い利回りを期待します。

この投資家が株式投資から期待するリターンを、企業サイドから見た呼び名が「資本コスト（正確には『株主資本コスト』）」です。つまり、投資家から資本を預かる企業からすれば、その水準をクリアしなければ投資してもらえない利回り、集めた資本に対して与える見返りの水準が「資本コスト」です。

経済産業省がまとめた通称「伊藤レポート」で有名な一橋大学の伊藤邦雄先生は、米国のシリコンバレーにあるスタンフォード大学で研究員を務めておられた１９８０年代後半に、経済紙『ウォール・ストリート・ジャーナル』で次のような記事を目にされたと語っておられます。

「日本企業の経営者は怖い。なぜなら、『資本コスト』の意識がないからだ」[*10]

1980年代後半と言えば、日本経済はバブル絶頂の頃にあたり、日本企業が米国で大型買収を行っていた時代です。

たとえば、ソニー（現ソニーグループ）がコロンビア・ピクチャーズを、松下電器産業（現パナソニック・ホールディングス）がMCA（現ユニバーサル・ピクチャーズ）を、三菱地所がロックフェラーセンターを次々に買収していきました。日本国内では、日本経済が米国経済を今にも凌駕《りょうが》し、日本企業が米国企業を従える時代が来るかのような論評が盛んでした。

しかし、伊藤先生が現地で目にされた経済紙によれば、日本企業の経営戦略が尊敬されていたわけではなく、「株式会社」の基本であるはずの資本にコストがかかる、という認識がなく、法外な価格で買収を仕掛けてくる無知ゆえの怖さが、日本企業に対する評価だった、というわけです。

経理・財務担当役員は資本主義のルールを学ぶ必要がなかった

当時の日本企業の株券は多くが額面50円でした。当時は額面に対して2割配当で十分だと言われていましたので、配当額は年間10円となります。

たとえば、株価が1000円だとしたら配当利回りは1％にすぎません。当時の株式市場は活況で、いつでも1000円で増資できる環境にありました。

当時は、「資本コスト＝配当コスト」であり、1％の配当負担だけで資本が調達できるなら、それ以上のリターンが期待できる案件は投資の合理性がある、「だったら買え」というのが、多くの経営者のスタンスでした。

しかし、株式に投資する機関投資家の要求目線は、もっと高いところにあります。機関投資家は、配当だけで満足するはずもなく、株価の値上がり益も含めたトータルでもっと高いリターンを期待しています。

こうした**資本市場や機関投資家の行動に関する認識の薄さが、日本のバブル経済とその崩壊、さらには、失われた30年につながっていった一因と考えることができます。**

日本企業の資金調達においては、資本市場からの資金調達（直接調達）よりも銀行からの借り入れ（間接調達）が主流である時代が長く続いてきました。

日本企業の経理・財務担当役員は「金庫番」としての役割を果たすことが期待され、銀行との関係維持に多くの時間を費やし、資本市場との関係は比較的希薄でした。ガバナンス論で言えば、投資家によるエクイティ（資本）ガバナンスではなく、銀行によるデット（負債）ガバナンスが中心である時代が長く続きました。このため、資本市場のプレイヤーである機関投資家と対話することに力点を置く欧米企業のＣＦＯとは異なり、日本の経理・財務担当役員は、資本市場の基本ルールや機関投資家の思考方法や行動様式を学ぶ必要性が希薄だったのです。

「投資家の期待リターン」を知ることがＣＦＯの第一歩

それでは、日本企業の経営の根幹である投資家・株主から集めた資本に関するコスト、つまり資本コストは、年率何％くらいなのでしょうか？

投資家の期待リターンである「資本コスト」を知ることが、ＣＦＯの第一歩です。

やや専門的になりますが、ＣＡＰＭ《キャップエム》（Capital Asset Pricing Model）、日本語では「資本資産価格モデル」と呼ばれる方法で資本コストを計算してみましょう。

ノーベル経済学賞を受賞したウィリアム・シャープ氏が提唱したＣＡＰＭの式は次のような構造をしています。

株主資本コスト＝「リスクフリーレート」＋「ベータ（β）×市場リスクプレミアム」

この式を用いることで、CFOは自社の株式に対して投資家が期待するリターン、つまり期待利回りを知ることができます。

第1項の「リスクフリーレート」とは、まったくリスクなしに毎年得られるリターンのことです。ファイナンスの世界では、日本国政府も米国政府も潰れないとされ、国債のレートが用いられます。本書執筆時（2023年5月）の日本国債10年物の利回りは約0・5%です。

第2項は、「儲かるかもしれないけれど、損するかもしれない株式に投資するのだから、その分、利回りは上乗せが必要」という考えから加算されるプレミアムです。

CAPMでは、いきなり個別株式のリスクプレミアムを求めるのではなく、株式市場全体のリスクプレミアムからアプローチします。この「市場リスクプレミアム」の値については、過去の株式市場リターンから推定するヒストリカル法、市場価格から逆算するインプライド法、投資家や研究者からのアンケートを基にするサーベイ法の3つの手法が知られています。

ヒストリカル法は計測期間によっても結果が大きく異なりますが、先進国全体ではおおむね5～10%程度であることがわかっています。

日本株についても、計測期間をどう取るかによって、5%台から10%近くまで、かなり結果が異なります。たとえば、1953年末から2022年末までの日本の株式市場のヒストリカルリスクプレミアムは、7・1%です。[*11]

これらの数字をＣＡＰＭの式に代入し、日本企業の平均的「資本コスト」を計算すると、このようになります。

株主資本コスト＝「リスクフリーレート」＋「ベータ（β）×市場リスクプレミアム」
＝０・５％＋１×７・１％＝７・６％

個別企業の資本コストを計算する際には、「ベータ（β）」、すなわち個別資産の市場全体（ＴＯＰＩＸ）に対する感応度を用います。

一般的に、景気変動の影響を受けにくい農林水産、食品、電気・ガスといった業種に属する企業の株価の変動は、株式全体（ＴＯＰＩＸ）よりも穏やかです。つまり、こうした銘柄のベータは低い傾向にあります。一方、証券などの金融業やハイテク企業など景気変動の影響を受けやすい企業のベータは高くなります。ベータは、ブルームバーグなどの情報ベンダーのサイトで、個別銘柄ごとの数値が公開されています。

このようにＣＡＰＭに基づく資本コストは、論理的には正しそうですし、スマートで格好よいのですが、代入する数字によって結果が左右され、何が正しい資本コストかを巡って不毛の議論や数字遊びになりかねないリスクを孕《はら》んでいます。

たとえば、リスクフリーレートは10年国債利回りでよいのか、20年、30年である必要はないのか。あるいはそれらの10年平均や30年平均を取るべきなのか。また、市場リスクプレミアムの計測期間はどうすべきか、異常値の年は外すべきか否か、などさまざまな論点があります。たとえば、朝鮮戦争に伴う特需で日本の株式市場が1年で2倍以上値上がりした1952年を計測期間に含めると、日本の株式市場のヒストリカルリスクプレミアムは、さきほどCAPMの公式に代入した7・1％から8・6％に跳ね上がります。

そのため、私は自社の資本コストについては、主要投資家や株主に直接聞く、ということをMUFG時代から励行してきました。

というのも、「資本コストは投資家の期待収益率」という定義に従えば、理屈や数式が導く結論と多少異なっても、投資家が求める期待リターンを資本コストと考えるのがより実践的かつ実務的だと考えるからです。

IRで海外投資家などと面談した際、彼らから「ROE目標は？」などと聞かれるたびに、「その問いに答える前に、当社の資本コストはどの程度と考えているか？」と逆質問してきました。この問いは、「あなたは、当社株への投資から何％のリターンを期待しているのか？」という質問と近似であり、少しも変な問いかけではありません。

投資家からの回答は、7％から9％が大半で、MUFGでもニコンでもさほど変わらないのが実態です。

同様の考え方に基づいて、元エーザイCFOの柳良平早稲田大学大学院客員教授は、世界の100人以上の長期投資家へのアンケートを10年以上継続して行っておられます。「日本株を買うとしたら株主資本コストはどれぐらいか。あるいは最低要求する期待収益率はどれぐらいか」という質問を直接投資家に聞いているのです。

回答は年によって多少ばらつきはあるようですが、過去10年超のあいだ、常に最大の回答数があったのも8％であり、日本企業の場合、株主資本コストをおおむね8％として議論のスタートポイントにしても大きな外れはない、と述べておられます。[*12]

これまで見てきたように、企業経営の最終的なリスクを引き受けている株主は、そのリスクと見合う一定の見返りを求めています。つまり、エクイティ（株主資本）はタダではなく、コストがかかります。銀行から資金を借りたら金利がかかるように、投資家から資本を集めたら、すなわち株式を持ってもらったら、「資本コスト」がかかります。

そのため、企業経営においては、最終リスクテイカーである株主や投資家の期待リターンである「資本コスト」を常に意識する必要があります。

日本企業の場合は、おおよそ8％が「資本コスト」というハードルレートです。

「ROE8%」達成は、経営者としての責務

経済紙『ウォール・ストリート・ジャーナル』の記事が問題意識の出発点だった、と語る一橋大学の伊藤邦雄先生を中心に、「伊藤レポート」は纏《まと》められ、2014年8月に公表されました。「伊藤レポート」は、経済産業省の「『持続的成長への競争力とインセンティブ〜企業と投資家の望ましい関係構築〜』プロジェクト」という長い名前のプロジェクトの最終報告書の通称です。

そのレポートでは、企業が投資家との対話を通じて持続的成長に向けた資金を獲得し、企業価値を高めていくための課題を分析し、提言を行っています。

このなかで、日本企業が最低限目指すべきROEの目標水準を8%と掲げたことは、多くの企業に影響を与えました。

図表1-2をご覧ください。

この図の縦軸はPBRです。PBRとは、株価純資産倍率と訳され、1株あたりの株価を1株あたりの純資産で割ったものです。純資産とは、企業のバランスシートに載っている資産から負債を引いたもので、その純資産を総発行株式数で割ったものが「1株あたり純資産」です。

PBR1倍とは、その「1株あたり純資産」と株価が同額である、ということを意味します。

つまり、出資した会社が何ら付加価値を生んでいない状態、会社を解散して従業員に退職金を支払い、負債をすべて返済し、出資金を当初の金額で株主に返せる状態がPBR1倍です（資産が簿価通りの価格で売却でき簿外債務もないと仮定）。

この状態は、企業家がアニマルスピリッツを持って事業を行い、投資家がそれに期待して株主になったことを考えると、株式会社としての本来の目的を達成しているとは言えません。

PBR1倍超の部分こそ、帳簿上の価値を上回る部分であり、上場する株式会社と

図表1-2｜8%を超えると、ROEと株価は正の相関を示す

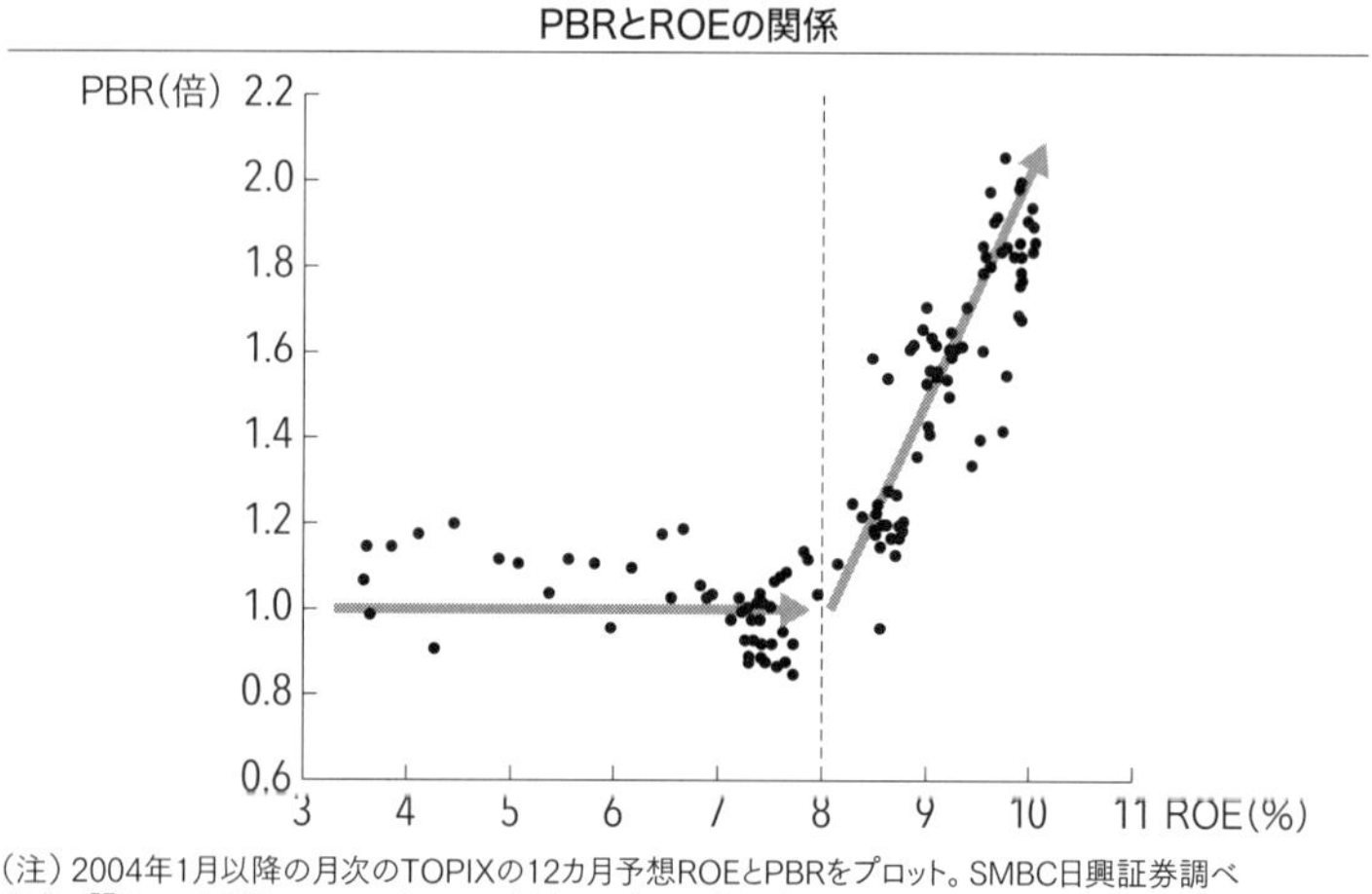

（注）2004年1月以降の月次のTOPIXの12カ月予想ROEとPBRをプロット。SMBC日興証券調べ
出典：「『8%の法則』 ROEが変える日本株の景色」日本経済新聞電子版、2015年2月3日
https://www.nikkei.com/article/DGXMZO82381340W5A120C1I00000/

して本来目指すべき追加的な価値創造部分です。

すなわち、PBR1倍以上の会社は「価値創造会社」である一方、PBRが1倍を割って解散価値を下回る企業は「価値破壊」状態にある、と言えます。

図表1－2は、ROE（自己資本利益率）8％を境に左右で様相が大きく違っています。右側、ROE8％以上の企業群では、右肩上がりになっていることがわかります。ROEが高まるにつれて、株価は上昇し、ROE10％ではPBRは2倍、つまりバランスシートに載っている純資産＝解散価値の2倍の企業価値だと、市場は評価するのです。

図表1－2に見られるように、おおよそ8％あたりにROEと株価（PBR）の関係の変曲点が現れるのはなぜなのでしょう？

これは、日本企業に投資する国内外の投資家の期待リターン（資本コスト）が8％あたりにあり、ROEがそれを超えると株価が反応する、というメカニズムが働いていると考えることができます。

株主から預かった資本に対するリターン（ROE）の拡大を目指す経営者として、株主が期待するリターン（資本コスト）をクリアすることは、最低限の責務であると考えられます。

ROEが資本コストを下回る、すなわち、株主の期待に応えられない状態が何年も続くと、CEO以下の経営陣は株主の信認を失うことにもつながりかねません。

事実、株主総会での議決権行使に際して、機関投資家に助言を行う機関であるISSは、「資本生産性が低く（過去5期平均の自己資本利益率［ROE］が5%を下回り）かつ改善傾向にない場合、経営者の選任議案に反対することを推奨する」としています。[*13]

日本の上場企業の半分は「解散価値割れ」

ROEが資本コストを下回り、結果、株価が不調で時価総額が解散価値を下回っている企業は日本にたくさんあります。実は、日経平均採用銘柄225社のうち約半分は、PBR（12カ月先予想値）が1倍を割っており、解散価値以下の株価しか付いていないのです（図表1－3）。

また、2023年3月末現在、**東京証券取引所のプライム市場とスタンダード市場に上場する全約3300社のうち、半数以上の約1800社がPBR1倍割れの状況にあります。**

市場が付けた時価総額が会計上の簿価である純資産を上回る部分は、市場が付けた付加価値であり、「自己創設のれん」とも呼ばれます。仮にこの企業が買収された場合、買収価格からこのバランスシートに載っている簿価を差し引いた金額は、買収企業の資産の部に「のれん」あるいは「無形資産」として計上されます。「自己創設のれん」を評価してバランスシートに計上することはできませんが、帳簿価格以上の価値として評価されている、という点は同じです。

図表1-3｜日経平均採用銘柄の半分は「解散価値割れ」

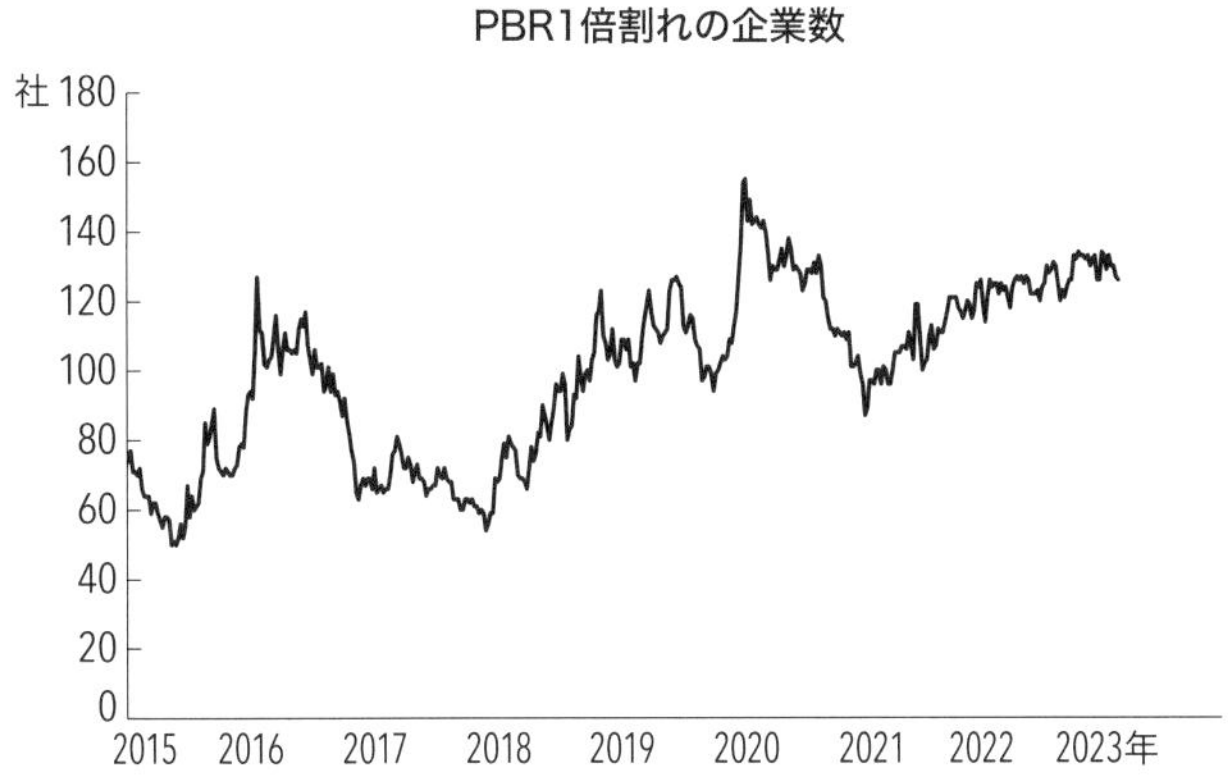

（備考）Bloombergにより作成
出典：藤代宏一「日経平均採用銘柄のうち PBR1割れは半数超 望ましい自社株買い」第一生命経済研究所Market Flash　https://www.dlri.co.jp/report/macro/189224.html

図表1-4｜英米企業に比べて日本企業は市場付加価値が小さい

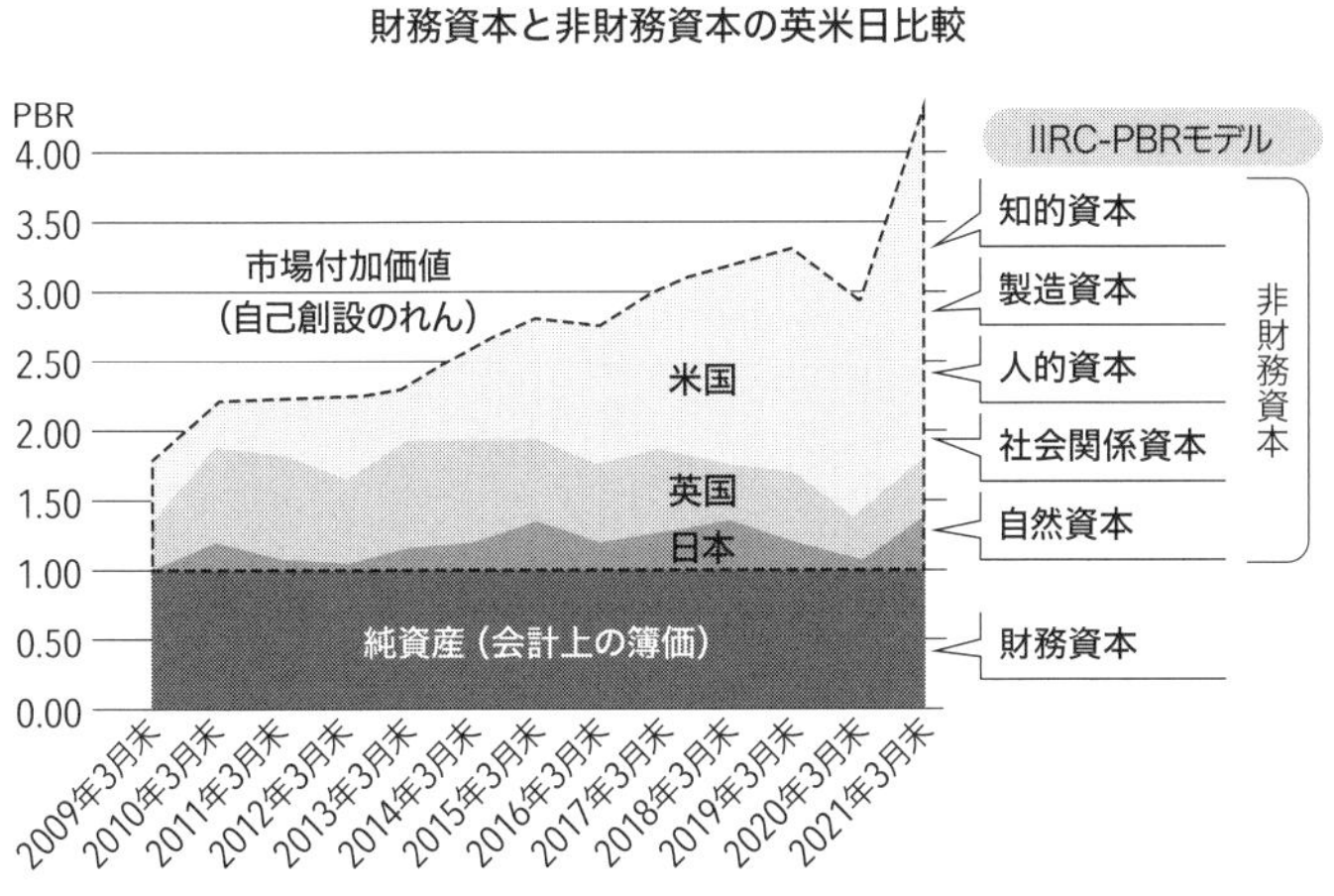

（備考）Bloombergにより作成
出典：柳良平『CFOポリシー〈第2版〉』中央経済社、2021年9月

図表1－4にお示ししたとおり、平均的日本企業は英米の企業に比べて、市場が評価する付加価値部分、すなわち、自己創設のれんの部分が極めて小さいことがわかります。

日本の上場企業の半分程度は株価がＰＢＲ1倍割れ、すなわち市場付加価値がマイナスであり、教科書的にはこれらの企業は帳簿以上の価値を生むどころか、市場からは帳簿価格以下の価値しか認めてもらえていない、すなわち、価値を破壊している企業と考えられている、と言うことができます。

恥ずかしながら、私が5年間ＣＦＯを務めてきたＭＵＦＧも、現在ＣＦＯを務めているニコンも、２０２３年3月末現在ＰＢＲは1倍を下回っており、「価値破壊」状態にあります。

上場企業の約半分に上るこうした日本企業のなかには、明らかに株価が安値に放置されていると考えられる銘柄も多数含まれています。

そうした企業などに目をつけ、日本企業への投資からリターンを得ようと虎視眈々《こしたんたん》と目論《もくろ》んでいるのが、アクティビスト（物言う株主）です。

アクティビストに追い風となったガバナンス改革と東証の指針

アクティビストとは、株式を一定程度取得したうえで、その保有株式を裏づけとして、投資先企業の経営陣に積極的に提言を行い、企業価値の向上を目指す投資家のことを言います。**図表1－5**に見られるように、2012年の第2次安倍内閣発足後、日本においてアクティビズム（アクティビストファンドによる活動）は活発化してきています。

アクティビストファンドが日本企業に目をつける理由として以下の点が挙げられます。

- PBRが1倍を割る、時価総額が解散価値を下回る企業が多い
- バランスシートに多くの内部留保・余剰現預金を抱えている企業が多い
- 2015年にコーポレートガバナンス・コードが制定され、企業経営者に株主還元の強化が求められるようになった

図表**1-5**｜**日本でアクティビズムが活発化している**

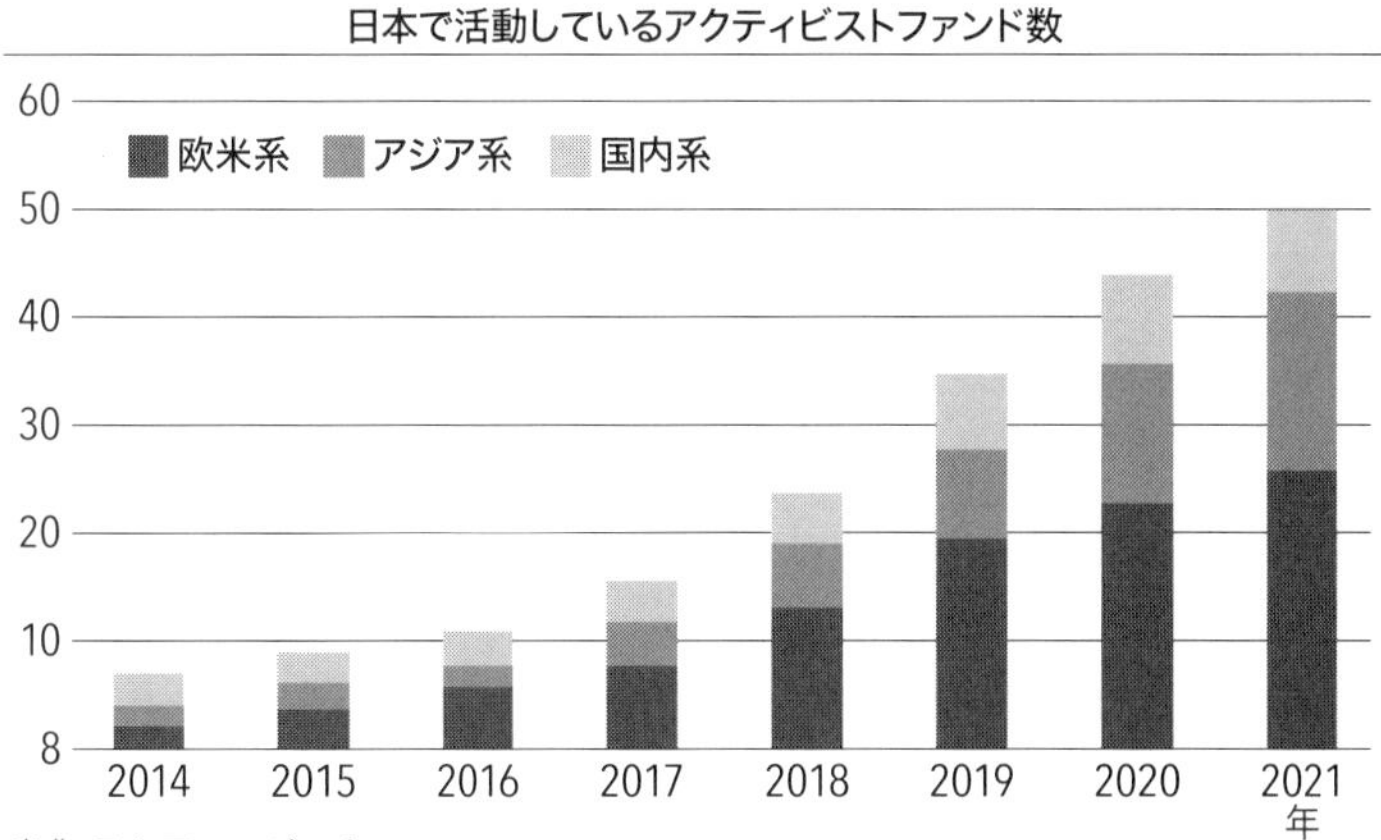

出典：アイ・アール・ジャパン

●２０２３年３月、東京証券取引所がＰＢＲ１倍割れの企業に対し、改善策の検討と対外開示を要請した

この最後の点について、少し解説したいと思います。

東京証券取引所は、2022年の4月に市場区分を従来の東証1部・2部・マザーズ及びJASDAQの4つから、プライム・スタンダード・グロースの3つに再編しました。最上位のプライム市場は「グローバルな投資家との建設的な対話を中心に据えた企業向けの市場」とされるなど、上場基準を厳しくして日本企業の価値を高める狙いの再編でしたが、実際には基準を満たしていなくてもプライム市場に移行できる経過措置により、旧東証1部企業の8割超がプライムに移り、「何も変わっていない」との批判を浴びました。

東証は、この経過措置を2025年3月以降に順次終了するとともに、2023年3月31日に、「資本コストや株価を意識した経営の実現に向けた対応等に関するお願いについて」というタイトルの要請書をプライム市場とスタンダード市場に上場する全約3300社に発出しました。この中で、東証は、PBRが1倍を下回る企業に対し、その要因の分析およびPBR（株価）改善のための具体策の開示を求めています。

アクティビストの典型的行動パターン

こうした追い風を受けてアクティビストの活動が活発化しているわけですが、彼らが日本企業に対して行う要求を見てみましょう。

パターン1　ノンコア（非中核）事業の売却

日本企業の多くは複数の事業を抱えており、個々の事業価値の合計を会社全体の時価総額が下回っている「コングロマリット・ディスカウント」状態にあるケースが数多く見られます。こうした企業に対して、アクティビストは事業のスピンアウト（切り離し）を要求します。

たとえば2018年にオリンパスに株付けしたバリューアクトは、同社に対しカメラ事業の売却を求めました。その結果、オリンパスは2020年9月にデジタルカメラ事業を日本産業パートナーズに売却し、同事業から撤退しました。

さらにオリンパスは、2023年4月、100年を超える祖業である顕微鏡などを手がける科学事業を米ベインキャピタルに4276億円で売却しました。このように、オリンパスはバリューアクトの意向どおり、医療用内視鏡ビジネスを中心に事業ポートフォリオをシンプル化し続けています。

パターン2　増配や自己株式取得などの株主還元の拡大

日本企業向けアクティビズムで典型的に見られる主張がこれです。パターン1でみたノンコア事業や「政策保有株式」あるいは含み益のある不動産の売却で得た資金で株主還元を充実せよ、という要求です。特に、日本特有の慣行である、銀行や取引先企業などとのあいだでの「株式の持合い」が攻撃の対象となっています。こうした株式は、相手側企業の株式を保有し、株主総会で常に会社提案に賛成票を投じる「安定株主」となる見返りに、相手の会社から自社製品を継続的に買ってもらう、取引銀行から安定的に資金を供与してもらうといった『政策目的」が裏にあることから、「政策保有株式」と呼ばれています。

こうした政策保有株式への投資は、資本効率の悪化を招きます。もともと事業投資に回されるはずの資本が、政策保有株式取得のために使われると、ROEなどの資本効率が低下してしまうのです。政策保有株式は長期にわたって企業のバランスシートに居座り、その投資による配当収入は限定的で、売却しないわけですからキャピタルゲインも実現できない状況となります。

こうしたことから、2015年に東京証券取引所において、コーポレートガバナンス・コードが制定され、政策保有株式について、以下のような原則が定められました。*14

【原則1－4　政策保有株式】

上場会社が政策保有株式として上場株式を保有する場合には、政策保有株式の縮減に関する方針・考え方など、政策保有に関する方針を開示すべきである。また、毎年、取締役会で、個別の政策保有株式について、保有目的が適切か、保有に伴う便益やリスクが資本コストに見合っているか等を具体的に精査し、保有の適否を検証するとともに、そうした検証の内容について開示すべきである。

すなわち、他社の株を持つことは構わないが、それが資本の効率性を損ねていないか（資本コストに見合っているか）を取締役会で検証し、その結果を対外開示しなさい、ということです。

横並び意識やお上への従順性を利用したコーポレートガバナンス改革

これはルールではなく、コード（規範）です。**この原則に従う（コンプライする）か従わないかは自由ですし、従わないからといって罰則があるわけでもありません。ただし、会社として原則を採用しない場合、その理由を説明（エクスプレイン）する必要があります。**

いわゆるComply or Explain（遵守せよ、さもなくば説明せよ）です。

日本の上場企業に対して発せられたコーポレートガバナンス・コードの基本的な性格として挙げられるのは、「プリンシプルベース・アプローチ」と「コンプライ・オア・エクスプレイン」方式を採用しているという点です。

「プリンシプルベース・アプローチ」すなわち「原則主義」とは、法律や規則などがルールベース・アプローチ（細則主義）と言われるのに対し、抽象的な原則だけを定めその原則を踏まえてどのように行動するかは、当事者の判断に委ねる、というタイプの規制手法です。

また、「コンプライ・オア・エクスプレイン」は、強制力を伴う法令などの「ハード・ロー」ではなく、従うかどうかは企業の自主性に任せつつ、従わない場合には説明責任を果たすよう求める「ソフト・ロー」です。そして、それをどう評価するかは投資家や市場に任せる、というスタンスです。

このコーポレートガバナンス・コードの導入により、多くの日本企業が政策保有株式を売却し、女性取締役や社外取締役を増やし、投資家との対話・エンゲージメントに力を注ぎ、株主還元を充実させるようになりました。

ある法曹界の方とお話ししたときに、「**商法や会社法といったハード・ローを一行も改正せずに、日本企業の統治のあり方を革命的に変えてしまった**」と、コーポレートガバナンス・コードの「威力」に感嘆されていました。

確かに、安倍政権の意を受けて金融庁が行ったさまざまな改革（たとえば、積み立てNISAの導入などで若者の投資行動を「貯蓄から投資へ」変えた等）のなかでも、このコーポレートガバナンス・コードの制定は日本の経済史に残る施策と言えそうです。

私は、コーポレートガバナンス・コードと対をなすスチュワードシップ・コード（資産運用会社の行動について定めた規範）を検討する金融庁の専門家会議のメンバーでしたが、そこで目の当たりにしたのは、アベノミクスのもとで日本経済を活性化するという政策意図を効果的に実現させる日本の官僚の「知恵」でした。

独立社外取締役を中心とするコーポレートガバナンスの考え方やROEの概念は主に米国から輸入し、その米国には存在しないスチュワードシップ・コードの概念は英国から導入する。目的のために最適の手段を組み合わせ、それを有識者会議や専門家会議などにかけることで権威付けと客観性を担保し、とりまとめていく。当時の森信親《のぶちか》長官ほか、金融庁の推進力はすさまじいものがありました。

特に秀逸だったのが、コーポレートガバナンス・コードとスチュワードシップ・コードに採用された「コンプライ・オア・エクスプレイン」を原則とする「ソフト・ロー」方式です。

個々人が「個」として独立し、企業も独自の判断をすることを社会も許容する英国では、多くの企業が堂々とエクスプレインして、コードに定められた原則を守っていません。「コンプライ・オア・エクスプレイン」は、独立自尊が根付いている英国の社会風土が生んだ制度です。

一方、日本ではほぼすべての企業がコンプライしようと努力しています。「お上の仰《おっしゃ》ることには、とりあえず従っておこう」「他社と横並びの行動を取ろう」という日本人の特性を上手く活かした金融庁の作戦勝ちです。

結果、両コードとも「ソフト・ロー」のはずなのに、ほぼ「ハード・ロー」と同じ効果をもたらしています。まさに、法律を改正することなしに企業のガバナンスの枠組みや機関投資家の行動様式を変革してしまった革命的出来事、と言われるゆえんです。

図表1−5で見たように、**2012年の第2次安倍内閣発足後の日本において、アクティビズムは活発化してきています。**

米国内の「手ごろな案件」を取り尽くした米国の3大ファンド（エリオット・マネジメント、サード・ポイント、バリューアクト）は、日本企業に対する投資を拡大させており、2021〜2022年の2年間における出資総額は、公表されているだけでも70億ドル（約9100億円）を超えています。

この背景には、**日本には株価が割安に放置されている企業が多い**、というバリュエーション上の観点に加え、**コーポレートガバナンス・コードがアクティビストを含む投資家との対話や**

株主還元の充実を後押ししており、多くの企業が同コードをコンプライ（遵守）すると宣言しているという、アクティビストにとっては理想的な環境整備がなされたことがあります。

こうした「環境整備」は、アクティビストの行動にも変化をもたらしています。すなわち、東芝などの一部例外を除き、米国でよく見られるようなマスメディアを活用した委任状争奪戦（プロキシー・ファイト）ではなく、企業との対話・エンゲージメントを重視した提案型の穏便なケースが大半となっています。

また、アクティビストファンドによる経営陣への提案内容も、まったく新しいアイデアというよりは、すでに経営者により分析・検討がなされ、おおよその方向性が示されている経営戦略について、それを加速したり、その施策を徹底したりするよう求める、といった内容がほとんどです。この意味で、現在日本で見られるアクティビズムは、「サジェスティビズム（示唆型・提案型活動）」である、と言う業界関係者もいます。

詳細はお話しできませんが、私もアクティビストと言われる複数の投資ファンドと対話したことがあります。その面談内容は通常の投資家とのＩＲ面談とさほど変わらないケースがほとんどでした。

たとえば、海外展開の加速、ビジネスを特定顧客層に集中する戦略の加速、配当や自社株取得などの株主還元の一層の充実などが話題に上りましたが、これらは一般のアクティビストではないファンドとの対話においても話題になるテーマであり、その点ではなんら違いはありません。

アクティビストとの対話と一般投資家との対話

しかし、アクティビストファンドのアクティビストたるゆえんは、経営陣と意見が異なる場合の行動（アクション）の特異性にあります。

一般の投資家との面談での対話は、このように進みます（数字は架空のものです）。

CFO：株主還元については、配当性向40％の方針に基づき、今年は年間配当を1株あたり50円とします。また、中期経営計画で公表済みのキャピタル・アロケーション（資本配分）方針に基づき、M＆Aや戦略投資に500億円程度を投入する可能性があります。

投資家：我々としては、リスクが伴うM＆Aに資本を使うよりも、割安な自社株を取得することを優先すべきだと考えるがどうか？

CFO：当社経営陣としては、配当でしっかりと投資家に報いると同時に、将来の成長のために中計に沿った戦略投資は行いたいと考えています。自社株買いを優先すべし、というご意見は承りましたので、取締役会でもしっかりと議論したいと思います。

投資家：了解した。執行サイドと社外取締役を含む取締役会でしっかり議論してほしい。最終的には現経営陣の判断を尊重する。

仮に、投資家がM&Aや戦略投資に資本を使うことに納得がいかない場合、彼らは当該企業の株を売却（ダイベスト）する、あるいは投資額を減らす、という投資行動を取るのが一般的です。

これに対し、**アクティビストはあくまでも自分たちの意見を通そうとします**。つまり、投資の解消や投資金額の減額で対応するのではなく、企業の経営判断そのものに影響を及ぼそうとするのです。具体的には、彼らは、取締役会に対して、自分たちの意見を記した書簡を送り、それへの対応を求めてきます。

彼らが主に相手にするのは、自分たち株主によって選任され、株主の利害を第一に行動することが期待されている取締役、とりわけ独立社外取締役であり、アクティビストからの書簡は取締役会宛て、あるいは取締役会議長（日本企業では、取締役会長という役職名が多い）宛てに送られてくるのが通例です。

企業側が求められた対話を拒否したり、意に添わない回答を行ったりすると、彼らは自分たちの意見や企業側の対応の不備を記載した「ホワイトペーパー」と呼ばれる書類を特設サイトに公開します。

また、マスコミとのインタビューに応じたり、企業側との対話の内容をリークしたりして、いかに自分たちの主張がすべての株主の利益につながる見解であるか、また、現経営陣の対応がいかにひどいかをアピールしたりすることもあります。

こうした動きは、「公開アクティビズム」と呼ばれます。

アクティビストの書簡——東京ドームの例

1つ事例をご紹介しましょう。2020年11月、三井不動産が東京ドームをTOB（株式公開買い付け）で買収すると発表しました。TOB価格は1株1300円で当時の株価に対して約45％のプレミアムが加味されました。つまり、既存の東京ドームの株主は、全員、その分だけ得をしたことになります。このTOBの背景にあったのが、アクティビストファンドで東京ドームの筆頭株主でもあったオアシス・マネジメント（以下オアシス）による「公開アクティビズム」です。

オアシスは、イスラエルで軍役に就いた経歴もある最高投資責任者（CIO）セス・フィッシャー氏が2002年に香港に設立したファンドです。オアシスは、2020年10月に、「すべての利害関係者の皆様のために、オアシスは東京ドームの価値を守るべく臨時株主総会の招集を請求します」と題する書簡を公開しました。その一部を引用しましょう。[*15]

オアシスは東京ドームを世界最先端の施設にするという固い決意を持っています。そのうえで、同社を改革するお手伝いと、そして、特に、新型コロナウイルスの流行に起因する施設の営業規模の縮小という稀有《けう》な機会を活かして東京ドーム（スタジアム）自体のみならず、ホテル、施設内の店舗、遊園地といった同社の資産にも改革を遂行するべく、従前から東京ドームの経営陣に対して繰り返し対話を求めてまいりました。……（中略）……改革案については、同社が7月に公表した……（中略）……インパクトに欠ける改善計画においては、完全に無視され言及されていません。……（中略）

同社の長岡代表取締役社長は同社の資産を有効に活用して本質的な価値を引き出すことに長らく失敗してきました。オアシスは、同氏はその経営の失敗に対して責任を取るべきであり、取締役の地位に相応《ふさわ》しくないと考えています。……（中略）

今こそ、この現状を変えるときです。東京ドームは新型コロナウイルスに伴うイベントの需要減が、必要不可欠な業務改革を遂行するに稀有な好機をもたらしています。その稀有な機会を活かさねばなりません。……（中略）……革新的な事業改善を迅速に実行して、企業価値を高め、東京ドームを改善していく所存です。

こうしたアクティビストの攻勢に耐えかねたのか、東京ドームは、ホワイトナイト（白馬の騎士。敵対的な買収者に対抗する友好的な買収者）として現れた三井不動産に買収される道を選び、上場廃止となりました。

そして、オアシスは保有する株式を全株売却し、利益を確定させたのでした。

元アクティビストから学んだ対策とは

こうしたアクティビストファンドに対応するのもCFOの役割です。たとえば、「取締役会議長と話したい」という先方の要求に対し、「まずは、CFOである私がお会いして、会社側の見解を説明したい」と返答するのが一般的です。

この意味で、CFOは取締役を兼務しているか、少なくともオブザーバーとして取締役会に参加していることが重要です。すなわち、株主であるアクティビストファンドが相手にするのは最終的には取締役会であり、CFOが取締役会に一定の影響力や発言力があることを示すことが、対アクティビストファンド戦略上、重要な点です。

私は海外投資家との面談時、通常は通訳を付けずに英語で対話しています。通訳を付けると正確性は担保されますが、実質の面談時間は約半分となります。つまり1時間の面談も実質的には30分になってしまうのです。

30分では投資家が聞きたいすべての質問に答えるには時間が短すぎるというのが私の見解であり、そのため海外IRでも1日に5~7コマ、1時間の対話を英語で行うのを通例にしています。発言内容の文法的な正確性よりもなるべく多くの質問に答え、投資家にフラストレーションを残さないことを優先しています。

実際、かなり早口の英語で対話しても、事業数（ビジネスユニットの数）の多いMUFGやニコンの場合は1時間でも足りないケースが大半です。

しかし、相手がアクティビストファンドとなると事情が異なります。必ず通訳を付け、質問と回答に齟齬《そご》がないように、また通訳者が話している時間を利用して回答の内容を考え準備するようにしています。

これは、初めてアクティビストファンドと面談する際にアドバイスをお願いした米系投資銀行の「アクティビスト対応チーム」の専門家から受けた助言に基づいています。

私は、初めてアクティビストファンドと面談するに際し、**米国から専門家をアドバイザーとして呼び寄せました。そのビジネスパーソンは、弁護士資格を持つ人物で、なんと、元アクティビスト。**これは人材の流動性が高い欧米ではよくある「回転ドア」とも呼ばれる人材移動・転職のパターンです。

すなわち、欧米では、元いた職場や以前やっていた仕事に対するコンサルテーションをビジネスにする、そして企業側の対抗策などを学んでまた元の職場に戻る、あるいは、政府系機関や学者に転職するというパターンがよく見られます。

私は元アクティビストで先方の手の内を知り尽くしている彼から、「言うべきこと」「言ってはならないこと」など、アクティビストとの対話での留意点を学びました。そのなかには、「些細な発言で言質を取られないように、通訳を入れること、またその通訳はできれば先方が指定する人物を使うとよい」といった実務的なアドバイスもありましたが、それ以外はより本質的なものでした。

有料で教えてもらったことであり詳細は省きますが、一言で言えば、「**アクティビストだからと言って特段構える必要はなく、一般の株主や投資家と同じように対話すればよい**」ということが基本です。

たとえば、IR面談で、アクティビスト側が意図的に怒らせるようなことを言ってくる場合があったとしても、「そんなに我々現経営陣の方針に不満なら、保有株を売ってもらって結構」とか「株主になってもらわなくて構わない」などと言ってはならない、あくまでも「株主になっていただいてありがたい」「ずっと株主でいてほしい」というスタンスと発言を貫き通すように、という指導を受けましたが、それは一般株主や投資家が相手でも同じことです。

実は、投資家と言い争いになり双方が激高するという局面は、一般の株主とのＩＲ活動においても時折見られることなのです。

アクティビストとの対話は、最もやりがいのある仕事

日本のとある有名企業の会長さんが海外ＩＲで面談した投資家の若いファンドマネージャーの横柄な態度に怒り、面談を途中で打ち切って退席した、逆に、米国西海岸のある投資家が面談冒頭に強く主張した株主還元案に対し、日本企業ＣＦＯが不同意の返答をしたところ、10分足らずで面談を打ち切った、という話を仄聞《そくぶん》したことがあります。

お互い真剣勝負でみずからの信じる経営戦略や株主還元方針を議論するとヒートアップすることもありますが、個人であれ、ファンドであれ、株主になっていただくことに、「御恩と感謝」を片時も忘れないことは、上場企業のＣＦＯとしては当然守るべき原理原則です。

私は、さまざまな経験から、「**アクティビストファンドは、『究極の投資家』である**」と考えています。すなわち、投資した自分のお金（マイマネー）からのリターンを最大化することにこだわり、株主としての権利をフルに活用し、自分たち株主の代理人である取締役にしっかり執行サイドを指導・監督するよう求める、というのは、アクティビストに限らず、投資家が本来持つべき姿勢です。

現代の金融資本主義の頂点に君臨するのが資産運用会社・ファンドだとすれば、そのなかでも**アクティビストは、資本主義が生まれた頃の生々しい「野性」の魂、アニマルスピリッツを具備している存在です。**

アクティビストは、「金も出すが口も出す」という株式会社が生まれた頃の原型に近い投資家であり、同時に知的に武装された現在最も活発で影響力のある投資家です。彼らと対話するCFOは、冷徹な計算に裏打ちされた「企業の将来の夢」を投資家に語る役割を担い、そのための戦略や資本配分方針を投資家に説明し、共感してもらうミッションを負っています。

CFOである私にとって、株主・投資家のなかでも最もアニマルスピリッツにあふれ、資本主義の「野性」を残しているアクティビストファンドとの対話は、最もエキサイティングでやりがいのある仕事です。

そもそも「株式会社」とは何なのか――アニマルスピリッツのルーツ

さて、ここまで、CFOが主に対話する相手である投資家についてお話ししてきました。次に、CFOが活躍する場である「株式会社」について考えてみたいと思います。

「株式会社」は、人類の経済史のなかでは比較的「最近の発明」です。この世界に「株式会社」が生まれたのは、関ヶ原の合戦の2年後の1602年。オランダに設立された「オランダ東インド会社」がその嚆矢《こうし》です。

中世のヨーロッパでは、胡椒をはじめとしたスパイスが極めて高値で取引されていました。アジアの香辛料は、インド沿岸から中東を経由して西ヨーロッパへと運ばれましたが、15世紀に香辛料貿易を牛耳ったのはヴェネチアです。胡椒貿易が「ヴェニスの商人」の繁栄と、今日の全世界のCFOが決算に用いる「複式簿記」の発達をもたらしたのです。

ポルトガルのエンリケ航海王子は、中東やヴェネチアに頼らずに、アフリカの南端を回ってインドまで行き、胡椒貿易によって利益をあげようと考えました。エンリケの死後、1498年にポルトガルのヴァスコ・ダ・ガマがついに喜望峰経由でのインド到達に成功しました。

インドのカリカットに初めて降り立った船員2人が、インド人に「なぜ来たのか」と問われ、

「キリスト教と胡椒のため」と答えた、というよく出来た逸話が残されています。

その後、スペインに併合されたポルトガルと敵対したオランダでも、多くの貿易会社がアジア貿易を始めました。1601年末までに15の船団からなる65隻の船が東洋に派遣され、香辛料を満載して戻ってきました。

これらの貿易会社は、その大半が「当座企業」と呼ばれる、1回の航海ごとに設立され、終了時に清算・解散する企業でした。こうした会社が乱立し、アジアでの仕入価格が高騰したことから、オランダ連邦議会ではこれらの貿易会社を統合することが議論されました。

1600年に隣国英国が、エリザベス1世の勅許会社「英国東インド会社」を設立し、国ぐるみでアジア貿易に本腰を入れようとしていたことも、オランダ人たちの危機感を煽《あお》りました。

こうした経緯を経て、1602年3月、中小の貿易会社が統合され、「オランダ東インド会社（通称：VOC）」が設立されたのでした。

このVOCが「世界最初の株式会社」と呼ばれる理由は、大きく3つあります。

第一に、従来主流だった「当座企業」ではなく、複数回の貿易を前提とし、事業継続を前提とするゴーイングコンサーン（継続企業）であったこと。

第二に、有限責任制であること。それまでは、会社が倒産したら出資者はその会社の負債まで引き受ける必要がありました。これを無限責任制と呼びます。一方、有限責任制のもとでは、出資者は出資した額以上の損失を被ることはありません。

第三に、持ち分としての株式の譲渡が自由になったこと。これにより、株式を市場で自由に売買できるようになりました。

このように、1602年にVOCから始まった株式会社は、その根幹に経営者の「事業を継続させていくんだ」「より大きくしていくんだ」という意思を内在しています。それは、今日、会計用語でいう「ゴーイングコンサーン（going concern）」、すなわち、「継続企業の前提」として知られるようになっています。

企業が将来にわたって存続し、事業を継続していくという前提は、私たちの社会やグローバル経済など、現代社会の仕組みの基礎になっています。「事業を続けたい」「拡大したい」という野心、アフリカの喜望峰を回り、嵐や海賊のリスクに晒《さら》されながらも香辛料を持って帰るんだ、という事業目的への強い拘《こだわ》り、きっと成功するという将来に対する楽観。**四百数十年前に生まれたときから、「株式会社」にはDNAとしてアニマルスピリッツが組み込まれているの**です。

「東インド会社」と競馬の賭け金

ＶＯＣの残り２つの特徴、すなわち有限責任制と株式自由譲渡制も、今日の資本主義のベースになっています。

出資金が最大の損失上限となり、株式が自由に売買できることで、所有（株主）と経営（執行）がより明確に分離されました。

また、証券取引所が整備され、株式投資を主業とする資産運用業が発展しました。第二次世界大戦後になって、資産運用会社が銀行や証券会社の子会社として意図的に作られた日本とは異なり、欧米では最初から別の種類の金融機関として生まれ、成長してきたのです。

このように、ヴェネチアから始まり、大航海時代のポルトガルやスペイン、そして英国やオランダなど欧州各国を巻き込んだアジアの産品が生み出す富への欲望が、「株式会社」という仕組みや現代の資本主義を生み出したと言えます。

ここで、このＶＯＣに始まった「株式会社」について、整理してみましょう。

まず**「会社」には、「目的（パーパス）」があります**。ＶＯＣの場合は、アジアで香辛料やお茶などを買い付け、無事にヨーロッパまで運んでくること、そしてそれを販売することが目的です。

次に重要なことは、誰を船長（リーダー）にするかです。アフリカ南端の喜望峰を回る長期間の航海を指揮することや、その間船員をまとめることは、並大抵の力量では果たせないことです。現在の「株式会社」でも同様に、リーダーを誰にするのかは、その企業の将来を左右する重要なテーマです。

現在の日本の上場企業では、指名委員会や取締役会で、社長・CEOの選任やサクセションプラン（後継者計画）が議論・決定されています。こうして選ばれたリーダーのもと、役員が選定され、社員が採用されます。

VOCで言えば、航海長から品物の買い付け担当、さらには通訳やコックに至るまで、誰を船に乗せるかは、長い航海を成功させるうえで重要なポイントです。

また、この会社には、取引先（食料や資材の買入先、さらに交易の相手など）や債権者（資金の借入先など）がいます。

そして、**この航海のリスクを引き受けるかわりに、そこから上がる収益を得る株主がいます。**

VOCができる前は、1回の航海ごとに会社が設立されていました。株主にとってみれば、無事に帰ってくれれば大儲け、船が難破したり積み荷を海賊に奪われたりしたら大損、というわけです。貿易会社の株主になる、航海に投資することは、リスク・リターンの幅が大きいバクチのような行為でした。

その後、事業の継続性が確保された「ゴーイングコンサーン」としての株式会社が主流になったことで、複数の航海による利益と損失が合算され、利益が会社内にプール（内部留保）されることで企業業績の平準化や安定化が図られ、株主が取るリスク・リターンも安定化しました。

同時に、投資した出資金以上に損を被ることがない「有限責任制」も導入されたことから、富裕層・資本家が株式会社に出資する、という現代資本主義の形態が生まれたのです。

「ステークホルダー」とは、会社に何かを賭けている人々のこと

このように、VOCには、船長のほかに、船員、取引先、債権者そして株主がいました。現代の資本主義においても、会社には、従業員、取引先、債権者、社会、株主などが存在します。これら株式会社を取り巻く人々は、「ステークホルダー（stakeholder）」、日本語では、「利害関係者」と呼ばれています。

「ステーク（stake）」という単語は、英語で「賭け金」を意味します。日本では、競馬の「〇〇ステークス」がこの英単語が最も見られる場面かもしれません。英国では、賞金を懸けての

競走が馬主間で盛んに行われていました。賞金は、レースに所有馬を出走させる馬主が賭け金（ステーク［stake］）を出し合い、それを集めたもの（ステークス［stakes］）を優勝馬を中心に事前に定められた着番の入着馬まで（たとえば、1着から3着まで7・2・1の割合で）分配するという方法が採られていました。これが「ステークス方式」と呼ばれるものです。

すなわち、「ステークホルダー」は、直訳すると「賭け金保持者」、すなわち、「株式会社に何かを賭けている人」のことを意味することがわかります。

5つのステークホルダーと、賭けているもの

- **従業員**は、自分の生活を企業からの収入に賭け、キャリア形成を期待し賭けている
- **取引先**は、原材料や部品、サービスなどをその企業に提供し自社のビジネス・収益を賭けている
- 銀行などの**債権者**は、貸したお金がちゃんと利息とともに返ってくるかを賭けている
- **社会**は、その企業が企業市民の一員として社会の規範を守り、地域住民と仲よくし、公害などを出さず地球環境を守り、正当に納税することに賭けている
- **株主**は、その企業が成長し、配当や株価の値上がりの形で経済的に報いることに賭けている

このように、アニマルスピリッツを持った経営者が運営する株式会社の周りに集まった人々のことを指す「ステークホルダー」という英語の本来の語義は、日本語訳の「利害関係者」よりもずっと生々しいのです。

ステークホルダー間の序列・優先順位とは？

これらさまざまなものを「賭けて」いるステークホルダーのあいだの序列や優先順位について、いろいろな議論が行われてきました。それは、「会社は誰のものか？」という問いに対する答えを探すことでもあります。

実は、株主とそれ以外のステークホルダーとのあいだには決定的な違いがあります。それは「企業の死」、倒産という極端な場面を想像すると、はっきりと見えてきます。

ステークホルダーは株式会社に何かを「賭けて」いますが、株主以外のステークホルダーは「債権者」です。

すなわち、**図表1－6**からもわかるように、従業員は給与の支払いを求める労働債権を持っており、取引先は売掛金などを回収する権利である取引債権を、銀行は元本の返済や利息の支払いを求める金融債権を持っています。また、社会（国や地方公共団体）は税金などの支払いを求める公租公課徴収権を持っています。

会社が、1回の航海ごとに設立され終了時に清算・解散されていた頃、はるかアジアまで貿易に行った船がヨーロッパの港に着くと、積み荷を金銭に換え、各ステークホルダーが持つ債権の回収（給料の受け取りや売掛金の回収など）を行い、会社に残ったもの（残余財産）が株主のものとなりました。現在においても基本的な構造は同じです。

図表1－6をよく見ると、ステークホルダーのうち、「株主」のみが含まれていません。「株主」は債権者ではないか

図表**1-6**｜**株主以外のステークホルダーは債権者**

企業倒産時のステークホルダーごとの債権支払順位

ステークホルダー	会社の義務	債権者としての法的位置づけ	支払順位
従業員	**賃金の支払い**	会社とのあいだの労働契約に基づいて働き、その対価として賃金を受け取る「労働債権者」	高い
顧客	**商品の提供**	対価を支払って、会社に対してその商品やサービスの提供（給付）を求め、これを受け取る「給付債権者」	低い
取引先	**仕入れ代金の支払い**	会社とのあいだの商品供給契約などに基づいて会社に商品を納入し、その対価を受け取る「取引債権者」	低い
金融機関等	**金利・元本の支払い**	借入先は「金融債権者」、社債の投資家は「社債権者」	低い（抵当権なしの場合）
地域社会	**税金の支払い**	国・地方公共団体は「公租公課徴収権者（租税権者）」	高い

出典：各種資料より筆者作成

らです。

会社が倒産した場合、資産が現金化され、給料や税金や借入返済など各ステークホルダー（従業員、国、金融機関、取引先など）の債権の支払いに充当されます。これらをすべて支払ったあとに「残余財産」があれば株主に支払われますが、仮になければ、株券は紙くずになります。

このように、株主への支払いは、ほかのステークホルダーに劣後しており、逆に言えば、株主はより高いリスクを引き受けています。**株主は企業経営の最終的なリスクを引き受けている存在であることから、平常時には、経営に関与する権利（株主総会における取締役の指名など）と一定のリターン（配当などの株主還元）を受ける権利がある**と言えます。

こうした仕組みから、株式会社である以上、最終リスクテイカーである株主を意識した経営を行うことは、それが米国企業であれ、日本企業であれ、当然のことだと考えられます。

しかし、この**「株主を意識した経営」における「意識の度合い」が日米では大きく異なっています。**

株主至上主義を修正する米国、株主軽視を批判される日本

米国では、「企業は第一に株主に仕えるために存在する」という「株主至上主義」が長らく

信奉されてきました。

ところが、この考え方が行き過ぎ、一部で弊害も指摘されるようになってきています。たとえば、株主や株価を重視する経営の結果として、ストックオプションなどの株式報酬が主体である経営者の報酬が高額化している、と批判されているのです。

米国の上場企業の経営トップであるCEOの報酬は、従業員の給与をはるかに超えるペースで膨らみ、平均は23億円と日本の社長の16倍に相当し、CEOが従業員の給与の中央値より何倍多い報酬を受け取っているかを示す「ペイ・レシオ」は、1965年の21倍から2020年には351倍まで拡大したと言われています。[*16]

また米国では、労働分配率が低下し、労働者への教育・研修も不十分だという批判や、企業経営における環境（E）・社会（S）課題への配慮が不足している、と批判も上がっています。

こうした批判を受け、2019年8月、米国のCEOたちの協議会である「ビジネス・ラウンドテーブル」は、アマゾン・ドット・コム、アップル、ジョンソン・エンド・ジョンソン、JPモルガン・チェースなどのCEO181人が署名した「企業のパーパス（存在意義）」に関する新たな方針を公表しました。そのなかで、米国の大企業のリーダーたちは、「顧客、従業員、サプライヤー、地域社会、株主といったすべてのステークホルダーの利益のために会社を導くことにコミットする」という考え方を明らかにしました。[*17]

このことは、日本では、「米国企業が、株主至上主義からマルチ・ステークホルダー主義に転換した」と大きく報道されました。[*18]

しかし、米国の産業界は、株主を軽視すると決めたり株価の向上を諦めたりしたわけではありません。

事実、「ビジネス・ラウンドテーブル」が公表したステートメントには、「企業が投資し、成長し、改革を行うための資本を提供してくれる株主の長期的価値を創造すること」[*19]が、企業の存在意義のひとつとして明記されています。

また、経営者の高額報酬や従業員との格差も減少する傾向にはありません。すなわち、米国労働総同盟・産別会議（AFL‐CIO）によると、米国大企業トップの2021年の平均報酬は1830万ドルと20億円を超え、従業員との格差は324倍と大きく乖離したままとなっています。[*20]

このようなことから、**米国企業は引き続き株価や株主を重視するスタンスは変えていないものの、そのほかのステークホルダーに対して以前よりは目配りするようになりつつある**、ととらえるのが妥当だと考えられます。

日本企業には別の圧力がかかっています。すなわち、**日本企業が国際競争力や「稼ぐ力」を失ったのは、株主や投資家を軽視してきたからだ、という逆のベクトルの批判を浴びている**のです。

持合い株式による資本の非効率性や取締役会形骸化に関する批判が、海外の資本市場、たとえば金主（アセットオーナー）や資産運用会社（アセットマネージャー）から寄せられ、日本政府も事実上それを認め、改善するための施策を展開してきています。

具体的には、「コーポレートガバナンス・コード」を定め、企業に対し、より株主価値を重視した経営に移行するように促してきており、企業サイドも過去の日本企業の対応に比べ、より株主のほうを向いた経営を行いつつあります。

このように、日米の「株式会社」は、株主をはじめとする複数のステークホル

図表1-7｜日米とも「マルチ・ステークホルダー論」だが、重心の位置は大きく異なる

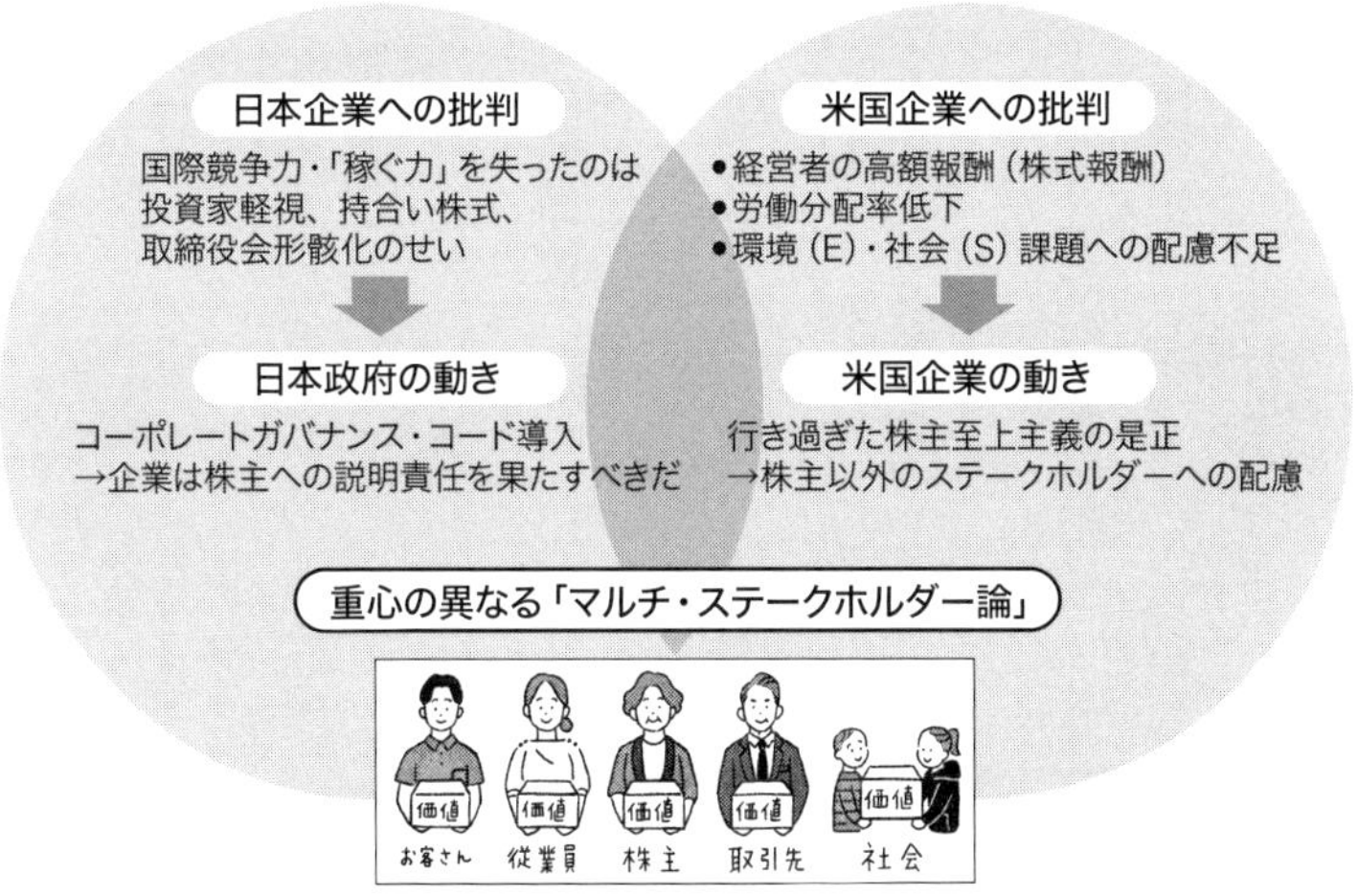

日本企業への批判
国際競争力・「稼ぐ力」を失ったのは
投資家軽視、持合い株式、
取締役会形骸化のせい
日本政府の動き
コーポレートガバナンス・コード導入
→企業は株主への説明責任を果たすべきだ
米国企業への批判
●経営者の高額報酬（株式報酬）
●労働分配率低下
●環境（E）・社会（S）課題への配慮不足
米国企業の動き
行き過ぎた株主至上主義の是正
→株主以外のステークホルダーへの配慮
重心の異なる「マルチ・ステークホルダー論」
価値
お客さん
従業員
株主
取引先
社会

出典：各種資料より筆者作成

ダー（従業員、顧客、取引先、社会など）に対して価値を提供するという考え方のもとで事業運営を行っているという点では、いずれもマルチ・ステークホルダー論であるということもできます（**図表1－7**）。

しかしながら、そのウエイトのかけ方には依然として大きな開きがあり、米国企業がステークホルダーのなかでも株主を最重要視していることは明白です。

CFOは、ステークホルダーと会社との結節役

いずれにせよ、こうした**株主をはじめとするさまざまなステークホルダーと会社との結節点に立ち、彼らとの対話の中心的役割を果たすのがCFOです**。すなわち、財務・経理担当役員が担当してきた株主や銀行・社債権者への対応だけでなく、ESG投資家や環境NGOとの対話にまでCFOのカバレッジは広がりつつあります。

さらに、CFOがその内容に責任を負う法的書類である有価証券報告書には、2022年3月期から「気候変動」に伴う「財務リスクとビジネス上の機会（チャンス）」を記載することが推奨され、2023年3月期からは「女性管理職比率」や「男性育児休業取得率」などの「人的資本経営」に関する情報開示も始まっています。

このように、ＣＦＯが、「従業員」や「社会」を含むさまざまなステークホルダーに関わる役職であることがますます鮮明になってきています。

次の第2章では、ＣＦＯが実際どのような仕事をしているのか、ＭＵＦＧとニコンでの実例を用いてお話ししていきたいと思います。

「日経２２５」とも呼ばれる「日経平均株価」の構成銘柄である２２５社のうちの2社でＣＦＯを務めた私自身の経験を通して、ＣＦＯ職のエッセンスとその醍醐味をお伝えできればと思います。

第2章

CFOはどのような仕事をしているのか

本章では、ＣＦＯという仕事はどんな内容なのかをイメージしていただくため、私がＣＦＯとして実際に関与してきた３つのトピックスについてお話ししていきたいと思います。

３つのトピックスとは、**「グローバルＭ＆Ａ」「ターンアラウンド（経営改革による業績回復）」「サステナビリティ・ＥＳＧ」**です。いずれも企業経営にとって重要なテーマです。これらとＣＦＯ職との関係について、私の実体験からお話を進めます。

三菱ＵＦＪの利益の７割はＭ＆Ａから

まずは、**「グローバルＭ＆Ａ」**です。ＰＢＲ1倍割れの多くの企業は日本国内の低成長に悩んでおり、成長の機会を海外に求めようとしています。その際に重要な手段となるのが、Ｍ＆Ａ（企業の合併・買収）です。

図表２−１は、２０２２年3月期の三菱ＵＦＪフィナンシャル・グループ（ＭＵＦＧ）の連結当期利益約1兆１３００億円をグループ内の主要構成会社ごとに分解したものです。ご覧のように、ＭＵＦＧの利益の源泉は国内商業銀行から信託、証券、カード（ニコス）、消費者金融（アコム）へと多様化していますが、**国内からの利益をすべて合計しても３分の１強にすぎません。**

グループの中核会社でありグループ全体の社長を輩出し続けている三菱ＵＦＪ銀行単体の利益貢献額は１９００億円弱と全体の17％弱で、三菱ＵＦＪ信託銀行が１６００億円弱、証券子会社はＭ＆Ａによりグループの連結子会社となった消費者金融のアコムよりも利益貢献が小さい、というのが現状です。

日銀の金融緩和政策により、商売のベースである金利がゼロ近傍にとどまる期間が長く続き、特に国内商業銀行業務が苦しい運営を強いられている様子がこの図からわかります。

一方、その右側のＭ＆Ａでグループ化した海外企業からの収益は１兆１３００億円の利益の約65％を占めています。これにア

図表2-1｜利益の7割弱は海外企業から

MUFGの株主純利益注1の内訳（億円、2021年度決算）

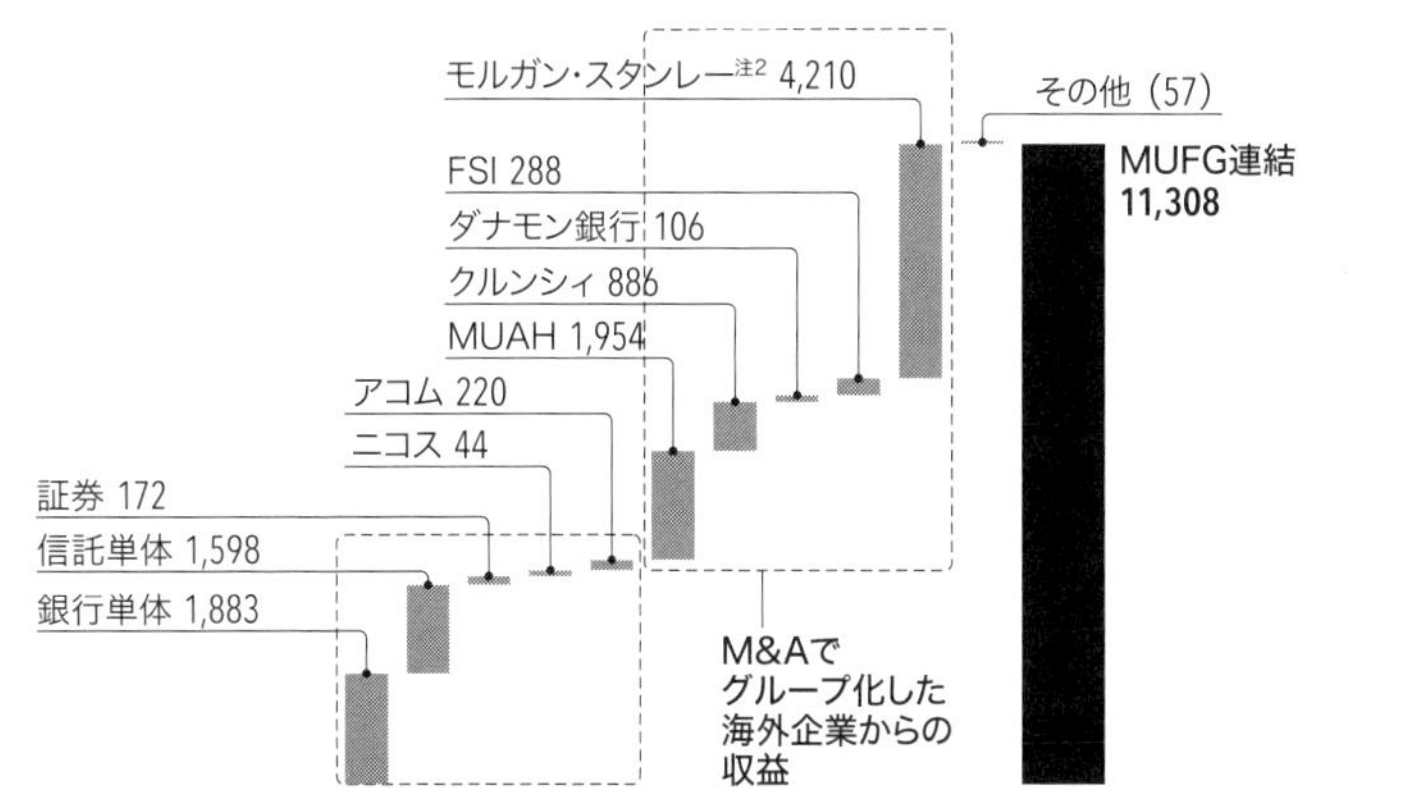

注1 持分比率勘定後の実績
注2 持分変動益＋368億円を含む
出典：MUFG, MUFG Report 2022, 2022年7月, 123ページ

コムを加えれば、もともとはグループ外だった企業からの収益が全体の約7割を支えていることになります。

図表2−1にあるMUAHは、米州MUFGホールディングスコーポレーションという中間持株会社で、傘下に米国の中堅銀行MUFGユニオンバンクを保有していました（MUFGはユニオンバンクを大手銀行のUSバンコープに2022年12月に売却しました）。以降、アジアの銀行子会社が続きます。

クルンシィはタイ5大銀行の一角アユタヤ銀行の現地での呼称、ダナモン銀行はインドネシアの中堅銀行です。右端の「その他」のなかにも、持分法適用関連会社であるフィリピンのセキュリティバンクとベトナムのヴィエティンバンクがあり、出資・買収したこれらの東南アジアの4つの銀行を、MUFGでは「パートナーバンク」と呼び、相互の連携や協業関係を深めています。

続いて、FSI（ファースト・センティア・インベスターズ）という子会社が288億円と相当の利益を上げていますが、これは傘下の信託銀行が買収したオーストラリアの資産運用会社です。

実は、3メガバンクグループを銀行単体だけで比べると、三菱UFJ銀行は2位あるいは3位です。つまり、MUFGが日本最大の金融グループとなったのは、グローバルなM&A戦略の成果なのです。

米国経済を救った90億ドルのモルガン・スタンレー向け出資

MUFGの利益の4割近くを稼いでいるのが、米国モルガン・スタンレーからの持分法投資損益です。90億ドル（1ドル＝110円換算で約1兆円）というこの巨額の戦略出資以降、MUFGのM&A戦略は加速し、私は財務企画部長あるいはCFOとしてその渦中にいました。

このモルガン・スタンレーへの投資のいきさつを『リーマン・ショック・コンフィデンシャル（下）』から引用したいと思います。[*1] 金融危機を背景に、政府当局者や金融機関経営者の人間くさい言動がおもしろく描かれた原作本は、米国のケーブルテレビ放送局HBOでドラマ化されました。

最終的な支払いを持ってくるのは、三菱の比較的地位の低い社員だろうと思っていた。ところが受付が、たったいま三菱の上級幹部の一団――一分の隙もないダークスーツ姿――がロビーに到着し、そちらに向かっていますと知らせてきた。

……（中略）……三菱東京UFJ銀行の中島孝明・米州企画部長が六人の同僚とともに

会議室に到着した――契約締結セレモニーがあるのだろうと想像しながら。

……（中略）……中島は封筒を開き、キンドラーに小切手を渡した。そこには〝この小切手と引き替えにモルガン・スタンレーに支払うこと。$9,000,000,000.00〟とあった。キンドラーはそれを両手で受取り、一個人が物理的に触った金額として史上最高であるはずのものを、なかば信じられない思いでしっかり持っていた。モルガン・スタンレーはたったいま、救われたのだった。

本書には、リーマン・ブラザーズが経営破綻したあと、AIG、モルガン・スタンレー、そしてゴールドマン・サックスと米国を代表する金融機関が次々に経営危機に陥る様子が描かれています。

三菱側が90億ドルの小切手を「その日」に手渡していなければ、どうなっていたのでしょうか？　市場はリーマン・ブラザーズの次に破綻する金融機関を探し始め、その日の前週、モルガン・スタンレーの株価は下がり続け、危険水準の10ドルを割り込む勢いでした。月曜日の株価急落を恐れたモルガン側からは、三菱側に対し、とにかく出資を急いでほしいという切迫した要望が届いていました。

本書には、その週末に開かれたモルガン・スタンレーの取締役会の様子が描かれています。

「金がなくなるのはいつだね？」

ケラハー（モルガン・スタンレーCFO）は黙り込み、暗い顔で答えた。「月曜と火曜に何が起きるかによりますが、最短で今週なかばでしょう」……（中略）……「われわれが倒れれば、ゴールドマンも倒れます」……（中略）……「その次にはGEも倒れるでしょう」

トーマス・エジソンが創業者の1人であるゼネラル・エレクトリック（GE）は、当時、その利益の半分をGEキャピタルという金融子会社が稼いでいました。金融機関の破綻が米国を代表するメーカーの破綻につながる可能性まであったのです。

仮にそうなっていれば、日本では「リーマンショック」として知られ、「100年に一度の経済危機」と言われた国際金融危機は、現実に起こったものよりもさらに深刻なものとなり、グローバル経済の混乱はさらに深く長いものとなったことは確実です。また、世界経済の盟主としての米国の地位も揺らいでいただろうと考えられます。

このことを知っているウォール・ストリート（米国の金融街）の友人からは、**「三菱のあの日の決断が、米国経済を救った」**と今でも言われることがあります。

「あの日」とは、2008年10月13日月曜日。当時私はMUFGの財務企画部長として、自社の資本や資金繰りの「金庫番」の役割を担っていました。

その日は、1492年10月にクリストファー・コロンブスが米国大陸を発見・到着したことを祝うコロンブス・デイ。銀行休業日なのに株式市場は開いているという特異な日でした。出資金を送金しようにも、フェドワイヤー（日本でいう日銀ネットのような銀行間決済システム）は止まっています。しかし、モルガン・スタンレーの株式が売買されるニューヨーク証券取引所は9時から開いてしまいます。

このため、90億ドルという多額の出資を、安全な銀行間送金ではなく1枚の小切手で行い、市場が開く前に決済を完了し、市場に安心感を与える、という極めて異例の措置をとらざるを得なくなったのです。

同日の朝7時半、当時米州本部米州企画部長だった中島氏に、モルガンのロバート・キンドラー副会長がいる弁護士事務所に小切手を持参してもらったのが、冒頭の場面の背景です。

「時間の無駄」と思われていた日本企業との交渉

時間は遡りますが、この本では、東京にある日本法人モルガン・スタンレー証券のジョナサン・キンドレッド社長が、モルガン・スタンレー本社のコルム・ケラハーCFOの携帯に電話をかけ、「MUFGが出資に興味を示している」と伝えた場面から、MUFGによる出資交渉に関するストーリーは始まっています。

キンドレッドの話では、三菱はすぐに動く準備をしているという。しかしケラハーは、驚くと同時に疑問も感じた。以前にも別の日本の銀行と仕事をした経験から、日本の銀行はつねに動きが遅く、リスクを嫌い、きわめて官僚的であるという評判どおりだと思っていたからだ。……（中略）……ケラハーは一蹴した。「時間の無駄だ。彼らはどんな行動にも出やしない」

次は、時間が経過して出資交渉が大詰めを迎え、モルガン・スタンレーのジョン・マックCEOがMUFG側と電話での交渉に臨む準備をしているときに、ヘンリー・ポールソン財務長官から電話がかかってきた場面です。

経営破綻が近づいており早く手を打つべきだ、と迫る財務長官に対し、モルガン・スタンレーのマックCEOは反論します。

「日本人がいる！　三菱が乗ってくる」マックはくり返した。まるでポールソンが最初の説明を聞いていなかったかのように。

「おいおい、日本人のことはわかっているだろう。彼らはことを起こさない。迅速に動くことはぜったいにない」ポールソンは言い、**中国**かＪＰモルガン**との取引にもっと集中すべきだ**と示唆した。

当時、私は財務企画部長で、東京で「金庫番」として後方支援にあたり、出資交渉そのものには関与していませんでしたし、この本の記述の正確性についてコメントする立場にはありません。

しかし、**米国人から見て、日本企業は決断が遅く、危機的事態におけるパートナーとしては、中国企業よりもふさわしくないと見られていたことは間違いない**と考えています。

モルガン・スタンレーが中国系金融機関になっていた「歴史のイフ」

私は時折、「あのとき、仮に、米国を代表する投資銀行であるモルガン・スタンレーがポールソン財務長官の忠告を受け、中国からの出資を受け入れて中国系企業になっていたとしたら、その後の世界経済はどうなったのだろうか?」「中国による金融覇権が強まった世界では、政治や軍事面を含めた米中のパワーバランスはどうなっていたのだろうか」と想像することがあります。

この当時、中国初の政府系ファンドであるCIC(中国投資有限責任公司)はモルガン・スタンレーの9・9%の株式をすでに保有していました。本書によれば、MUFGが動く前に、CICの高西慶《ガオ・シーチン》CEOが49%まで買い増してもよいと、モルガン・スタンレーのジョン・マックCEOにアプローチしていたとされています。

さらに、本書には、米国政府が中国政府にCICによるモルガン・スタンレー救済を働きかけていた様子も生々しく描写されています。

すなわち、ポールソン財務長官が中国の王岐山《ワン・チーシャン》副首相に電話で、CICによる投資を米国政府は歓迎する、と伝えたこと、さらに、ブッシュ大統領から中国の国家主席に電話をかける案もあったことなどが記述されているのです。

しかし、結局、モルガン・スタンレーはMUFGからの提案を選択します。

その夕方、モルガン・スタンレーに戻った高西慶《ガオ・シーチン》は、彼らが三菱との合併話を進めていることを知った。そのまえからどこかおかしいとは思っていた。マックが交渉のペースを落としていたからだ。しかし日本企業と取引するとは！　前夜のポールソンと王岐山《ワン・チーシャン》副首相との会話から、高はアメリカ政府がCIC（中国投資有限責任公司）を応援していると思っていた。激怒した高は、別れの挨拶もせずに、チーム全員をつれて建物から出ていった。

こうしてMUFGは、先行していた中国の政府系ファンドCICを追い抜いて、モルガン・スタンレーを持分法適用会社にすることに成功したのです。

なぜMUFGは巨額出資を決断できたのか

「落ちてくるナイフはつかむな（Don't catch a falling knife）」というウォール・ストリートの格言があります。株価が急落しているときに買い向かうのはリスクが高く避けるべきだ、という意味です。

約1年前の2007年7月には70ドル台だったものが、10ドルを割り込むまで急落中だったモルガン・スタンレー株は、まさに「落ちてくるナイフ」でした。

「100年に一度」とも言われた金融危機の最中に、90億ドルという巨額の資金を用意し「落ちてくるナイフ」の柄の部分をつかむ、つまり、先行する中国の政府系ファンドとのスピード競争に打ち勝って米国を代表する金融機関に投資し、持分法適用会社化したＭＵＦＧの決断については、いまだに「なぜそんな決断ができたのか？」と問われることがあります。

当時のＭＵＦＧの経営者は、冷徹な分析を繰り返しても完全には払拭できないリスクを認識したうえで、「将来のため、未来のためにやるべきだ」という判断を下した、つまり「実現したいことに対する非合理的なまでの期待と熱意」であるアニマルスピリッツを発揮したものだと私は考えています。

経営者が「ぜひとも実現したい」と熱望したのは、「顧客である日本企業にとって海外展開や成長戦略の有力手段である、Ｍ＆Ａに関する一流のサービス機能を手に入れる」という長年の「夢」でした。

一般事業会社などの日本企業が欧米企業を買収しようとする場合、売り手にはゴールドマン・サックスやメリルリンチ、バークレイズやＵＢＳといった米国や欧州の一流投資銀行が財務アドバイザーに付きます。これに対抗できる一流の投資銀行のアドバイスを日本で顧客企業に提供したい、というのがＭＵＦＧの「実現したいこと」だったのです。

出資を機に日本国内に誕生した三菱とモルガンの合弁会社である三菱ＵＦＪモルガン・スタンレー証券は、Ｍ＆Ａのアドバイザーランキングで何年もトップを走り続けています。日系金融機関からゴールドマンにもメリルにも負けないアドバイスが受けられる。こうした点が、多くの日本企業に銀行系列を超えて支持されたのです。

1つの案件で数十億円の収益――MUFGが買収で得たものとは

2014年1月16日のロイターが配信したニュース記事「サントリーの米社買収、Mスタンレーと MUFGの連携に弾み」は次のように伝えています。[*2]

サントリーホールディングスによる米ビーム社買収は、ファイナンシャル・アドバイザーになった三菱UFJモルガン・スタンレーに多額の手数料をもたらしただけでなく、親会社の米モルガン・スタンレーと三菱UFJフィナンシャル・グループ（MUFG）の協力拡大を示す象徴的なディールともなった。

今回の買収では、三菱UFJモルガン・スタンレーがサントリー側のFAを務めた。関係筋によると、MUFGはアジアで過去最大級となる1兆4000億円（135億ドル）のつなぎ融資をサントリーに提供する。

トムソン・ロイター／フリーマン・コンサルティングの推計によると、アドバイザリー業務だけで手数料は約3400万ドルになるとみられ……（中略）……る。

サントリーのビーム買収に対するアドバイザリー業務は、両社が合弁を通じ、それぞれの強みを生かした成果と言える。海外でのM&A案件を広くカバーするモルガン・スタンレーの世界的なネットワークと、MUFGの強固なバランスシートや日本企業との強いつながりが大きなシナジーを生み、巨大な企業買収の実現につながった。

この記事によれば、MUFGとモルガン・スタンレーは、たった1件のM&A案件で、約37億円（1ドル＝110円換算）の手数料を得ただけでなく、1・4兆円という巨額の買収資金融資のスプレッド（利ざや）も得たことになります。さらに、このつなぎ融資は、後日シンジケートローンや社債発行などのパーマネントファイナンス（長期資金調達）で借り換えられたことから、これらのアレンジでもMUFGは収益を得たと想定するのが自然です。

こうした経済的メリットに加え、サントリーが、社運を賭けたとも言える大型のM&Aのアドバイザーを務めたという事実は、MUFGにとってサントリーとの取引関係の親密化に極めて大きな意味を持つものと考えられます。

「100年に一度」とも言われたリーマンショックの直後に、90億ドルの巨額小切手で「落ちてくるナイフ」とも思われたモルガン・スタンレー株を買い、M&Aアドバイザリー業務を強化したMUFGの行為は、日本企業の成長を支援したいという思いや戦略に沿ったものだったのです。

私が5年間CFOを務めたうち、就任時からの4年間、部下として仕えたMUFGの平野信行CEO（当時）は、一般論としてM&Aに関する方針について問われた際に、「戦略に基づいて深く静かに検討し、動くべきときにはディサイシブ（果断）に動く」と回答していました。

2008年当時、現場で感じたのは、M&A担当役員だった平野専務（当時）以下が銀行内の仮眠室に泊まり込む姿勢、中国企業や世界中のほかの出資候補者を上回る分析と判断のスピード、日米両国政府を動かす交渉力など、まさに「実現したいことに対する非合理的なまでの熱意」でした。

「投資銀行機能の強化」という合理的な戦略はベースにあったものの、あのリーマンショックのさなかにM&Aに向けてディサイシブに動けた背景には、アニマルスピリッツの発揮があったのです。

ちなみに、MUFGのパーパス（企業としての存在意義）は、「世界が進むチカラになる。」です。

高度な資産運用業務で日本人の資産形成に貢献

モルガン・スタンレーの持分法適用会社化後、私がCFO時代にMUFGが行ったフィリピンやインドネシアなど東南アジアの「パートナーバンク」への出資や買収戦略も、「お客様とともに成長したい」という意思がその背景にあります。

多くの日本企業にとって、東南アジアは、自社製品を高品質でかつ安価に製造する生産拠点、あるいは自社製品の販売拡大先、すなわち成長が期待される市場という2つの側面から重要な地域です。

このため、現地に進出した日系企業には、資金需要や為替送金、キャッシュマネジメントなど、多くの金融ニーズが存在します。しかし、日本における外国銀行が日本国内でシェアを伸ばすことが困難であるのと同じように、現地において「外銀」である日本の銀行が、地場銀行並みのサービスを行うことは容易ではありません。

お客様企業のアジア展開を支援するためには、現地通貨でのファイナンスや地場企業とのバリューチェーンの構築のお手伝いなど、各国に根差したサービスが必須との考えから、MUFGは東南アジア各国の地場大手銀行への出資と戦略的提携を実行してきました。出資後も基本的には現地の経営陣の力を活用し、ブランド名も現地のローカルブランドをそのまま活かし、地場銀行としてのサービスを維持・拡充する戦略を採っています。

私がMUFG時代に最後に関与したのが、オーストラリア、香港、英国などに拠点を構える資産運用会社FSI（旧社名コロニアル・ファーストステート・グローバル・アセットマネジメント）の買収です。

MUFGが資産運用業務をグローバルに拡大する戦略を採ったのには、いくつかの理由があります。

そのひとつは、**資産運用業が金融業界のなかでも成長産業だから**です。ピケティ氏が「r＞g」という不等式で示したように、資産運用により得られる富は労働によって得られる富よりも成長が早いことがわかっています。すでにお話ししたように、資本主義の高度化とともに金融資本主義化が進み、資産運用業が隆盛になり、金融業界のメインストリームになっています。

もうひとつ重要な理由があります。日本国内の個人顧客への提供価値を高めたいという思いです。

「r＞g」が成り立ち、投資によるリターンが労働によるリターンを上回るなら、個人も資産運用でその恩恵に与ることができます。少子高齢化社会で巨大な年金ファンドを持つ日本において、投資からのリターンを高めることは重要な社会課題です。

客観的に見て、日本の資産運用業界は歴史が浅く、資金の出し手の多様性が乏しいことも相まって、運用会社ごとの特徴に乏しいことは、すでにお話ししたとおりです。

こうした観点から、海外の資産運用会社に学ぶ点は多くあります。世界恐慌や二度の世界大戦を潜り抜けてきた資産運用会社が、英国ではエディンバラ近郊、米国ではボストンにいくつかあり、それぞれ一朝一夕には築き上げることのできない「運用哲学」や「資産運用カルチャー」を持っています。こうした資産運用会社から、運用に対する洞察や経験を学ぶことができれば、それは長い目でみれば運用成績の改善につながります。

また、彼らの優れた運用商品を投資信託に仕立て直して、日本の個人顧客に銀行や証券の店頭、あるいはネットでご紹介することもできます。

こうした活動により、MUFGとして**資産運用業務の提供価値を高めたい、その結果として日本人の資産形成の役に立ちたい**、というのがFSI買収のもうひとつの動機でした。

タイタニックに投資した資産運用会社を買収

同社の源流となった会社はスコットランドのエディンバラにあり、あの氷山と衝突したタイタニック号に投資をしていたという世界でも最も古い歴史を持つ資産運用会社のひとつです。

同社は、当時の新興国である米国の鉄道会社や米国とのあいだの海運業に投資しており、その一環としてタイタニック号を運営するホワイト・スター・ライン社に投資していたようです。

その後、香港やオーストラリアに拠点を開設し、東南アジアの経済が勃興するはるか以前から、この地域の企業に投資するという、今日の「新興国投資」の先駆けのような運用スタイルを貫いてきています。そうして二度の世界大戦も潜り抜け、現在ではインフラファンドなどで実績をあげています。

このような歴史と運用実績のある資産運用会社をグループ企業として迎えることを見届け、2020年3月、私はMUFGを退社しました。

在任中は、当時のCEO以下経営陣とともに、PBRが1倍を割っている状況を何とか打開しようと、戦略に沿ったグローバルな買収など、さまざまな試みを行いました。また、CFOとして世界中の投資家に自社の戦略と課題を率直に語ってきました。

こうした点をご評価いただいたのか、米国の金融情報誌『インスティテューショナル・インベスター』、すなわち、「機関投資家」という名前の雑誌主催のグローバル投資家による投票において、4年連続で日本の銀行部門におけるベストCFOに選出していただきました。

しかし、PBR1倍割れの状態を脱することができず、CFOとしてもっとやるべきことがあったのではないかという思いもありました。一方で、日銀の「異次元の金融緩和」が見直されさえすればMUFGのバリュエーションは正常化する、すなわち、株価は上昇するという確信を持ちつつ、2020年3月31日、同社を退社したのでした。

史上最大の赤字からの復活

本章で取り上げる「CFOとして私が関与した3つのトピックス」の2つ目は**「ターンアラウンド」、すなわち、経営改革による業績回復**です。

2020年4月1日、ニコンに入社してCFOとなった私を待っていたのは、厳しい経営状況でした。時は、新型コロナウイルス感染症の流行の真っただなかで、4月7日には東京、神奈川、大阪など7都府県を対象とした1回目の緊急事態宣言が、5月6日までを期間として発出されました。

私は、経理・財務ラインの同僚や部下の顔すらわからず、自宅から5月に予定されていた2020年3月期決算発表や予算の組み替えなどの指揮を行うという非常事態に巻き込まれたのです。

この年（2021年3月期）、**ニコンは100年を超える歴史のなかで最大の赤字となる、営業赤字562億円、当期赤字344億円を記録することになります。**先行きがどうなるかわからないなか、ニコンの株価は下落しました。2020年の10月にはついに620円という30年来の安値を更新。PBRは約0・4倍と解散価値の半分未満となり、危険水域に達しました。

　しかし、ニコン社員の多大なる努力により、翌2021年の**1年間でニコン株は1・9倍、日経平均構成銘柄で値上がり率4位**となりました（図表2―2）。ちなみに、1~3位はコロナによる世界的なサプライチェーンの混乱で好業績を上げた海運業各社であり、メーカーでは上昇率1位だったことになります。

　こうした業績のV字回復とターンアラウンドはどうして実現したのか、そのなかでCFOとして何に悩み、何を決断し

図表**2-2**｜**業績回復を果たしたニコン**

日経平均構成銘柄の株価上昇率ランキング（2021年）

順位	証券コード	社名	市場	業種	決算月	株価上昇率		
						株価上昇率(%)	2021年12月30日終値(円)	2020年12月30日終値(円)
1	9101	日本郵船	東1	海運業	3月	264.6	8760	2402
2	9107	川崎汽船	東1	海運業	3月	227.6	6920	2112
3	9104	商船三井	東1	海運業	3月	171.1	8540	3150
4	**7731**	**ニコン**	**東1**	**精密機器**	**3月**	**90.4**	**1240**	**651**
5	6361	荏原	東1	機械	12月	89.6	6390	3370
6	1605	INPEX	東1	鉱業	12月	80.2	1002	556
7	9613	NTTデータ	東1	情報･通信業	3月	74.7	2466	1411
8	8035	東京エレクトロン	東1	電気機器	3月	72.6	66280	38400
9	7762	シチズン時計	東1	精密機器	3月	69.3	498	294
10	6504	富士電機	東1	電気機器	3月	69.0	6280	3715

出典：会社四季報オンライン編集部『日経平均構成銘柄の「2021年株価値上がり率」ランキング』
会社四季報ONLINE、2022年1月31日
https://shikiho.toyokeizai.net/news/0/505537?old_ref=

たのか、順を追ってお話ししたいと思います。

カメラから半導体露光装置まで

ニコンは、旧名を日本光学工業といい、2023年で創業106年となる企業です。設立の数年前、1914年に第一次世界大戦が勃発するといった時代背景のもと、国策として光学製品の国産化が必須となり、三菱グループの創業家出身である岩崎小彌太氏が私財を投じて設立しました。

光学の先進国であるドイツから多くの技術者が招かれ、日本光学は光学機器の設計と製造を開始しました。ちなみに現在でも、半導体露光装置関連や顕微鏡をはじめとする光学製品はドイツのカールツァイスやライカが主要メーカーです。

第二次世界大戦後、日本光学は従業員の94%を解雇する大リストラを余儀なくされ、会社存亡の危機を迎えました。しかし、ここで日本光学の経営者や技術者はアニマルスピリッツを発揮しました。なんと敗戦からわずか3年後の1948年、初のフイルムカメラ「ニコンI型」を発売したのです。

自分たちのコアコンピタンス（中核となる強み）を「光学と精密技術」と見定め、「見えないものを見る」ための望遠鏡や顕微鏡で人類の科学技術の発展に貢献すること、そして写真という映像文化を広く市民に広めることが、会社の新たな存在意義・パーパスとなりました。

１９５０年に朝鮮戦争が勃発し、従軍カメラマンのあいだでニコンＳと日本光学のレンズ「ニッコール」が大絶賛されます。摂氏マイナス30度の朝鮮半島北部でドイツ製カメラの故障が相次ぐなか、ニコンＳには何の問題も生じなかったのです。

カメラマンのデービッド・ダンカンが「ニッコール」レンズで撮影した写真が米国の写真週刊誌『ライフ』の表紙を飾り、米国写真家協会が選ぶ最優秀写真賞に輝いたことが、日本光学を一躍世界的なカメラメーカーに押し上げました。今でも米国では、Nikonを「ナイコン」と発音し、その知名度とブランド力は、日本では想像できないほど高いものがあります。

その後、日本光学は社名をカメラのブランド名と同じ「ニコン」に変え、半導体露光装置や半導体関連のコンポーネントやパーツ、観測用人工衛星などの光学系製品、医学の進歩に欠かせない顕微鏡などのヘルスケア関連製品、さらにバードウォッチングに人気の双眼鏡やゴルフの距離計など、光学と精密技術でさまざまな製品を世の中に供給しています。

このうち、半導体露光装置はデジタル社会を支える基盤で、米中対立のなかでも注目されています。半導体（ＩＣチップ）は巨大な回路図を極端に縮小して、ナノメートル（ナノは10億分の１）単位の微細な回路としてシリコンウエハー上に露光印刷（焼き付け）しますが、ニコンはこの露光装置分野における世界的メーカーです。その装置は「インテル、入ってる」でおなじみの米国インテル向けにも多数納入されています。

また、ＰＣやスマートフォン、テレビのディスプレイも露光装置で作られています。ニコンはキヤノンと並ぶ液晶や有機ＥＬなどのＦＰＤ（フラット・パネル・ディスプレイ）の世界トップ２の露光装置メーカーでもあります。

現在、ニコン全体の売上の85％程度は海外で、日本の典型的な「技術を武器にグローバルに展開するメーカー」の１社になっています。

デジカメ市場は10年あまりで20分の1に激減

こうした歴史を持つニコンのＣＦＯとなったわけですが、コロナの前から、ニコンの将来性は危ぶまれていました。その背景には、主力事業のひとつであるデジタルカメラの不調がありました。

デジタルカメラは、日本企業が世界のシェアの90％超を握る唯一の産業です。日経新聞が２０１８年に56品目について行った「主要商品・サービスシェア調査」によると、日本がトップシェアを握っている品目はわずか７つ。デジタルカメラ、ＣＭＯＳイメージセンサー、偏光板、携帯用リチウムイオン電池、Ａ３レーザー複写機・複合機、自動二輪、自動車のみです。
米国企業が首位の品目は24、中国がパソコン、液晶パネル、車載電池、太陽光パネルなど7品目、韓国もスマートフォン、薄型テレビ、ＮＡＮＤ型フラッシュメモリー、ＤＲＡＭ、有機ＥＬパネルの5品目で首位です。
日本企業が世界シェアトップの品目で、トップ5がすべて日本企業という製品が2つあります。それが、Ａ３レーザー複写機・複合機とデジタルカメラで、カメラはキヤノン、ソニー、ニコン、富士フイルム、パナソニック合計の世界シェアは実に94・4％です。[*3]
このように、**日本企業が世界市場を席巻している数少ない製品であるデジタルカメラですが、市場は縮小の一途をたどっています**（図表２－３）。
デジタルカメラの出荷台数はピークの２０１０年には1億２０００万台でした。しかし、スマートフォンのカメラ性能が年々向上するなか、２０２１年には８３０万台、２０２２年は６００万台程度と、わずか10年あまりで20分の1に激減しています。[*4]
一眼レフでは、ニコンはキヤノンと双璧で、シェアも30～40％を誇っていました。ところが、コニカミノルタのカメラ部門を買収したソニーがミラーレスカメラの販売を開始し、三つどもえの争いになりました。ここで、ニコンは縮小する市場のなかでの唯一の成長領域であるミラーレスカメラ開発に出遅れてしまったのです。

当時の経営判断の詳細は不明ですが、収益の柱で高いシェアを持っていた一眼レフカメラと、新しいミラーレスカメラとの自社内競合（カニバリズム＝共食い）を恐れたものと推察されます。老舗が新興勢力にシェアを奪われる典型例がここで起こったのです。

こうした背景から、コロナ前の2020年3月期の決算で、ニコンのカメラ事業（公式な開示セグメントは「映像事業」ですが本書ではわかりやすさの観点から「カメラ事業」と表記します）は171億円の営業赤字を計上しました。

2021年3月期は、コロナの直撃を受け、業績がさらに落ち込むことは誰の目にも明らかでした。2年連続の赤字は

図表2-3｜10年あまりで市場が20分の1に縮小

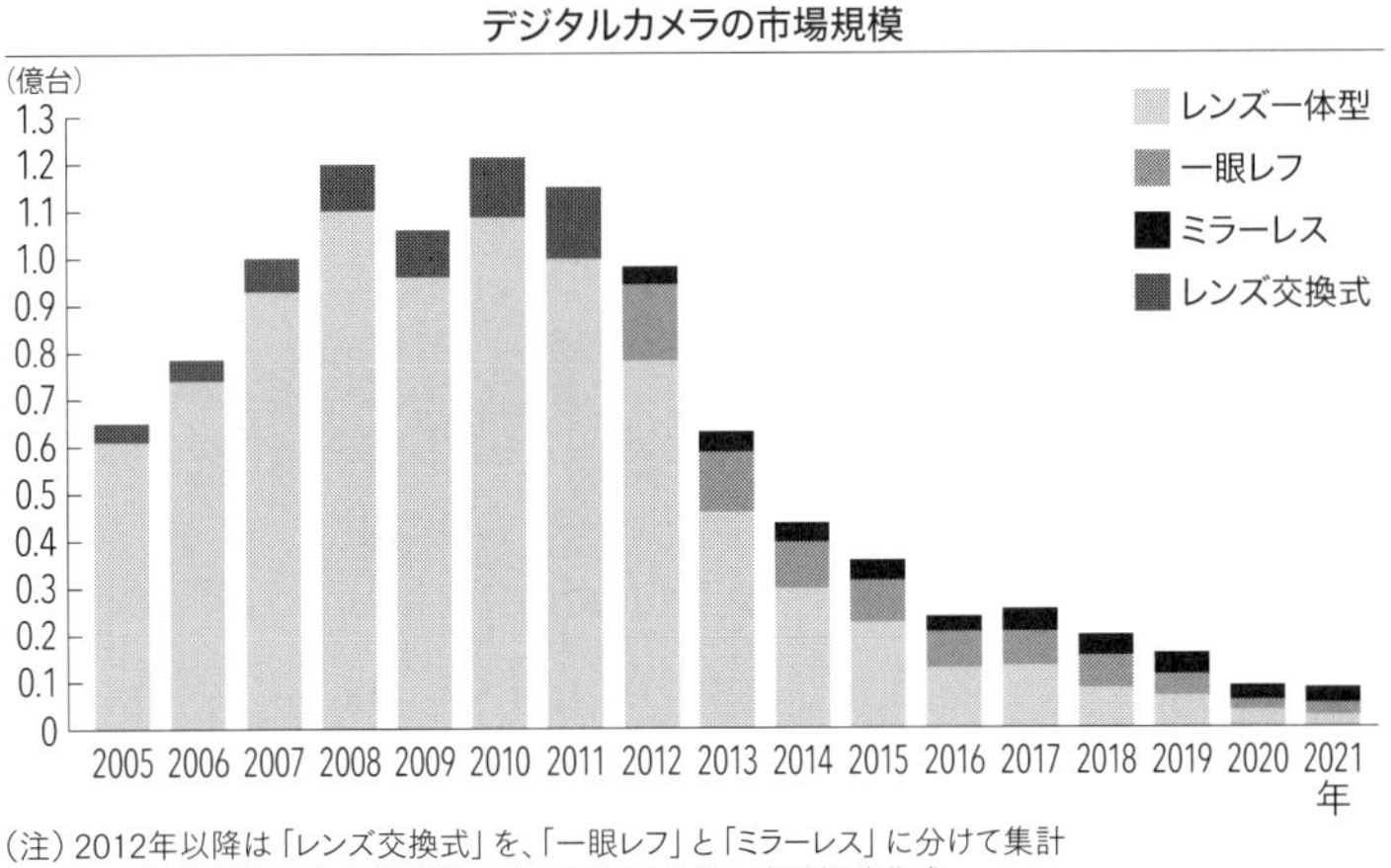

（注）2012年以降は「レンズ交換式」を、「一眼レフ」と「ミラーレス」に分けて集計
カメラ映像機器工業会「デジタルカメラ統計」を基に東洋経済作成
出典：劉彦甫「市場規模はピークの7%、カメラに未来はあるか」東洋経済ONLINE、2021年3月20日
https://toyokeizai.net/articles/-/573784

確実な状況だったのです。

こうしたなか、2022年6月、驚きのニュースが飛び込んできました。オリンパスがデジタルカメラを中心とする映像事業を分社化して、投資ファンドの日本産業パートナーズに売却すると発表したのです。

それまでも急速な市場の縮小に耐えかねて、カメラビジネスから事実上撤退する日本企業は相次いでいました。2017年にはリコーがカメラ機種を縮小し、カシオ計算機も2018年に一般的なコンパクトデジタルカメラからの撤退を決めました。こうした流れのなかで、老舗オリンパスまでもが事業売却に踏み切ったのです。

市場は次に撤退する可能性のある企業として、カメラ事業の2年連続赤字が確実なニコンの名前を噂しはじめました。ニコン経営陣は、顧客や社員に動揺が生じないうちに手を打つ必要に迫られたのです。

デジタル社会にも地政学上も重要な台湾の半導体企業

同時に、カメラ事業と並ぶ2本柱のひとつである露光装置事業（開示セグメント名は「精機事業」）も変調をきたしていました。

露光装置事業は、中国や韓国などのディスプレイパネルメーカーが液晶パネルなどを作るためのFPD（フラット・パネル・ディスプレイ）露光装置と、インテルなどが半導体（ICチップ）を作るための半導体露光装置の2つを製造・販売しています。

露光装置は、1台数億円から数十億円もします。テレビやPC、スマートフォンの液晶画面を作るためのFPD露光装置は、設置面積がテニスコート1面、高さは2階建ての戸建住宅に匹敵するほど巨大かつ精密な装置で、設置のための分解輸送には50台ものワイドトレーラーが必要

図表2-4｜FPD露光装置の設置面積はテニスコート1面分

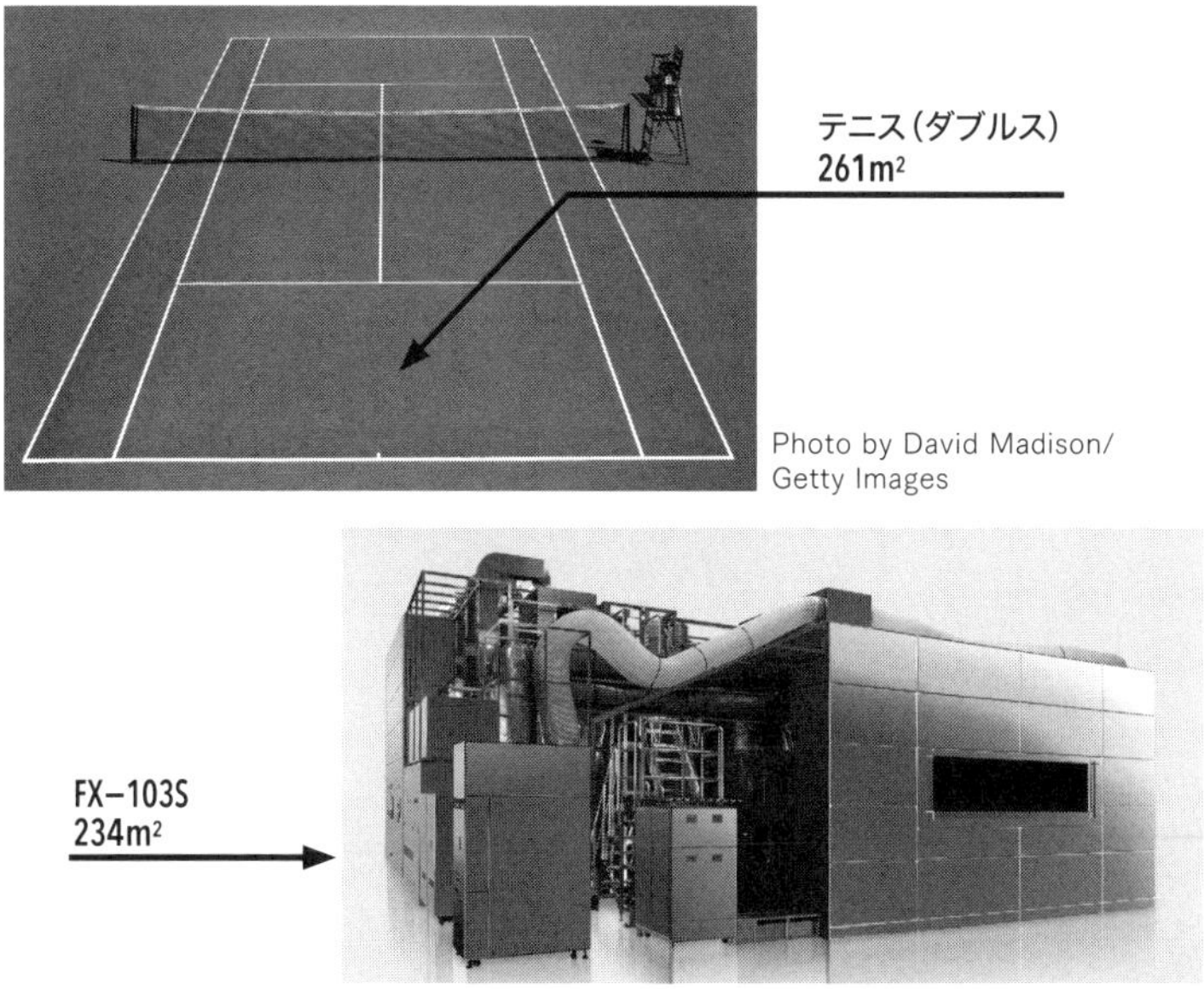

Photo by David Madison/
Getty Images

となります（図表2－4）。それらを巨大なクリーンルームの中に設置するのです。また、インテルを主要顧客とする半導体露光装置は「人類が生んだ最も複雑な機械」と呼ばれるほど極めて精密な装置です。

デジタル社会のキーデバイスである半導体の勢力地図について、2022年6月29日の日本経済新聞は次のような記事を掲載しました。[*5]

台湾TSMC・蘭ASML　半導体2強、進む技術支配　先端品で協力、追随許さず

自動運転など次世代技術の核心となる先端半導体の製造が、世界でたった2つの企業に独占され始めている。台湾積体電路製造（TSMC）とオランダの半導体製造装置大手のASMLだ。両社がいなければ、もはや先端製品が生まれない状況にさえなりつつある。

この2社のうち、TSMC（台湾積体電路製造）は製造を受託する「ファウンドリ」と呼ばれる半導体生産会社です。半導体の世界では、設計と製造が分離する流れが続いており、かつては「下請け」だったファウンドリの影響力が向上してきています。

TSMCに半導体製造を委託している企業は、アップル、AMD、メディアテック、ブロードコム、クアルコム、エヌビディアなど世界の主要半導体メーカーであり、トレンドフォースの調査では、同社は2022年第3四半期における世界の半導体製造受託市場の実に56％のシェアを獲得しています。[*6]

2022年、日本政府は半導体を国内で安定的に調達できるようにするため、日本での投資を促す法整備に動き、TSMCの誘致に乗り出しました。その結果、TSMCは中国、米国に次ぐ3カ国目の海外工場として熊本県菊陽町への進出を決めました。

敷地面積約21・3ヘクタール。投資額は約86億ドル（約1・1兆円超）で、日本政府が最大4760億円を補助します。[*7] 政府が補助金を出してまで外国企業を誘致することについては賛否両論がありますが、それほど半導体は日本や世界の経済や社会にとって欠くことのできないデバイスになっていると言えます。

TSMCはデジタル社会に不可欠な半導体の50％超を受託生産していることから、米中対立や「台湾有事」の焦点にもなっています。この点について、TSMCの劉徳音（マーク・リュー）会長は、「台湾と中国のいかなる紛争であれ、関係国すべてにとって敗北のシナリオになる」と警告を発しています。[*8]

「軍事攻撃や侵略を受けたら、TSMCの工場は操業不能になる。これほど高度な製造施設なのだから」TSMCの受託ビジネスの約10％は中国企業からの委託であり、劉氏は、中国企業はTSMCに依存している、とも述べています。「当社の業務がストップすると中国に大きな経済的混乱が起こるだろう。突然、彼らにとって最も先進的な部品が消えてしまったらどうなるか、よく考えることが重要だ」

このように、デジタル社会に必要不可欠な**半導体受注生産の約半分を占める巨人ＴＳＭＣは、技術面や経済面からだけでなく、政治や地政学の観点からも世界中から注目を浴びています。**

世界シェア１００％！　トヨタ並みの時価総額を誇るオランダ企業

半導体業界のもう一方の巨人が、オランダにあるＡＳＭＬという会社です。

台湾のＴＳＭＣやインテル、サムスン電子などは、ＡＳＭＬの露光装置を用いて半導体を生産しています。ＩＣチップとも呼ばれる半導体は、シリコンウエハーと呼ばれる半導体基板に微細な回路パターンを露光して作られます。原板となるフォトマスクと呼ばれる大きなガラス板に描かれた回路の設計図を、何枚ものレンズ群からなる投影光学系を介して縮小し、シリコンウエハーに露光することで、電子回路パターンを転写するわけです。

半導体露光装置は半導体製造のプロセスのなかでも中心を担う装置で、長らく日本企業が高いグローバルシェアを誇ってきました。「ステッパー」とも呼ばれていた半導体露光装置はニコンが１９８０年に初めて国産化に成功し、１９９５年ごろまでニコンとキヤノンで世界の70

〜75％のシェアを占めていたのです。

ところが、現在ではオランダのＡＳＭＬが８割以上のシェアを持ち、最先端のＥＵＶ（極紫外線）露光装置では市場を独占しています。

ＡＳＭＬは１９８４年にフィリップスの１部門とＡＳＭインターナショナルが出資する合弁会社として、フィリップスのプレハブ建屋で31人の陣容からスタートしたと言われています。

２０２２年現在、ＡＳＭＬの時価総額は２６４２・２億ドル。日本のトヨタ自動車の２７４２・５億ドルとほぼ同じで、時価総額ランキングは世界32位。29位のトヨタとほぼ並んでいます。オランダの企業と言えばフィリップスが有名ですが、ＡＳＭＬは時価総額でフィリップスの10倍近くとなっています。日本の同業との比較では、時価総額でキヤノンの10倍、ニコンの60倍の巨大企業です。

なぜニコンは半導体露光装置でシェアを奪われたのか

日本メーカーがＡＳＭＬにシェアを逆転され、ＥＵＶ露光装置で独占を許した理由や背景については、さまざまに分析されています。

たとえば、自前主義とアライアンス（協業）主義の違いがそのひとつです。露光機の各構成要素を見ると、ニコンの製品は投影レンズ系、照明系、制御ステージ、ボディ、アライメント、ソフトウェアまで内製化しているのに対し、ＡＳＭＬは投影レンズや照明系はカールツァイスで、制御ステージはフィリップスなど、コンポーネントのすべてを外注してソフトウェアだけ自社で担当したと言われています。[*9]

また、後発であるがゆえに、調整能力に劣る顧客に力を注がざるを得なかったＡＳＭＬは、製品の納品時に調整まで行うようになり、学習の機会が増え、結果としてアーキテクチャーに関するナレッジが蓄積していったことも、違いとして指摘されています。

さらに、半導体露光技術に関する20年分の学会論文の分類を行った結果から、ＡＳＭＬは共同論文が多いのに対し、ニコンは単独論文が多いことも指摘されています。

ＡＳＭＬが、ＥＵ政府の厚い支援を背景に、コンポーネント提供企業や露光機以外の製造企業とのオープンイノベーションで地力を付け、汎用的なプラットフォーム作りでニコンに優《まさ》ったのです。

ロックダウンの影響で露光装置の売上は「ゼロ」に

さて、時間軸を２０２０年に戻しましょう。１月30日、日本政府は新型コロナウイルスでロックダウンされた中国・武漢にチャーター機第2便を向かわせ、日本人210人が緊急帰国しましたが、そのなかにはニコンおよびニコンの協力会社の社員67名が含まれていました。

FPDを中心とする露光装置の大手ユーザー企業が武漢周辺にあり、クリーンルームのなかで、「テニスコート大の2階建て」の巨大で複雑な装置の据え付けを行うために、熟練の日本人技術者を大量に出張させていたのです。

こうした背景のなか、2020年4月に私がCFOになったときのニコンは、カメラ事業と露光装置事業という主力事業を含むすべての事業がコロナの影響もあって不調で、第1四半期の営業利益や当期利益は赤字、それも巨額の赤字となることが必至、という状況でした。

特に、露光装置事業は新型コロナウイルス感染症のパンデミックによる渡航制限で装置の据え付けのための海外出張ができず、売上の見通しが立たないという状況だったのです。そのため、5月の本決算時に発表することが通例の年度の売上や営業利益、当期利益、配当などの業績予想については、5月時点では「未定」として公表せざるを得ませんでした。

実際、2020年の4〜6月期、**それまでニコンの収益を支えてきたFPD露光装置の売上台数はゼロとなりました。**

企業にとって、売上がゼロという事実ほど恐ろしいものはありません。いくばくかでも売上が立ちキャッシュが入ってくれば、コスト削減などで企業を存続させる方策はありますが、売上がゼロというのは想像を絶する危機的状況です。

新型コロナウイルスが業績に与える影響は7月時点でも見通せない状況でしたが、8月初旬の第1四半期決算発表においては、1年間の業績予想を出す必要がありました。**CFOとして、「再び『未定』とすることは、投資家だけでなく、取引先や社員にもニコンの先行きに対する不安を与えるリスクがある」と判断しました。**先が見えないなかで業績予想をどう算定し公表するか、というのが、「新入りCFO」である私に課せられた最大のミッションでした。

こうしたなか、各事業の現場では社員が必死の努力を続けてくれていました。特に、露光装置事業では社員や協力会社の皆さんが、厳しい渡航制限のなか再度中国にわたり、装置の据え付け作業を再開してくれました。

ゼロコロナ政策を取る中国に到着したあとの隔離期間は頻繁に変更され、省や都市によってもまちまちで、感染拡大が懸念される地域では3〜4週間の隔離、最大では5週間の隔離を強いられたケースもありました。ニコン社員や協力会社の方々は、必ずしも快適とは言えない狭い部屋で、1日3食配給される中華弁当だけで長期間の隔離に耐えたのです。それだけの期間、狭いところで生活すると筋力が落ちてしまうそうで、早く仕事がしたい、身体を動かしたい、という思いが強かったとの声を、後日聞きました。

そうして無事据え付けを終えて日本に帰国すると、今度は日本で2週間の隔離が待っています。さらに、「親が中国に行っていた」というだけで、子どもたちが幼稚園や学校で厳しい目に遭ったケースや、会社のために出張に行きたいという思いと引き留める家族とのはざまで苦悩する社員の話も見聞きしました。

こうしたことから、ニコンでは、日本から派遣するエンジニアの数を減らすため、現地スタッフに対して遠隔で技術指導を行うシステムを導入するなど、据え付け作業のローカル化に取り組みました。

このようなさまざまな努力により、第2四半期以降、露光装置の据え付け台数は徐々に回復することが期待できる状況になりました。

「業績の底打ち感」を印象づけて危機を乗り越える

こうした現実を前に、CFOとして私が考えたことは2つありました。まず、8月の第1四半期決算と11月の第2四半期決算で**社内外に業績の底打ち感をアピールし、特に社員や取引先に安心感を持ってもらう**こと、次にこのコロナによる赤字を奇貨として、**ニコンの構造改革とバランスシート改善を一気に進める**、というものでした。

会社という組織体は社員という人間の集合体です。組織は生き物であり、暗いネガティブな時間はなるべく早く終わらせる必要があります。**構造改革や痛みを伴う改善のあとには、明るい未来が待っていることを示すことが重要です。**

どうせ赤字が避けられないなら、積年の問題を一気に解決し、ニコンをリーンで筋肉質な体質に変え、翌年以降の安定的な黒字体質の基礎を作る年にしよう、そう考えたわけです。

こうして、馬立稔和《うまたてとしかず》CEO率いるニコン経営陣は、「V字回復」「1年でのターンアラウンド（業績回復）」を目指しました。

ニコン復活のための3つの作戦

コロナ下の2021年3月期、103年の歴史で最大の赤字から1年でターンアラウンドすべく、ニコンの経営陣が行ったイニシアティブは以下の3つです。

1. **バランスシートの最適化**
2. 2年連続営業赤字だった**カメラ事業の黒字化**
3. **新たな収益の柱の確立**

作戦1　バランスシートの最適化

バランスシートの最適化には**(1)有価証券の売却**と**(2)固定資産の減損処理**などが含まれます。

まず前者については、CFO着任後から持合い株式を含む有価証券の売却を目指して交渉を進め、2022年3月までの2年間で578億円を売却しました。

月商の3カ月程度の手元現預金を保有すれば十分とも言われるなか、ニコンでは有価証券の売却などで6カ月程度の流動性を確保して売上の急減に備えるとともに、回復時の設備投資などの前向き投資の原資も確保しました。

後者の減損などについては、カメラ事業や露光装置事業などで固定資産や棚卸資産の資産性を再評価し、減損や評価損・廃棄損を計上しました。

もちろん、減損処理はCFOが勝手に計上できるものではありません。会計上の資産性は将来キャッシュフローの見積もりを含め、監査人と慎重に議論すべき項目です。過度な損失の計上は利益の過小計上として税務上も問題になる可能性があります。

一方で、「見積もり」がベースである以上、一義的に決まるものではなく、一定の合理的な範囲のなかで減損額は議論され決定されます。会計や経理というルールでがんじがらめと思われがちなかでも、アニマルスピリッツ（実現したいことに対する非合理的なまでの期待と熱意）を発揮する余地はあるのです。

8月6日の第1四半期の決算発表の段階では、この将来収益や将来キャッシュフローの見積もりも、それに基づいた資産性の確認も未済で、減損や評価損もその計上の要否や妥当性も含めて決まっていませんでした。仮に減損・評価損の計上が必要と判断されれば、その金額次第で年間の損益額も大きくブレてしまう状況にあったわけです。

こうしたなか、私が開示した2021年3月期の通期営業利益見通しは750億円の赤字。同時にその中身を解説する階段チャートを**図表2－5**のとおり公開しました。

図表2－5の意味は以下のとおりです。

図表2-5｜史上最大の750億円の赤字予想を公表

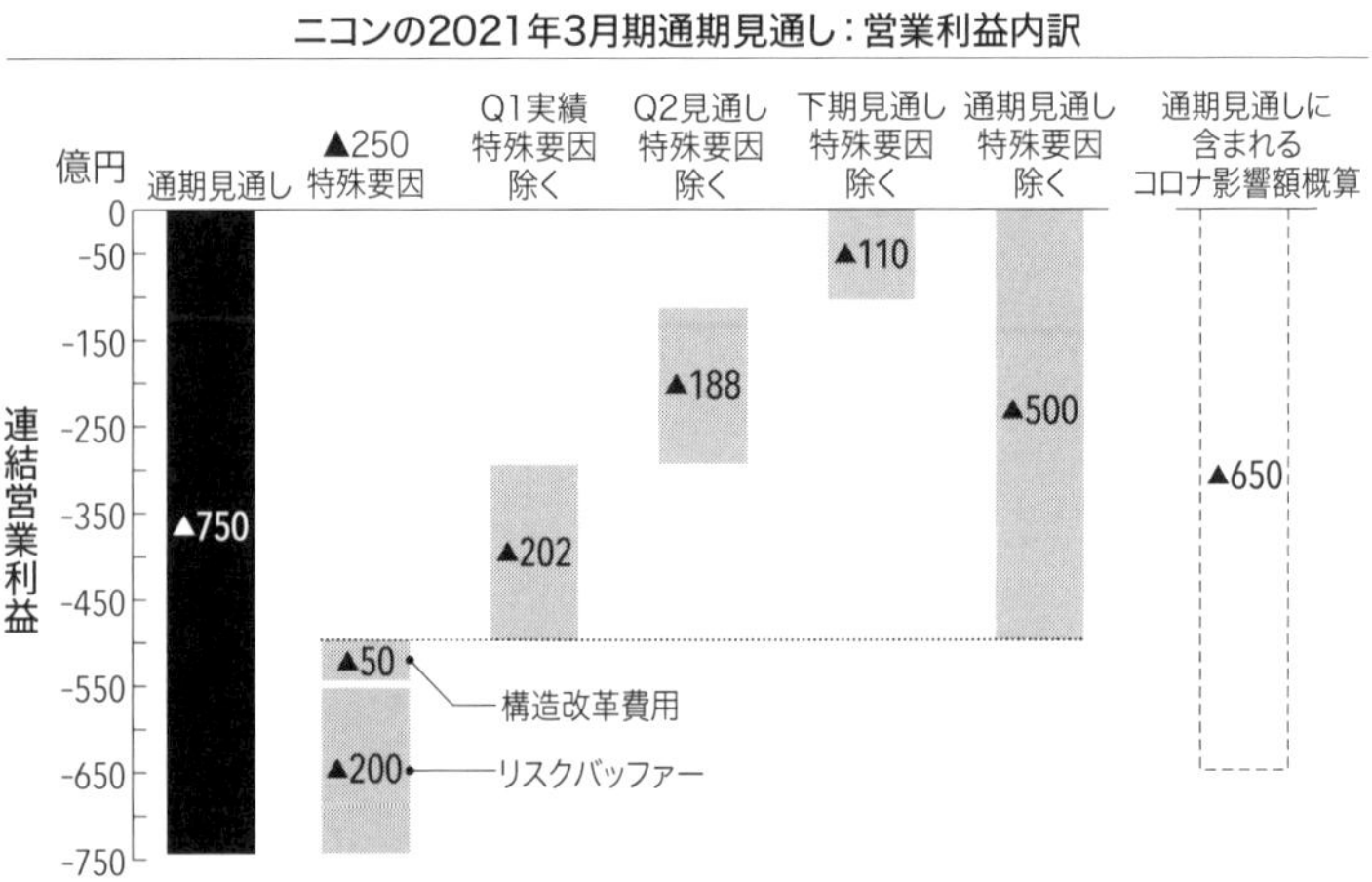

出典：ニコン「2021年3月期 第1四半期決算報告会資料」2020年8月6日、13ページ

● 左端の棒グラフ、通期の営業赤字は750億円

● このなかには特殊要因として、カメラ事業の構造改革費用50億円とリスクバッファー200億円を含むことから、正味の損失は500億円

● リスクバッファーは、今後計上する可能性のある固定資産減損や棚卸資産の評価損・廃棄損の最大値

● 営業損失500億円の内訳は、第1四半期に202億円、第2四半期に188億円、第3・4四半期で110億円。時間の経過とともに損失は小さくなる見込み

● 新型コロナウイルス感染症の流行に伴う業績影響は650億円程度で、これを除いたニコンの実力収益は150億円の黒字

リスクバッファーという、つかみの数字、腰だめの数字を公表することは異例でした。しかし、2020年8月の時点では新型コロナウイルスの一層の感染拡大や強毒化などのリスクもあり、**業績の先行き不透明感が強く、CFOとしての最善の推定（ベスト・エスティメイト）を含む業績開示を行うことは許される**と私は考えました。これも、業績予想におけるアニマルスピリッツ発揮の例です。

こうして8月6日、ニコンは大正6年の創業以来103年で最大の赤字を出すことを内外に

宣言したのでした。

作戦2　2年連続営業赤字だったカメラ事業の黒字化

103年で最大の赤字からのターンアラウンド作戦として、ニコン経営陣が取り組んだ3つのイニシアティブの2つ目は、カメラ事業の黒字化です。具体的には、カメラ事業において、「構造改革による損益分岐点引き下げ」と「戦略の明確化」を同時に行いました。

前者では、売上がコロナの影響を強く受けた2020年度と同等の1500億円規模でも営業利益を上げられる体質にすることを目指しました。ボディの生産をタイ工場に集約し、海外の販売拠点をスリム化するなどの構造改革に取り組み、1500億円を下回る水準まで損益分岐点を引き下げることができました。

同時に、以下のような想定を前提に、カメラ事業の戦略を明確化しました。

- レンズ一体型のコンパクトカメラは引き続きスマートフォンに代替されていく
- 一方、撮った画像をSNSなどで共有することの楽しさに目覚めた人たちのなかには、スマートフォンに飽き足らないと感じ、新たに写真を趣味にする層が生まれている
- 特に、従来の先進国・中高年・男性というカメラファン層だけでなく、中国やインドなど

の新興国・若年層・女性のカメラ趣味層が増える可能性がある
●加えて、静止画だけでなく、ユーチューブなど動画サイトへの投稿に使用するvlogger（ブイロガー）と呼ばれる人たちが動画機としてのカメラに注目している

こうした市場と顧客に関する考察から、**ニコンではプロ・趣味層向けの中高級機種、それも出遅れが目立っていたミラーレスカメラや動画機能に開発資源を集中することにしました。**

こうした構造改革と戦略の明確化について、２０２１年11月の中間決算発表で公表しましたが、投資家やマスコミの反応はさんざんでした。いわく、「ライバルのキヤノンやソニーもミラーレスの中高級機に注力している。出遅れたニコンが勝てるとは思えない」「カメラ事業の売却も選択肢とすべきだ」など、厳しい声が聞かれました。

このような状況下、ニコンのカメラ事業の社員たちは池上博敬事業部長以下一丸となって努力を続け、厳しい構造改革による損益分岐点の引き下げと、業界最高水準のミラーレスカメラの市場への投入という二正面作戦を見事にやり遂げてくれました。

この苦しい時期に開発し、２０２１年12月に市場に投入したミラーレスカメラのフラッグシップ機Ｚ９は、カメラグランプリ２０２２など世界中のカメラの専門誌などの賞を総なめにしたほか、日本経済新聞社が選定した「日経優秀製品・サービス賞」の「日経産業新聞賞」を受

賞するなど、ニコンだけにとどまらず、「カメラ復活」を印象付けるエポックメイキングな製品となりました。

また、中身は最新鋭なのにレトロ感のある外観のZ fcは、6色のカラーバリエーションも若い世代や女性に人気となり、こちらもヒット商品となりました。

こうした結果、2022年3月期の営業利益は2年連続の赤字から脱却し、190億円の黒字を計上しました。さらに、2023年3月期では422億円の営業利益で売上高営業利益率も18%台となるなど、ニコンのカメラ事業は完全に復調しました。

作戦3　新たな収益の柱の確立

これまでご説明してきた「バランスシートの最適化」や「カメラ事業の黒字化」は、いわば止血と体力回復のための施策であり、やらなければならない改革です。

しかし、人間は明日や未来に希望を持つことが必要です。企業もただ黒字化するだけでは不十分であり、成長分野がないと企業全体として必須の活力が生まれません。

特に、**ニコンの場合、カメラ事業と露光装置事業に次ぐ新たな収益の柱がない**ことが、長年、課題として指摘されてきました。コロナ対応やカメラ事業の構造改革に忙殺されるなか、ニコンでは新たな収益の柱を打ち立てることにチャレンジし、それを実現することができました。

それが、コンポーネント事業です。

2020年4月に入社して、私は「ニコンはマジメな技術者の集団だな」という印象を持ちました。すなわち、世界でも最先端のことに取り組む意欲のある会社である一方で、利益や効率性には関心が薄く、何よりもニコン製の完成品にこだわりすぎている、と感じました。

せっかく世界最高水準の光学技術や精密測定技術があるのだから、それを自社製品にとどまらず広く世間に使っていただく、具体的には部品やキーデバイス、コンポーネントの形でお客様に提供し、「お客様の成長とともにニコンも成長する」ビジネスモデルへの転換を図る——。新たな収益の柱を確立するためにニコン経営陣が行った

図表2-6｜営業利益が1年で127倍に

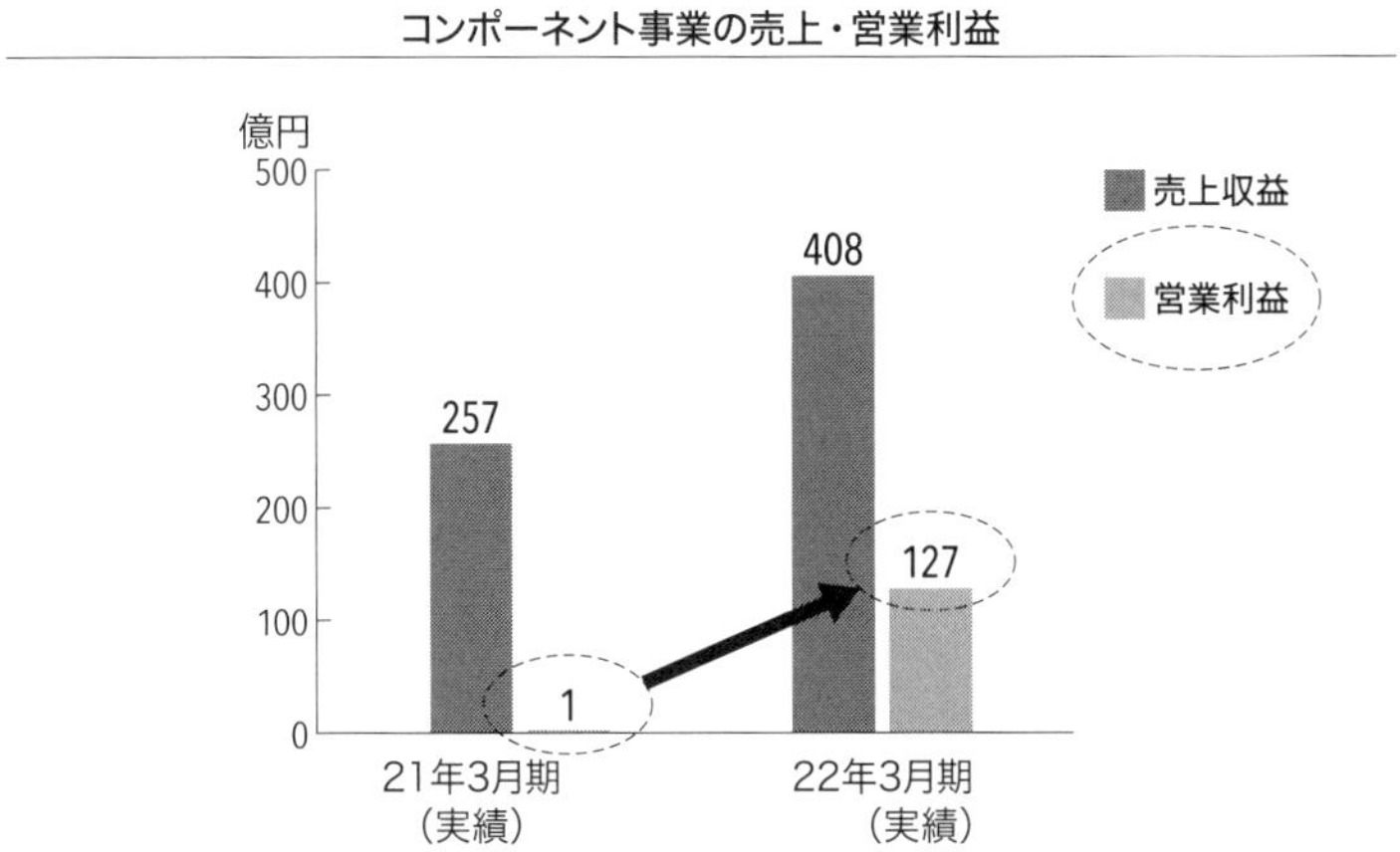

出典：ニコン「2022年3月期 決算報告」2022年5月12日、9ページより筆者作成

3つ目のイニシアティブが、このコンポーネント事業の立ち上げです。

　この作戦は私たちの想定以上に上手く運び、2021年3月期にはわずか1億円だった営業利益が2022年3月期には127億円となりました（**図表2－6**）。この事業はさらに成長を続けており、2023年3月期には141億円の収益を上げ、カメラ事業、露光装置事業に次ぐ3本目の収益の柱となっています。

　このビジネスは、他社に部品やコンポーネントを納入するという性格上、ニコンは「黒子」であり詳細をお話ししにくいのですが、ひとつだけ具体例をご紹介します。

　オランダのASMLしか作れないEU

図表2-7｜EUV露光装置開発で一敗地にまみれたが、技術をコンポーネント事業に転用

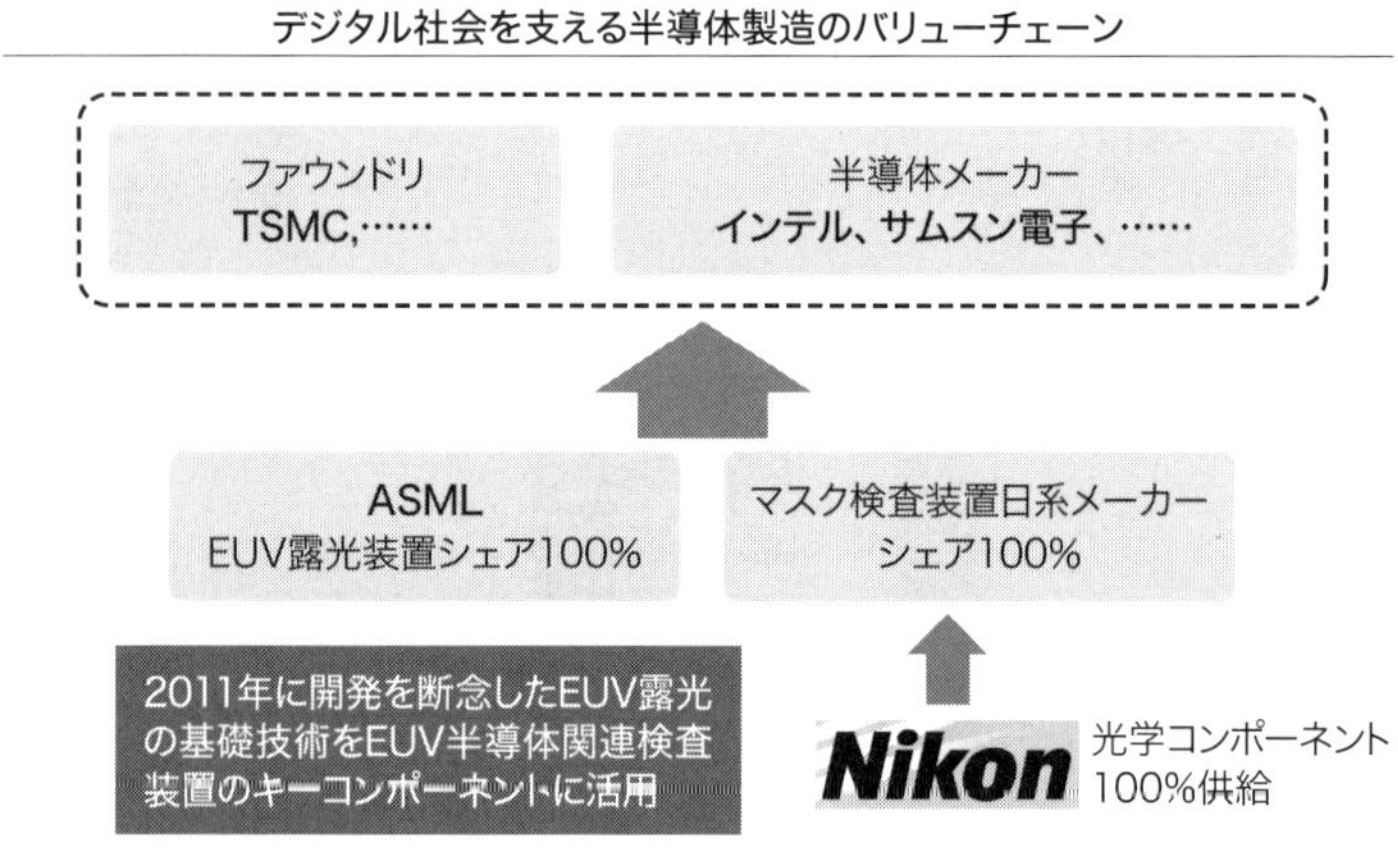

出典：2022年11月14日M&G日本株式スチュワードシップセミナー・パネルディスカッション「企業と投資家との対話による企業価値創造」にて筆者が投影・配布した資料より抜粋

V露光装置を台湾のTSMCが大量に使って世界の半導体製造を牛耳っている、というのが大まかな世界の構図です。実は、このEUV露光に用いられるフォトマスク（回路の原板）の検査装置は、日本のある企業が独占的に生産しています。急成長を遂げ、時価総額も1・7兆円（2023年4月現在）のこの企業製の検査装置のコアとなる光学コンポーネントを、ニコンが100％納入しているのです（**図表2－7**）。

実は、EUV露光では日本とニコンはフロントランナーでした。1980年代には先駆的研究がNTTの研究所で行われ、1986年にはEUV縮小露光が成功していました。ニコンは露光機メーカーとして試作機を完成させましたが、技術的困難さと巨額の開発費負担から、2011年に開発を断念し、ASMLの独占を許した、という経緯があります。

コンポーネント事業という「新たな収益の柱」は、偶然の産物ではなく、2011年まで続けてきたEUV露光装置の開発で培った技術的資産の蓄積を、お客様のニーズに合わせて活用したことで生み出されたものなのです。

お客様に寄り添い、その課題解決のお手伝いをすることで、「お客様の成長とともにニコンも成長する」というビジネスモデルは、今後のニコンの基本的な柱になるものと考えています。

こうした努力を資本市場からご評価いただき、**図表2－2**（114頁）で見たように、2021年の1年間でニコン株は1・9倍、日経平均構成銘柄で値上がり率4位となったのでした。

「PBR1倍割れ」はROEが低いから？　PERが低いから？

さて、本章では、CFOという仕事はどんな内容なのかをイメージしていただくため、ここまで私がCFOとして実際に関与してきた3つの経営テーマのうち、「グローバルM&A」と「ターンアラウンド（経営改革による業績回復）」についてお話ししてきました。ここからは、3つめのテーマ**「サステナビリティ・ESG」**についてご紹介していきたいと思います。

社員の努力により、過去103年で最大の赤字からの「ターンアラウンド」を果たしたニコンですが、そうは言ってもいまだに時価総額が帳簿上の純資産を割り込んでいるPBR1倍割れの状態にあります。経営の一翼を担うものとしては、まずはPBR1倍以上、すなわち解散価値を上回る時価総額にしたい、株価をそこまで戻したい、と考えています。そのためのキーワードが、「サステナビリティ・ESG」なのです。

「地球に優しい」ことと企業価値の向上がどうつながるのか？　サステナビリティやESGへの取り組みにはコストや負荷がかかり、株主価値の観点からはマイナスなのではないか？　そう疑問に思われた読者の方もいらっしゃるかと思います。

順を追ってご説明しましょう。

ＰＢＲ（株価純資産倍率）は、ＲＯＥ（自己資本利益率）とＰＥＲ（株価収益率）の積数です**（図表２−８）。つまり、解散価値以上に株価を上げたいとすれば、ＲＯＥを高めるか、ＰＥＲを高めるか、その両方か、ということになります。**

ＲＯＥは今期や来期など足元の利益が資本対比で何％に相当するか、という指標であり、一方ＰＥＲは、将来の成長期待も含めて株価が足元の利益の何倍まで買われているか、という指標です。

したがって、誤解を恐れずに割り切った分類をすれば、ＲＯＥは足元や近未来の収益性を表し、ＰＥＲは将来の成長期待を表している、と考えることができます。

私がＣＦＯを務めた２社に関して言えば、足

図表2-8｜PBRはROEとPERに分解できる

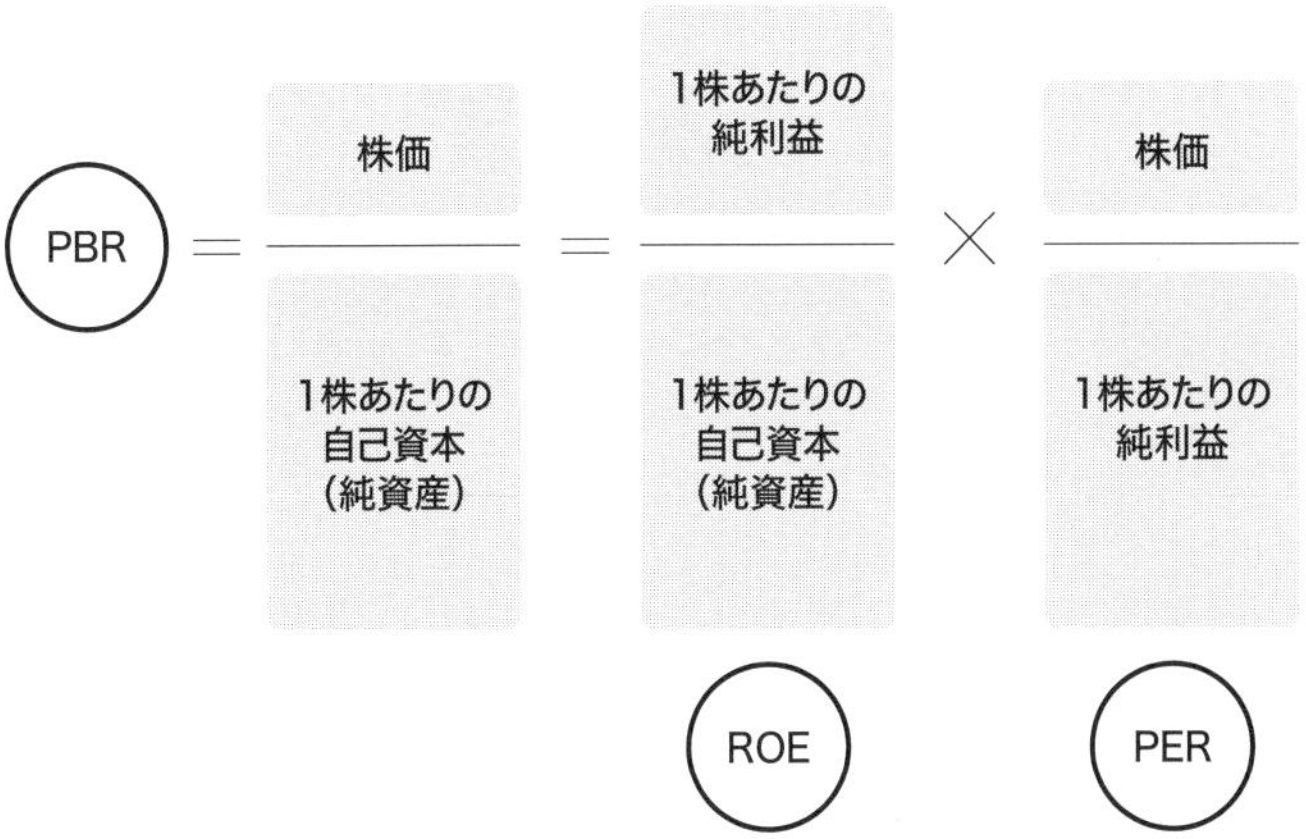

元の収益性（ROE）もさることながら、将来の収益期待（PER）が低いことが、株価の低迷・PBRの低さの主な原因であると考えられます（**図表2－9**）。

MUFGの場合、主業である国内商業銀行業務が、日銀の異次元の金融緩和やゼロ金利政策が解除されないかぎり利益成長が見込めないことなどから、PERは一桁台にとどまっています。

また、ニコンの場合も、赤字からV字回復したものの、将来の収益の拡大については慎重に見る投資家が多く、同業他社に比べてもPERが低いことが、PBRの1倍割れの主たる理由と考えることができます。

図表2-9｜**PBR1倍割れの理由を考える**

筆者がCFOを務めた2社のPBR考察（2023年4月）

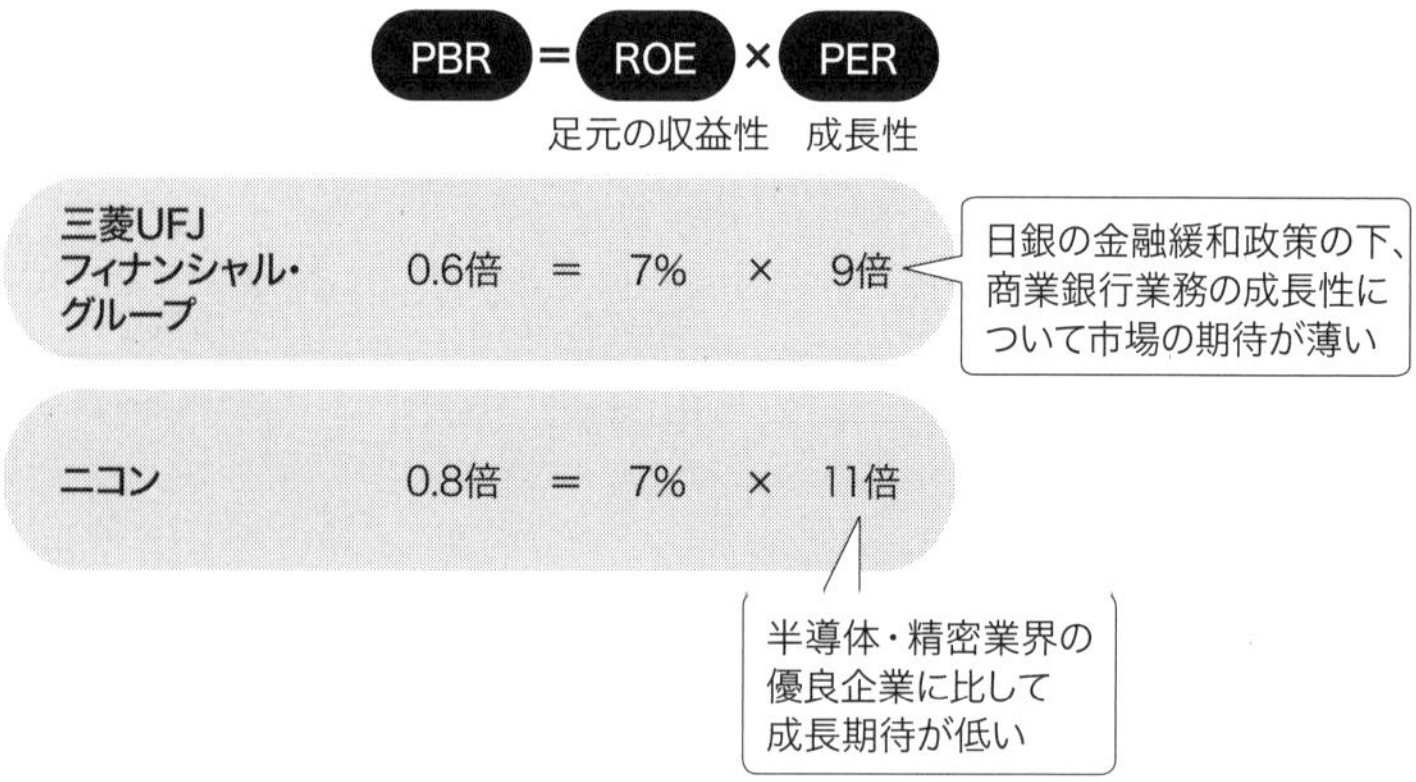

PERを高める2つの方策

では、PERを改善するためにはどうすれば良いのでしょうか？

やや専門的になりますが、クリーンサープラス関係（損益計算書で計算された期間損益と、バランスシートにおける純資産の増減額［資本取引による増減額は除く］が等しくなる関係）が成り立っており、企業価値に関する残余利益モデルと配当割引モデルが一致するとき、PERは「資本コスト」マイナス「期待利益成長率」の逆数で表せることが知られています（**図表2－10**）。

この式から、**PERを高めるためには、(1)資本コスト（r）を引き下げる、(2)期待利益成長率（g）を高めるという2つの方策があることがわかります。**ニコンでは、この2つを改善するため、**図表2－11**に記載した方策に取り組んでいます。

52頁で、日本企業の資本コストはおよそ8％とお話ししましたが、資本コストは投資家から見た個々の企業収益に関する予測可能性によ

図表2-10｜PERは資本コストから期待利益成長率を引いた数字の逆数

$$\text{PER} = \frac{1}{r\text{（資本コスト）} - g\text{（期待利益成長率）}}$$

って変わります。

たとえば、業績予想の精度が高く企業が予想した数値に近い数字で決算が着地する会社と、業績予想が上下に大幅に外れる企業があるとした場合、後者の資本コストは高くなります。

また、情報開示が不十分、ＩＲ活動に不熱心などの理由により、**企業の将来収益について投資家が確固たる見通しを持ちにくい場合、将来業績の予測可能性が下がり、そのリスクプレミアム分だけ投資家は高いリターンを求める**ことになります。企業サイドから見ると、資本コストは上昇するわけです。

かつてのニコンはその典型例だったかもしれません。２０１６年11月、ニコンは当

図表2-11｜「サプライズのない経営」と「持続的成長」がカギ

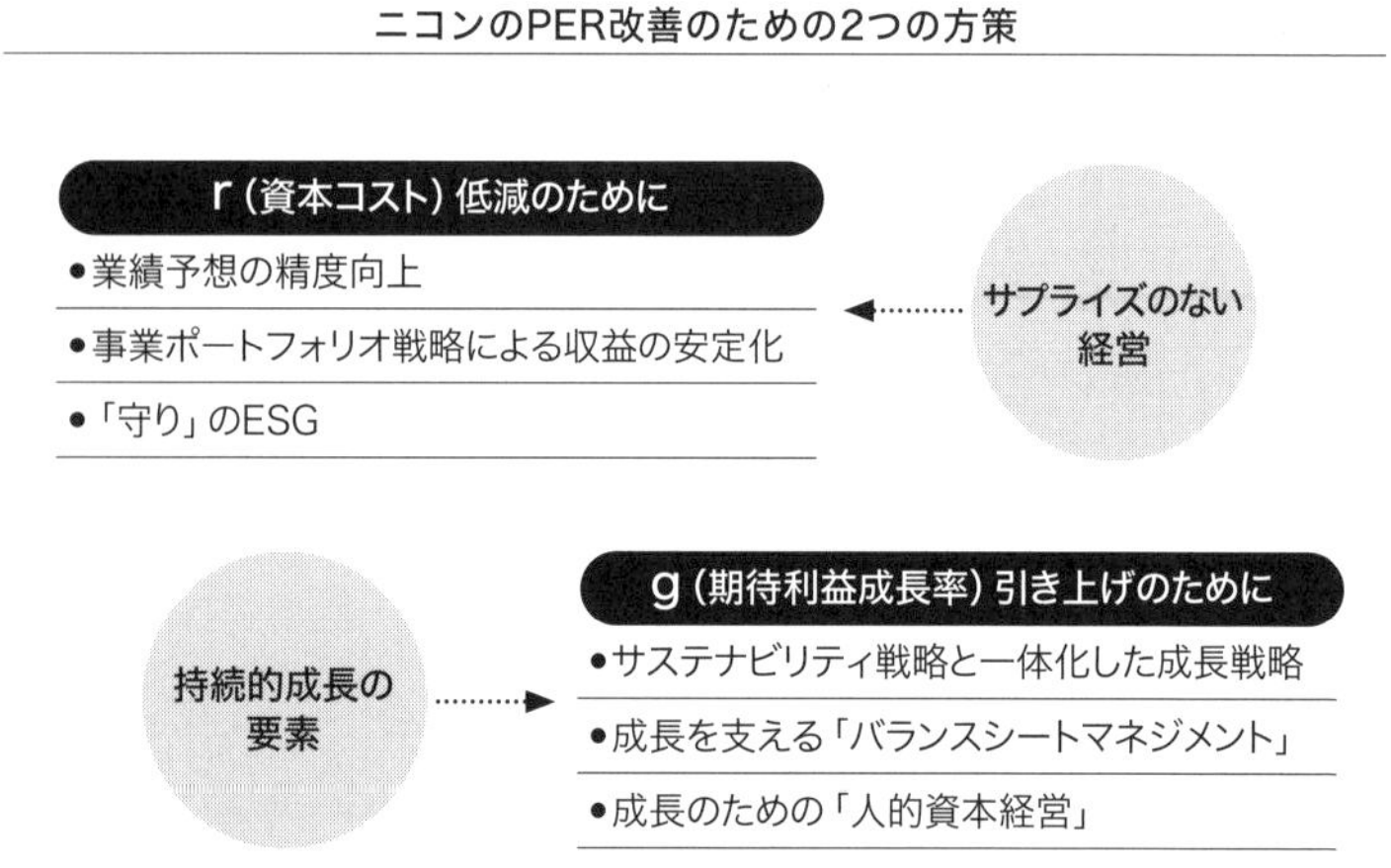

出典：2022年12月22日　日本IR協議会「IRカンファレンス2022」
パネルディスカッション「企業価値の源泉とサステナビリティ」にて筆者が投影・配布した資料より抜粋

時公表していた中期経営計画が「達成困難になった」として、代替案を示すことなしに中計を撤回してしまいました。

また、2019年11月には、カメラ事業において「将来計画の市場規模・シェア前提が過大であった」として、カメラやレンズの販売台数を下方修正するとともに、5月には120億円の黒字と予想していた営業利益を110億円の赤字予想に修正しました。

ニコンの株価が低下の一途を辿ったのは、単に業績が悪化しただけでなく、投資家から見て将来業績の予見が難しく求める資本コストが上がったため、と考えることができます。

日本IR協議会専務理事・首席研究員の佐藤淑子氏は、「青山学院大学の会計大学院の講義で、ニコンの業績予想と実績との乖離を背景にした株価変動を取り上げ、ニコンのIRの課題を学生と考察したことがある」と私に教えてくださいました。

ケーススタディとして大学院の授業で採り上げられるほどニコンは迷走していた、厳しい言葉で言えば、投資家の信頼を損なっていた、と言えそうです。

創業103年で最大の赤字のなか私が考えたことは、投資家からの信頼を一日も早く取り戻したい、ということでした。結果、CFO就任後、投資家にお示しした業績予想はほぼすべてクリアし、公表した株主還元策もすべて実行してきており、少しずつニコンの経営は資本市場から信頼されつつあるものと考えています。

「サプライズのない経営」で資本コストを下げる

私は、**資本コストを下げるためには、投資家にとって「サプライズのない経営」を行うことが肝要だ**と考えています。そのためには、中期経営計画や年度予算と実績との乖離をなるべく小さくしたり、業績予想の精度を向上したりすることに加え、収益自体を安定化させボラティリティ（価格変動性）を少なくすることや、「守りのＥＳＧ」を強化することが重要です（**図表２－11**）。

まず、**会社全体の収益を安定させるためには、収益サイクルやリスク・リターンの異なる複数の事業をポートフォリオとして持つことがひとつの解**となります。ニコンでは、カメラ（映像）事業と露光装置（精機）事業で安定収益を確保し、そこで生まれたキャッシュフローをコンポーネント、ヘルスケア、デジタルマニュファクチャリングの3事業に投入して企業全体を成長させる戦略を採っています。

「サプライズのない経営」のためのもうひとつのポイントが「守りのＥＳＧ」です。たとえば、Ｅ（環境）では有害物質の排出抑制体制に不備がある企業、Ｓ（社会）ではサプライチェーンにおいて児童労働など問題のある調達先を排除できない企業、あるいは、Ｇ（ガバナンス）ではリスク管理やコンプライアンス面に脆弱《ぜいじゃく》性があるような企業は、突然、利益に影響を与えるような事態に立ち至る可能性があります。「守りのＥＳＧ」が脆弱だと、企業価値が毀損する事象が起こる可能性が否定できないのです。

あまり知られていないのですが、ニコンはこの「守りのＥＳＧ」においては、日本企業でもトップクラスの「優等生」です。事実、**図表2－12**にあるとおり、ニコンのＥＳＧ活動は、第三者から高い評価を頂戴しています。

たとえば、ニコンは、世界的なＥＳＧ投資指標のひとつである「ＤＪＳＩ Ｗｏｒｌｄ」の構成銘柄に5年連続で選定されています。２０２２年の「ＤＪＳＩ Ｗｏｒｌｄ」選定企業は全世界で３３２社、うち日本企業はわずか36社のみです。ＤＪＳＩの要求水準も高まるなか、ニコンはスコ

図表2-12｜**ニコンのESGスコアはトップクラス**

	CDP 気候変動（英国）	A
	Dow Jones Sustainability Indices (DJSI)（スイス・米国）World	採用
	Sustainalytics（オランダ）ESGリスク評価（20.0以下リスク低）	15.6
	MSCI ESG Rating（米国）	AAA
GPIFによるESG投資：5指標すべてに採用	FTSE Blossom Japan Index	採用
	FTSE Blossom Japan Sector Relative Index	採用
	MSCIジャパンESG セレクト・リーダーズ指数	採用
	MSCI日本株女性活躍指数（WIN）	採用
	S&P/JPXカーボン・エフィシェント指数	採用

出典：2022年12月22日　日本IR協議会「IRカンファレンス2022」
パネルディスカッション「企業価値の源泉とサステナビリティ」にて筆者が投影・配布した資料より抜粋し、一部情報を更新

アを伸ばし続け、属する業種カテゴリーにおいて、これまで首位だった韓国のLGを抜き、世界でトップのスコアとなりました。

また、ニコンは、2023年4月28日時点で、年金積立金管理運用独立行政法人（GPIF）が採用しているESG指数の構成銘柄のうち、日本企業を対象とする5つすべてのESG指数（「S&P/JPXカーボン・エフィシェント指数」や「MSCI日本株女性活躍指数」など）の構成銘柄に選定されています。[*10]

客観的に見て、カメラや半導体関連などの同業他社を上回る評価をニコンは得ていますが、残念ながらそれが十分に投資家に認知されておらず、資本コストの低下に反映されていない可能性があります。

CFOとしては、引き続き「サプライズのない経営」に注力するとともに、ニコンの経営の安定性を投資家にご理解いただく努力を続けていきたいと考えています。

「サステナビリティ戦略」を「成長」のドライバーに

次に、PERを引き上げるためのもうひとつの方策である、投資家の期待利益成長率（g）の改善について考えてみたいと思います。

母国市場が人口減少や低成長下にある日本企業が「成長」するストーリーを示し、それを世界中の投資家から認めてもらうことは、容易なことではありません。

ニコンでは、コア技術による社会価値の創造を経営戦略の基軸に据え、サステナビリティ戦略と成長戦略を一体のものと考え、中長期の企業戦略を策定しています。すなわち、光学技術と精密技術というコア技術を活かしたビジネスで、環境課題（E）や社会課題（S）の解決を図り、サステナブルな社会の実現に貢献することで企業としても成長する、そうした姿を目指しています。

日本トップクラスの高い「守りのESG」の基盤を活かして、「攻めのESG」に転じることで成長していこうと考えているわけです。

具体的には、すべての事業部やビジネスユニットで、サステナブルな社会・環境の実現に寄与するビジネス展開を、中計の主要施策として落とし込み、実行しているところです。たとえば、ニコンは独自に開発した「光を使った微細加工」で社会のエネルギー効率を高めることで、地球環境問題にチャレンジしようとしています。

すなわち、日本航空（JAL）や全日本空輸（ANA）などと共同で、ニコンが独自に開発した「光加工機」により、海を高速で泳ぐサメの肌に学んだ微細加工を航空機の表面に施すことで、流体の抵抗を減らし、燃費改善とCO_2排出量の削減を実現しようとしているのです。

具体的には、２０２３年現在、ＪＡＬ、国立研究開発法人宇宙航空研究開発機構（ＪＡＸＡ）等と、世界で初めて機体外板の塗膜上にリブレット（サメ肌）加工を施した航空機による飛行実証試験を進めています。

また、ＡＮＡとは、リブレット加工を施したフィルムを貼った「ＡＮＡグリーンジェット」という緑色にカラーリングされた飛行機２機でデータ収集をしています（**図表２－13**）。理論的には、機体表面の80％にこのフィルムを貼ることによる燃費改善効果は２％、ＡＮＡの航空機にすべて採用された場合、航空機燃料９・５万トン、容積にして12・４万キロリットル（25メートルプール２６０杯分）が削減できるとともに、

図表**2-13**｜「サメの肌」に学んだ微細加工で航空機の燃費を改善

ニコンのCO_2排出削減の取り組み

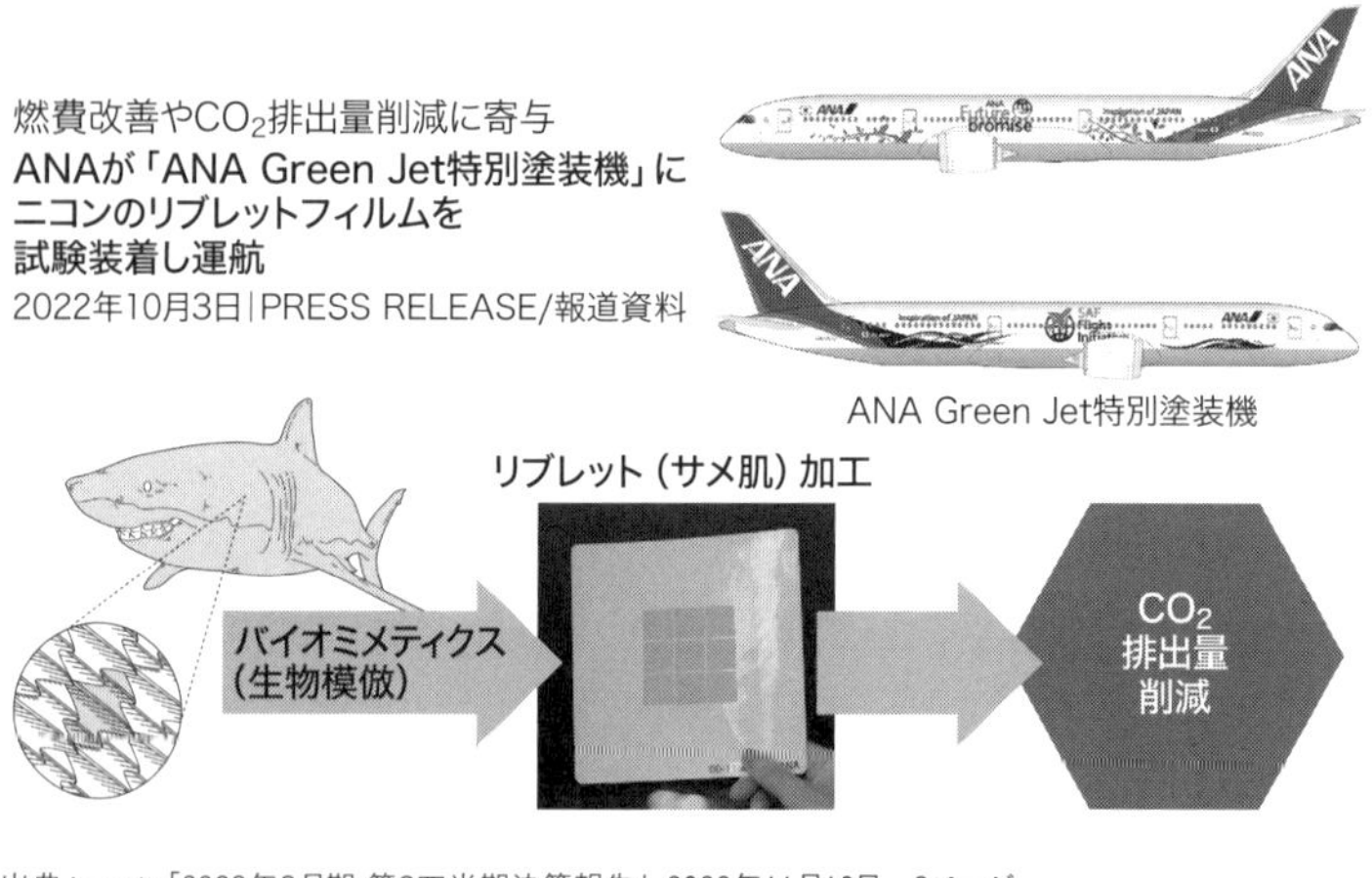

出典：ニコン「2023年3月期 第2四半期決算報告」2022年11月10日、6ページ

30万トンのCO_2削減に寄与するものと試算されています。経済効果としては、年間80億円の燃料代削減効果が見込まれます。

まさに、「地球に優しい」をビジネスで実現し、「サステナビリティ・ESG」と「収益獲得・企業価値向上」を結びつける取り組みです。

また、オランダのASMLに圧倒的シェアを握られている半導体露光装置についても、世の中を変え得る新技術で何とかシェアを挽回したいと考えています。

具体的には、フイルムカメラからフイルムがなくなってデジタルカメラになったように、ニコンでは、露光装置からフォトマスクと呼ばれる回路の原板をなくした「デジタル露光機」という新たなアイデアに基

図表2-14｜新技術「デジタル露光機」で挽回を狙う

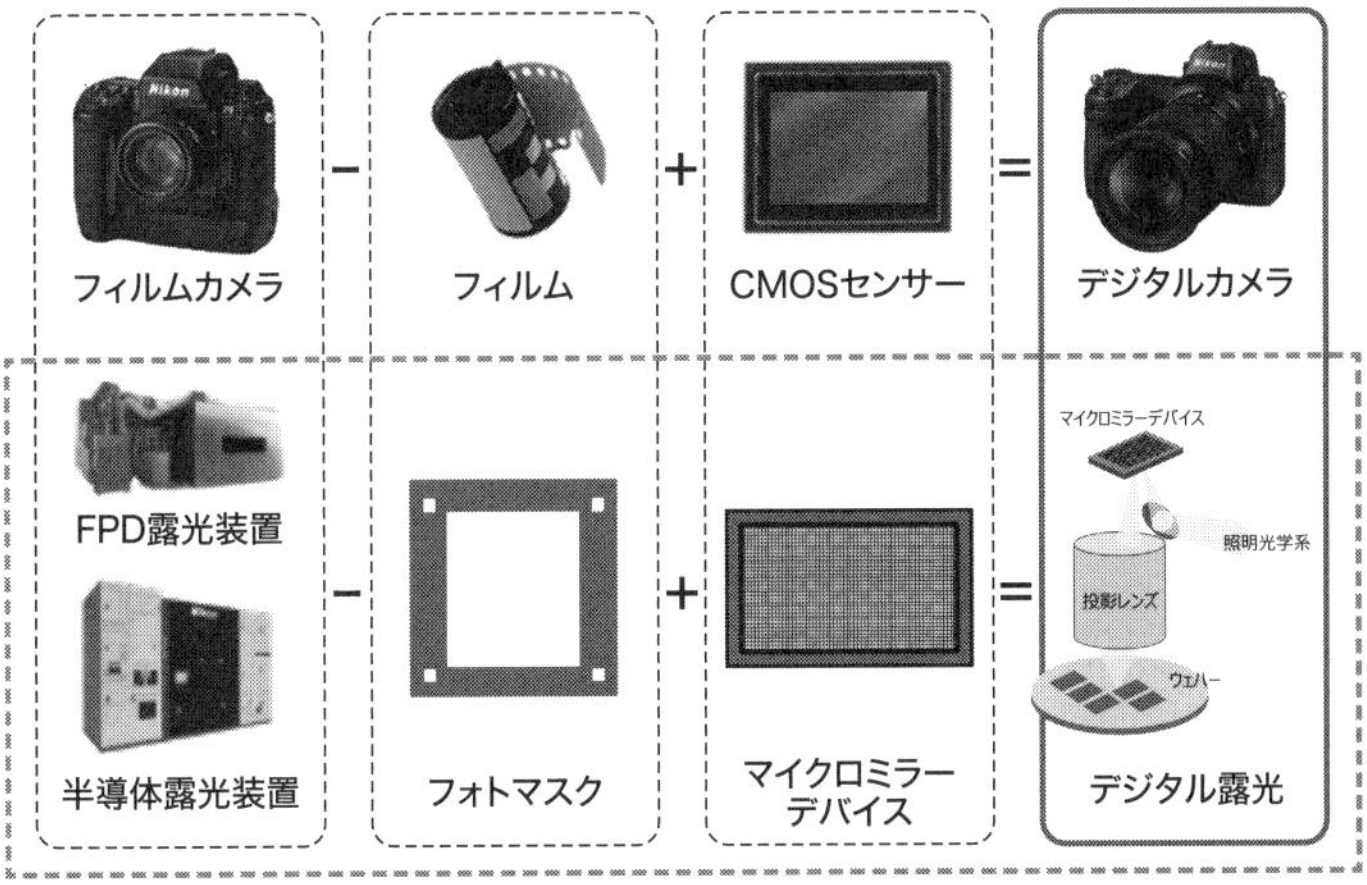

出典：ニコン「IR DAY資料」2022年5月26日、27ページ
https://www.jp.nikon.com/company/ir/ir_library/event/pdf/2023/23_irday_all.pdf

づく次世代装置の開発を行っています（**図表2－14**）。

フォトマスクをなくすことで資源使用量の削減を実現するとともに、台湾に集中し地政学リスクに晒されている半導体の製造を、各国がそれぞれ自国内で行える少量多品種生産を可能にしたいと考えています。

このように、ニコンはよりよい地球環境と社会の実現にコア技術で応えたい、サステナビリティ戦略と成長戦略を同時に実現したい、さらに言えば、**サステナビリティ戦略を成長のドライバーにしたい**と考えており、このことを投資家の皆さんに訴えています。

目先の利益しか見ない「PL脳」に要注意

こうした成長戦略を支えるのは、財務資本と人的資本です。いずれも、「資本」。財務諸表で言えば、損益計算書（PL）ではなく、バランスシート（BS）に登場する用語です。

企業の長期的な成長を支えるのはバランスシートであり、「PL脳」ではなく「BS脳」的思考が重要です。この「PL脳」「BS脳」という言葉は、2018年、朝倉祐介氏が『ファイナンス思考』という著作のなかで用いた造語です。[*11]

私の解釈では、朝倉氏はこの本のなかで、コーポレート・ファイナンス的なモノの考え方である「ファイナンス思考」の重要性について訴え、その対立概念として「ＰＬ脳」というものに触れておられます。

ＰＬ脳とは、「目先の売上や利益といった、ＰＬ上の指標を最大化することを目的視するような短絡的な思考態度のこと」です。売上至上主義、シェア至上主義の会社は少なくなりましたが、依然として、営業利益や最終利益に拘る企業は多いのが実情です。

ＰＬに表れるこれら利益の数字は企業経営の結果であり、経営者にとっての成績表でもあります。しかし、未来に向かってどのような事業で企業を成長させようとしているのか、といった観点はＰＬには表れません。ＰＬだけを見ていたのでは、そうした経営者の未来に向けた意思、成長に向けたアニマルスピリッツの存在やその方向性を見落としてしまいます。

一方、ファイナンス思考や「ＢＳ脳」は、会社の価値の最大化や会社が将来稼ぐキャッシュの最大化に向けた努力を重視します。

この「長期目線で事業価値の最大化を考えていく」という視点を忘れ「ＰＬ脳」にむしばまれてしまうと、大企業であれベンチャー企業であれ、1年ごとの短期サイクルに縛られた事業しかできなくなってしまう、**短期的な損益計算書上の収益ばかりを優先して将来の成長を犠牲にしかねない**、というのが朝倉氏の警告であると私は理解しています。

ニコンでは、成長を支えるためのキャピタル・アロケーション（資本配分）に関する方針を策定し、1枚のスライドにまとめて投資家や従業員などのステークホルダーとのコミュニケーション・対話に活用しています（**図表2-15**）。

成長戦略を支えるバランスシート

図の左側にはバランスシートを記載しています。通常とは逆に左に負債の部と資本の部を、右に資産の部を配しています。PLではなく、BSが起点です。

まずは、「金庫番」としての発想で、健全性の維持の観点から保持すべき手元現預金や自己資本比率を考えます。欧米では、資本効率の観点から、投資適格ギリギリの信用格付BBB格が維持できる程度の資本の保有に留めることが合理的と言われています。負債を積極活用することでレバレッジ（テコの原理）を利用し、資本に対するリターンを最大化することが正しい戦略だと考えられているのです。

日本企業においては、欧米企業以上にゴーイングコンサーン（継続企業体）であることが重視されています。すなわち、従業員や取引先、地域社会などのステークホルダーを重視する立場から、資本や現預金を厚く持ち企業倒産のリスクを下げる方向に経営の重心が置かれる傾向にあります。

ニコンにおいても、BBB格に1ノッチ余裕があるA格の格付が維持できることを資本運営の基本としており、自己資本比率は55～60%確保することを、中期経営計画におけるキャピタル・アロケーション（資本配分）の前提としています。

こうして計算された配分可能な現預金に、2025年度までの中期経営計画期間中に生み出されるR&D投資前営業キャッシュフローを加えた合計額は7000億～8000億円となり、これが配分可能原資となります。

図表2-15の右側に記載のとおり、この配分可能原資のうち、90%は戦略投資やR&D、設備投資などの成長のために使う、

図表**2-15**｜**ニコンのキャピタル・アロケーション**

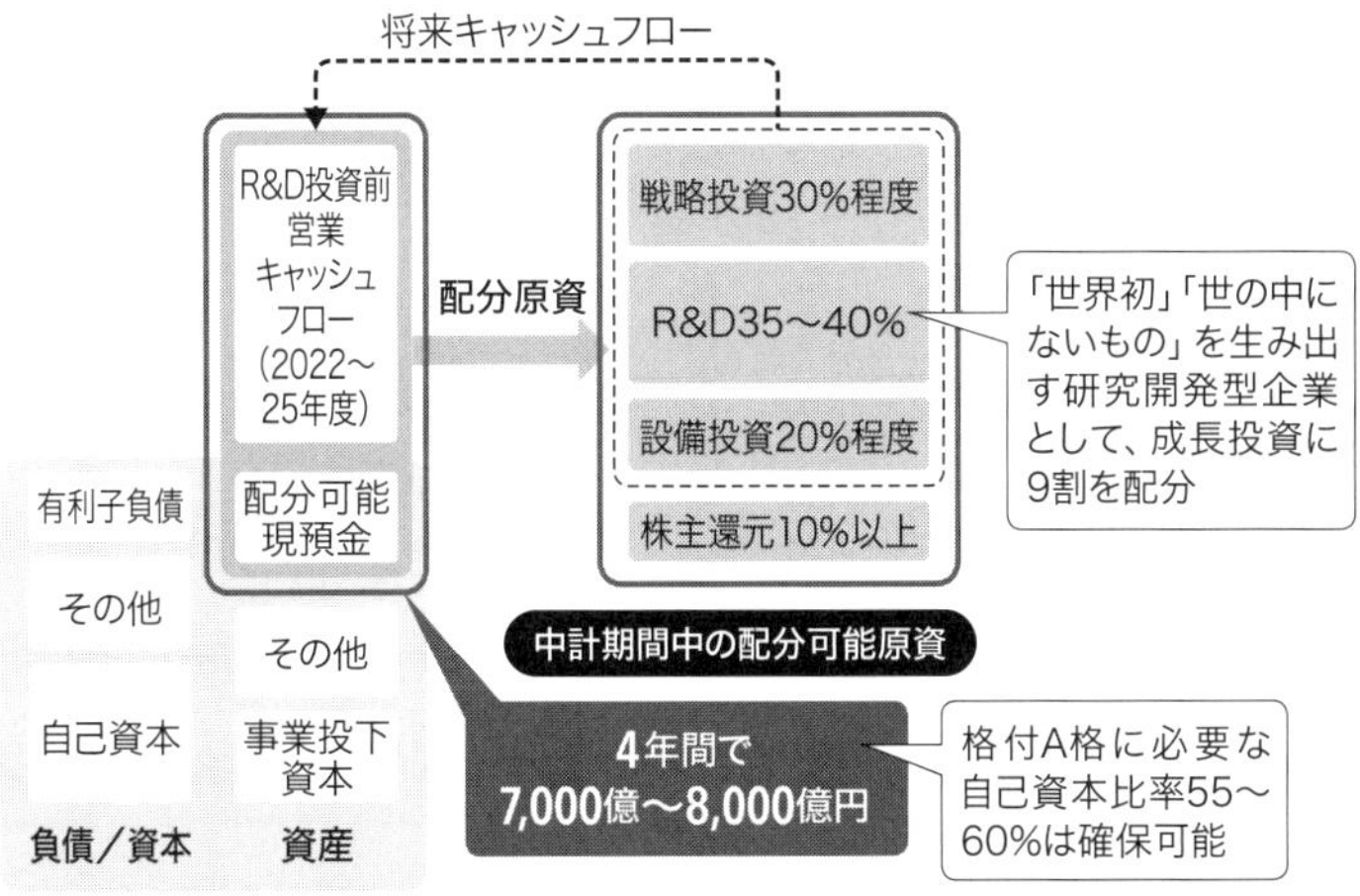

出典：ニコン「中期経営計画（2022～2025年度）」2022年4月7日、37ページに筆者加筆

というのがニコンのキャピタル・アロケーションの骨格です。

ニコンは「世界初のもの」や「世の中にないもの」を生み出すことが企業としての使命（パーパス）であり、投資家もそれを期待して投資してくださっているものと考えられます。これを踏まえ、研究開発型企業として、成長のために約9割の資金を配分する方針であることを社内外に宣言しているわけです。

一方、株主還元については、配分可能原資の10％程度をアロケートします。期間損益との関係で言えば、総還元性向を40％以上とする方針を対外的に公表しています。すなわち、毎年の税引後当期利益の40％以上を配当あるいは自己株式取得で株主に還元することにしています。

このように、**どのように財務資本を配分して、成長を実現し新たなキャッシュフローを生み出す方針なのかを、投資家をはじめとするステークホルダーにBSから説き起こし、この図を使ってご説明しています。**

「イノベーションに必要な時間軸」と「投資家の時間軸」とのミスマッチ

日本のメーカーは、「世界初」のものを数多く生み出し、人類の生活を豊かにしてきました。

ニコンにおいても、日本初の半導体露光装置やデジタルカメラなど、世の中にないものを生み出してきました。

　半導体露光装置の構想は1960年代から始まりましたが、実際に製品化されてビジネスとして成立したのは1980年代です。またデジタルカメラもフィルム全盛時代の1980年頃に構想されたものの現実にビジネスが拡大したのは2000年前後からと、**世の中を変える技術は、構想から数えて利益を生むまで20年程度かかっています**（図表2－16）。

　一方、投資家の時間軸はそれほど長くありません。特定の企業の株式に投資してから回収するまでの期間は、**ロングオンリー（買いポジションのみで構成する投資方法）を含む長期投資家と言われる人々でも3年程度**です。投資家と企業サ

図表2-16｜世の中を変える技術のビジネス化には20年程度の時間が必要

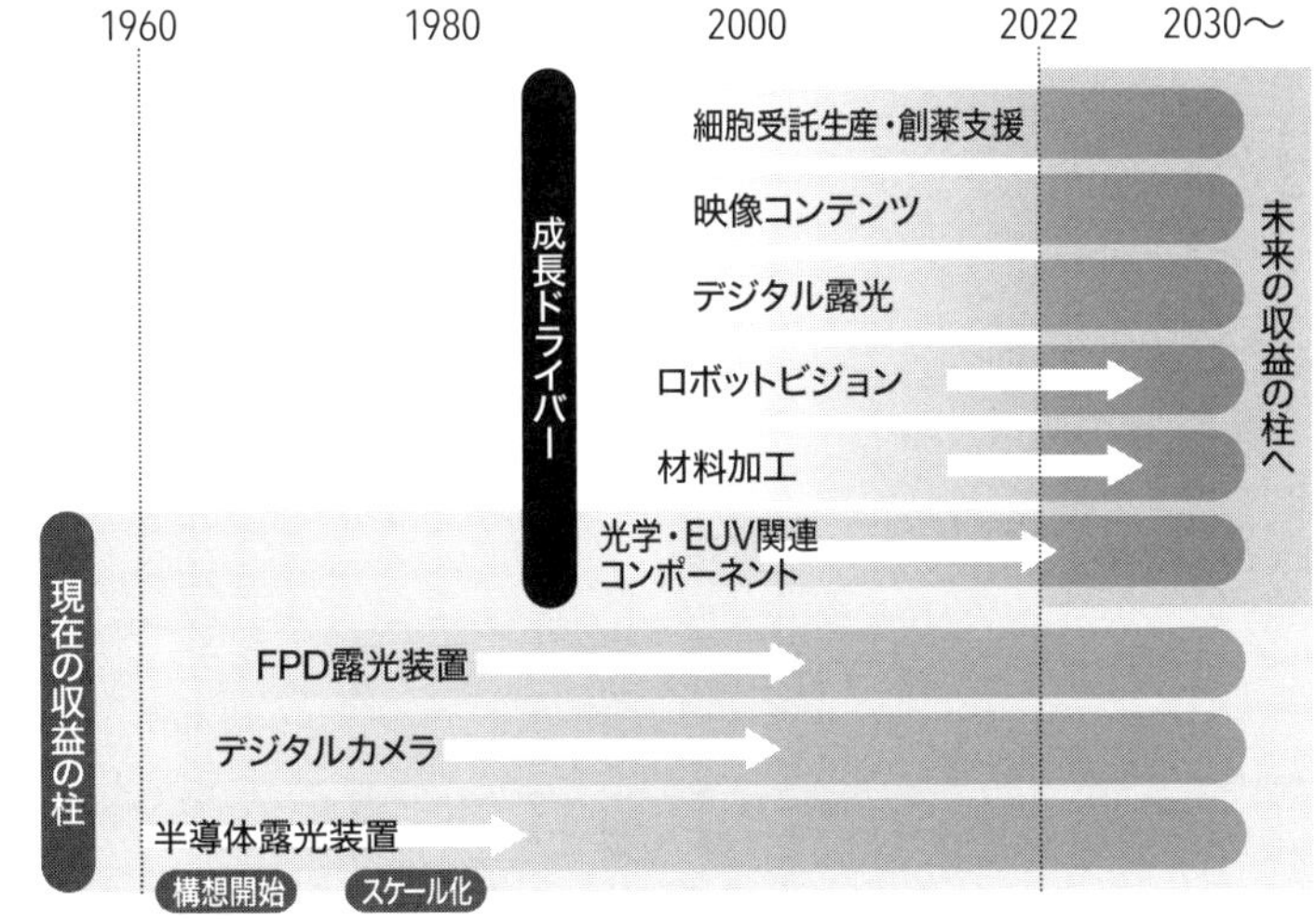

出典：ニコン「中期経営計画（2022～2025年度）」2022年4月7日、42ページ

イドで、「時間軸」が大きく異なるのです。

投資家と事業とのはざまに立つＣＦＯとして、私は社内に対しては、「投資家はそんなにpatient（忍耐強い）じゃない、時間軸はせいぜい2～3年だ」と言い、製品開発と市場投入を急ぐように強くプッシュしています。

一方、資本市場に対しては、サステナビリティの観点など当該開発の社会的意義や将来の収益性について説明し、投資家の理解と長期的支援を獲得しようと努力しています。

ニコンに限らず、なんとか世界で戦える企業であり続けたい、世界中で使われる競争力のある製品を生み出していきたい、と考えている日本企業はたくさんあります。**投資家と企業サイドがお互いの時間軸が異なることを認識すること、そしてそのギャップを埋める努力をすること、ＣＦＯが社内・社外双方に働きかけ企業と投資家の架け橋になること。これらのことが、日本経済の発展には重要だ**と考えています。

9カ月で二度賃上げしたニコン

こうした**世の中にないものを生み出す力の源泉は「ひと」、人材です。**人材に関して、ニコンは２０２２年9月に、「専門的な技能を持つ人材や管理職７８０人の年収を最大2割引き上げる」「2022年度、グループ全体で新卒採用とキャリア採用を合わせ、前年度比約2倍人員を採用する」ことを発表しました。

同時に、品川区大井町の第1工場跡地に、R&Dセンターを建設し各工場に分散している先進的な研究開発機能を集約する計画も公表しました。

このビルは新本社と併設され、有能なエンジニアに、都内で半導体や光加工機などの最先端のR&Dを行える場所を提供し、リクルートや人材育成に役立てる計画です。

西大井地区の地形を利用した風などの自然エネルギー活用や省エネ技術により、空調・照明などの一次エネルギー消費量を50%以上削減する設計で、ZEB Ready（ゼブ・レディ）というグリーン認証を取得しました。ZEBとはNet Zero Energy Buildingの略で、延床面積4万平米超という大型ビルでのZEB Ready取得は日本で数例目です。

CFOとして私がアニマルスピリッツを発揮したのは、建設に関する資金調達方法です。日本でも数例しかない大型のZEB Readyビルであることを活かして、最先端のファイナンス手法を実現したい、と考えたのです。

私が着目したのは、2021年末に日本銀行が創設した「気候変動対応オペレーション」。この制度は、民間の気候変動対応を支援するため、日銀が民間銀行に対してグリーンローンなどへの資金供給を優遇条件で行うものです。日銀から銀行への貸付利率はゼロ%。加えて、やや専門的な話ですが、日銀当座預金に関して「マクロ加算残高2倍加算」という特典があり、マイナス金利問題に悩む民間銀行には魅力的な制度です。

ニコンにとってもトータルの資金調達コストが下がる効果が見込めます。半年以上の関係者との協議を経て、ニコンの新本社兼R&Dセンター建設資金に関するシンジケートローンには、三菱UFJ銀行をはじめとするメガバンクのほか、地銀にも多数参加してもらえました。三菱UFJ銀行によれば、同行初の精密機器業界向けグリーンローンとのことです。

ニコンのこうした取り組み、特に、従業員の処遇の最大2割引き上げの発表は、世間の耳目を集め、SNSなどのソーシャルメディアやマスコミに大きく取り上げられました。たとえば、2022年11月10日の日本経済新聞で、コメンテーターの梶原誠氏が「ニコンは後に、（人的資本経営の）ファーストペンギンだったと呼ばれるかもしれない」と書いてくださいました。[*12]

また、2023年の4月には、7月から全社員の基本給を昇給分も合わせて平均4・1％引き上げることも決定しました。約9カ月で二度の賃上げになるわけですが、ニコンがこうした大胆な処遇の改定に踏み込んだ背景には、多様な人材の能力を最大限引き出さないかぎり、世の中を変えるようなビジネスは実現できない、という考えがあります。

さらに、ニコンは高度人材の獲得に向け、年収の上限を撤廃し、採用したい人材には能力に応じて個別に賃金を決める新制度も導入しました。2023年5月6日付けの日本経済新聞では、「これまで海外での事業開発やM＆A（合併・買収）関連などの専門人材を年収2000万円級などで10人程度採用した。……（中略）……若手に年収2000万円以上を提示することもありうるという」と報道されています。[*13]

人材はバランスシート上の資本

人的資本経営については、その旗振り役である経済産業省が、以下のように定義しています。[*14]

人的資本経営とは、人材を「資本」として捉え、その価値を最大限に引き出すことで、中長期的な企業価値向上につなげる経営のあり方です。

2020年9月に経済産業省が「人材版伊藤レポート」を発表し、2022年5月には、経営戦略と連動した人材戦略について深掘りした「人材版伊藤レポート2・0」が発表されました。

さらに、2022年8月には、岸田首相率いる内閣官房から、有価証券報告書などにおける法定開示とサステナビリティ報告書などの任意開示媒体を活用して、人への投資に関する開示を促す「人的資本可視化指針」が発表されました。

これを受けて、2023年3月期以降、有価証券報告書に人的資本に関する「人材育成方針」「社内環境整備方針」を記載することが求められるようになります。

企業の立場から考えると、従来、人材への投資は財務会計上の人件費という費用項目で処理されることから、短期的には利益を押し下げる要因とされてきました。

しかし、市場や顧客の潜在的ニーズを探り出したり、新たな市場を創り出すような革新的なアイデアをもたらしたりするのは人材であり、企業の競争優位の獲得や価値向上は、人的資本なくしてはあり得ません。人的資本への投資が生み出すイノベーションによって社会課題や環境課題を解決し、それに見合った利益を獲得することは、ニコンの例で見たように多くの企業経営者が目指しているこれからの企業像です。

特にPBRが低い日本企業においては、人的資本を含む非財務的な価値、見えない価値を見える化して投資家に正当に評価してもらうことは、株価上昇や時価総額の拡大のために重要です。

「PL脳」と「BS脳」になぞらえて言えば、「PL」は過去の結果を表すのに対し、「BS」は将来を示唆します。**人的資本も人件費というPL上のコストの側面からとらえるのではなく、将来のPLを生むBS上の簿外項目である、広義のBS上の資本である、と考えることが重要**

です。

ＥＳＧ経営は本当に企業価値向上につながるのか？

こうした人的資本を含むＥＳＧ経営と企業価値の関係性を数字で示す取り組みがいくつか行われています。

図表２−17は、ＥＳＧと将来の企業業績のあいだの関係について、過去数十年の世界中のおよそ２０００本の論文を精査した研究結果です。これによると**「ＥＳＧと将来の企業業績とのあいだに関係がある」と結論付けた実証研究は、半分程度に上っています。**一方で、相関がない／薄いという結果が２割、さらに逆相関という研究結果も１割程度あることも注目されます。

また、Ｅ、Ｓ、Ｇの３要素を個別で見ると、それぞれの過半数において、**企業業績とのあいだにポジティブな関係があることが報告されており、なかでもＧ（ガバナンス）の相関関係が最も高いことがわかります。**Ｇがしっかりしている企業は、急激に業績が悪化するようなサプライズが少ないからだ、という解説もあります。

日本企業を対象にした非財務的企業価値と財務的企業価値に関する定量分析でいちばん有名なのは、エーザイ元ＣＦＯ柳良平氏の「柳モデル」でしょう。

2022年2月9日付の日本経済新聞電子版に、日本経済新聞コメンテーターの中山淳史氏が次のような記事を寄せています。[*15]

……(中略)……早稲田大学で教壇に立つ柳良平専務執行役・最高財務責任者(CFO)が「重回帰分析」という手法を使い、考案した。ぱっと見てわかるものではないが、要は投資とリターンの関係を人件費など費目ごとに詳細に分析し、代表的な株価指標のひとつ、株価純資産倍率(PBR)にどのくらい貢献しているかを割り出すものだ。

PBRとは株式時価総額を、資産

図表2-17 「ガバナンス」がいちばん企業業績と関係が深い

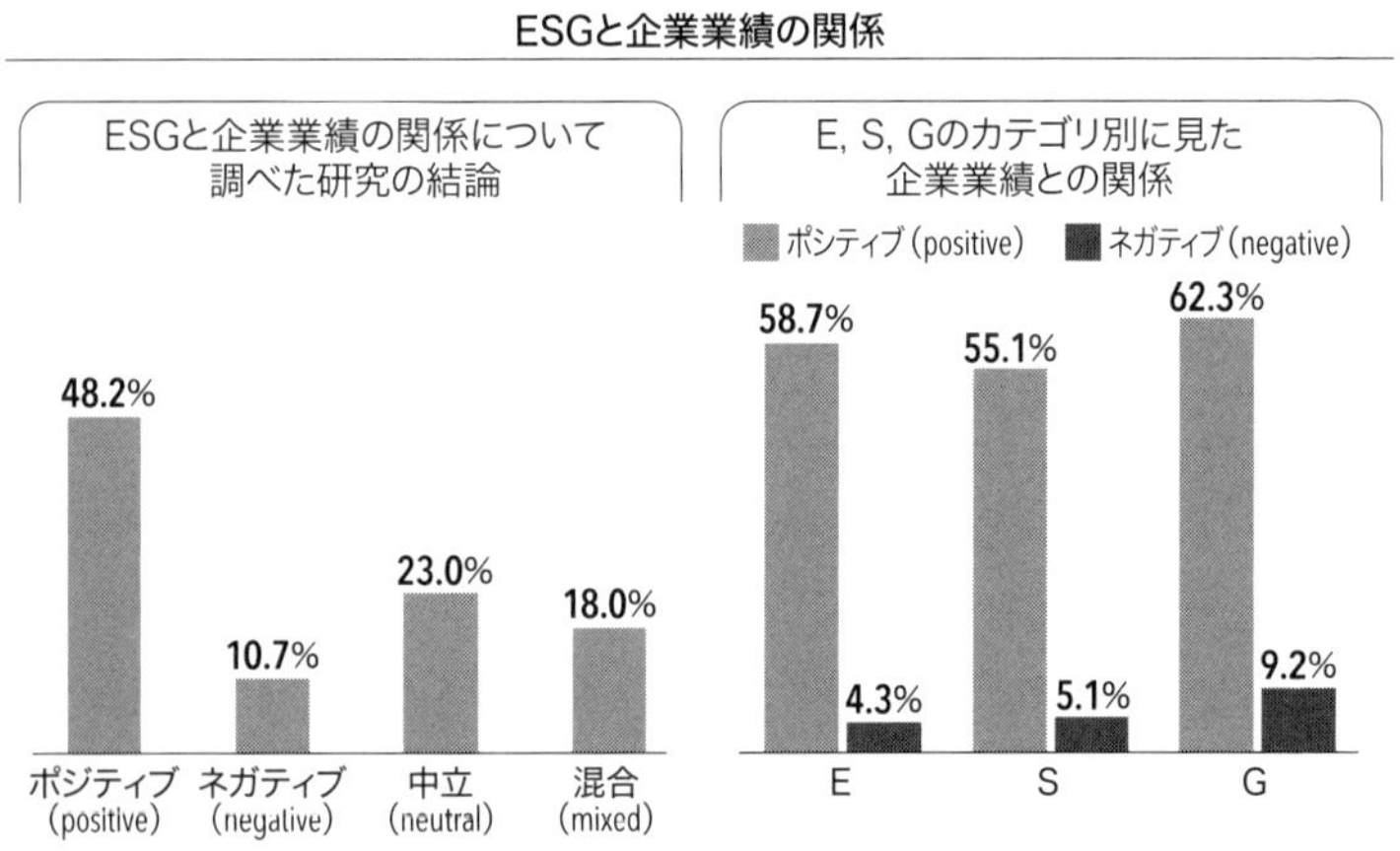

出典:Friede, G., Busch, T., Bassen, A., "ESG and financial performance: aggregated evidence from more than 2000 empirical studies," *Journal of Sustainable Finance & Investment*, 2015 Vol.5, No.4, pp210-233.

から負債を引いた純資産で割った値。1倍を割ると企業の市場価値が解散価値を下回る残念な状態であり、上回れば経営が評価されていることを意味する。直近のエーザイのPBRは2倍強だが、1倍を超えた部分（見えない資産価値）がどこに起因するかが、計算式でわかる。

企業価値と正の相関がある非財務KPIとは？

柳氏は、2019年7月時点でエーザイのESGのKPI（重要なパフォーマンスに直結する指標）88種類につき、データが入手可能なかぎり過去まで遡って（平均12年）時系列データを抽出し、重回帰分析を実行しました。ROEをコントロールして、説明変数としてESGのKPIが、どのように被説明変数としてのPBRに影響しているかを調べたのです。

各々の非財務KPIは、その効果が表れるのに時間がかかります。たとえば、女性管理職を今日増やしても、明日の株価が上がるわけではありません。ESG的施策が企業価値に表れるまでには、たとえば、「登用された女性管理職が新しい角度から事業提案を行う」→「企業はそれを活かす」→「それを見た次世代の女性従業員が一層努力して管理職を目指し、新たな提案を行う」といった経路を辿るものと推定されます。

このように、ＥＳＧ施策や非財務ＫＰＩは、事後的、長期的、遅延的に企業価値を高めるものと考えられます。柳氏はこの点を踏まえ、非財務ＫＰＩの「遅延浸透効果」を検証するために、28年分のＰＢＲと可能なかぎりの期差分析を行ったのです。

結果、**図表２－18**にあるように、エーザイの場合は**人件費、研究開発費、女性管理職比率、育児時短制度利用者数を引き上げると、５年から10年といった長期の時間軸のなかで、企業価値の増大につながる可能性があることが示唆されています。**

この柳氏による分析結果に対しては、「エーザイという製薬会社の特殊事例ではないか」「一般化できないのではないか」といった疑問や批判が寄せられています。

図表2-18｜ESGのKPIが企業価値を上げる可能性がある

人件費、研究開発費、女性管理職比率、育児時短制度利用者数と企業価値の関係

人件費投入を1割増やすと5年後のPBRが13.8%向上する

研究開発投資を1割増やすと10年超でPBRが8.2%拡大する

女性管理職比率が1割改善（例：8%から8.8%）すると7年後のPBRが2.4%上がる

育児時短制度利用者を1割増やすと9年後のPBRが3.3%向上する

↓

エーザイのESGのKPIが各々5～10年の遅延浸透効果で
企業価値500億円から3000億円レベルを創造することを示唆

出典：エーザイ「統合報告書2020」55ページ

一方で、次のようにさまざまな業種の企業が「柳モデル」による分析結果を自社の統合報告書などで開示する例が増えてきています。

ＫＤＤＩ：「温室効果ガス排出原単位を1割減らすと6年後のＰＢＲが2・4％向上[*16]」

ＮＥＣ：「部長級以上の女性管理職を1％増やす」と「7年後のＰＢＲが3・3％向上する」「従業員一人当たりの研修日数を1％増やす」と「5年後のＰＢＲが7・24％向上する[*17]」

日清食品ホールディングス：「研究開発費1％増加時に7年後のＰＢＲが＋1・4％、CO_2排出量1％減少時に8年後のＰＢＲが＋1・0％などの関係性が出ています[*18]」

ＪＲ東日本：「鉄道事業のCO_2排出量を1％減らすと、3年後のＰＢＲが1・06％向上する」「従業員1人当たりの年間平均研修時間を1％増やすと、同年のＰＢＲが0・54％向上する[*19]」

「柳モデル」は、ハーバード・ビジネス・スクールのジョージ・セラフェイム教授などの学究の世界に加え、投資の世界でもブラックロックのエリック・ライス氏、パインブリッジ・インベストメンツのアレッシア・ファルサローネ氏などの著名ＥＳＧ投資家から評価や支持を得ており、非財務と財務を結び付ける「日本発」のアイデアとして、グローバルに一定の広がりを見せています。

相関関係があっても因果関係があるとは限らない

日本企業のESGに対する取り組みや非財務情報の積極的な開示について、日本のマスコミなどでは、「海外投資家が求めていること」であり「好意的に受け止められている」と報道されていますが、一方で「柳モデル」に限らず、日本企業のESGに対する取り組みには、一部海外投資家から厳しい目が向けられていることも事実です。

まず、「柳モデル」については、「あれは相関関係を示唆しているだけで、因果関係ではない」という指摘がいちばん多く聞かれます。

たしかに、教育・研修費用や女性管理職比率といった非財務KPIとPBRとのあいだに統計的に有意な相関があったとしても、それは必ずしも因果関係を意味しないことは、柳氏も認識しておられます。

ここで、相関関係と因果関係について整理しておきましょう。「気温が上がるとアイスクリームの売上が増える」という統計データがあったとします。つまり、気温とアイスクリームの売上のあいだには統計上の正の相関関係があります。この背景には、気温が上がることで冷たいものを食べたくなる人が増え、その結果、アイスクリームの売上が増えた、という論拠から、相関関係だけでなく因果関係もあると言えます。このように、相関関係と因果関係の両方が成立する場合、必ず原因が先で、結果が後の順序で起こります。

有名な例ですが、海におけるサメによる襲撃事件数とアイスクリームの売上のあいだには非常に強い正の相関があることが知られています。どちらかが原因、すなわち、「サメが人を襲うことを原因として、アイスが売れる」あるいは「アイスが売れることに起因して、サメが人を襲うようになる」と言えるでしょうか？

このように、相関関係が観測されても因果関係があるのかは別問題です。「因果関係があれば、相関関係がある」と言えますが、「相関関係があっても因果関係はない場合がある」のです。

非財務価値を財務価値につなげるストーリーこそが大切

好意的な日本国内のマスコミ報道とは異なり、一部の海外投資家からは、日本企業のＥＳＧに対する積極的な取り組みに対して、強烈な批判がなされています。それは、日本企業の低収益性と絡めての批判です。

「綺麗ごとはもう十分だ。聞き飽きた」「IR面談で、ESGでいろいろよいことをやっている、という話をしたがる日本の経営者が多いが、そんな話はどうでもよい。利益という結果をいつ出してくれるかを説明すべきだ」「統計分析をしている暇があったら、どうやったら今の低い収益性から脱出できるのか、真剣に考えろ」と言う海外のファンドマネージャーもいます。

今日、人的資本を含むさまざまな非財務情報の開示が奨励されていますが、企業による非財務情報の開示の最終的な目的は企業価値の向上であり、開示自体が自己目的化することは避けなければなりません。

同時に、PBRが低い日本企業は、自社の株価が過小評価されていると考えるならば、正当な評価を得るためにさまざまな努力をする必要があります。

人的資本への投資を含む非財務価値増大への取り組みが、将来の財務的成長や企業の収益力確保にどのようにつながっているのか、あるいはつなげようとしているのか、このストーリーこそが重要だと私は考えています。

そのことを経営者として投資家や従業員などのステークホルダーに熱量を持って語り、結果を出していくことで非財務価値と財務価値の因果関係を実証していく。私自身を含む日本企業の経営者にとって、重い課題のひとつです。

さて、この第2章では、CFOという仕事をイメージしていただくため、CFOとして私が実際に関与した3つのトピックス、つまり「グローバルM&A」「ターンアラウンド」「サステナビリティ・ESG」についてお話ししてきました。

投資家から頂戴した資本に対するリターン（ROE）が資本コストを下回る「価値破壊状態」にある企業のCFOとして、そこからどのように脱却しようとしてきたのかをお話ししました。

そのなかで、静態的な「金庫番」としてではなく、より能動的・プロアクティブな経営者の1人として、不確実な状況下でも楽観的姿勢を崩さずいかに行動したか、アニマルスピリッツを発揮し企業の経営課題の解決にどのように取り組んできたかについてもご披露してきました。

次の第3章では、CFOが担う各領域・業務ごとにその仕事の内容について、従来型の「金庫番思考」と企業成長をもたらす「CFO思考」を比較しながら、お話ししていきたいと思います。

静的で定まったルールのもとでのルーティンワークに見える経理や税務、資金管理など、「金庫番」としての経理・財務担当役員の定番業務においても、アニマルスピリッツの発揮の機会はあり、「CFO思考」の発揮如何《いかん》で、会社や経済に違った結果をもたらす可能性があることをお示ししたいと思います。

第3章

CFOが担う10の責任領域と役割

第2章では、CFOとして私が実際に関与してきた3つのトピックス、つまり「グローバルM&A」「ターンアラウンド（経営改革による業績回復）」「サステナビリティ・ESG」を中心に、CFOという仕事の醍醐味をご紹介しました。

続く本章では、CFOとは何か、そして何をする役職なのかを、一般化し包括的にお示ししたいと思います。また、巻末に、CFOの仕事のチェックリストも付けていますので、あわせてご参照ください。

米国のCFOは「経営スリートップ」の一員

CFOの仕事の中身についてご説明する前に、まず、会社の執行サイドのガバナンス・枠組みのなかでCFOがどういう位置づけにあるのかについて、日本型のコーポレートガバナンスと米国型のそれとの違いを中心にお話ししたいと思います。

米国で生まれたCFOは、「Cスイート」と呼ばれる経営体制のなかのひとつの役職です。「Cスイート」体制とは、CEO（最高経営責任者）、COO（最高執行責任者）およびCFO（最高財務責任者）の3名が経営の意思決定を行う経営スタイルです。

スイート（Suite）はホテルの「スイートルーム」のスイートで、「一式の、ひとつながり

図表3-1｜日本企業の「CFO」と欧米流の「CFO」は別物

「Cスイート」による共同経営体制と文鎮型経営体制の比較

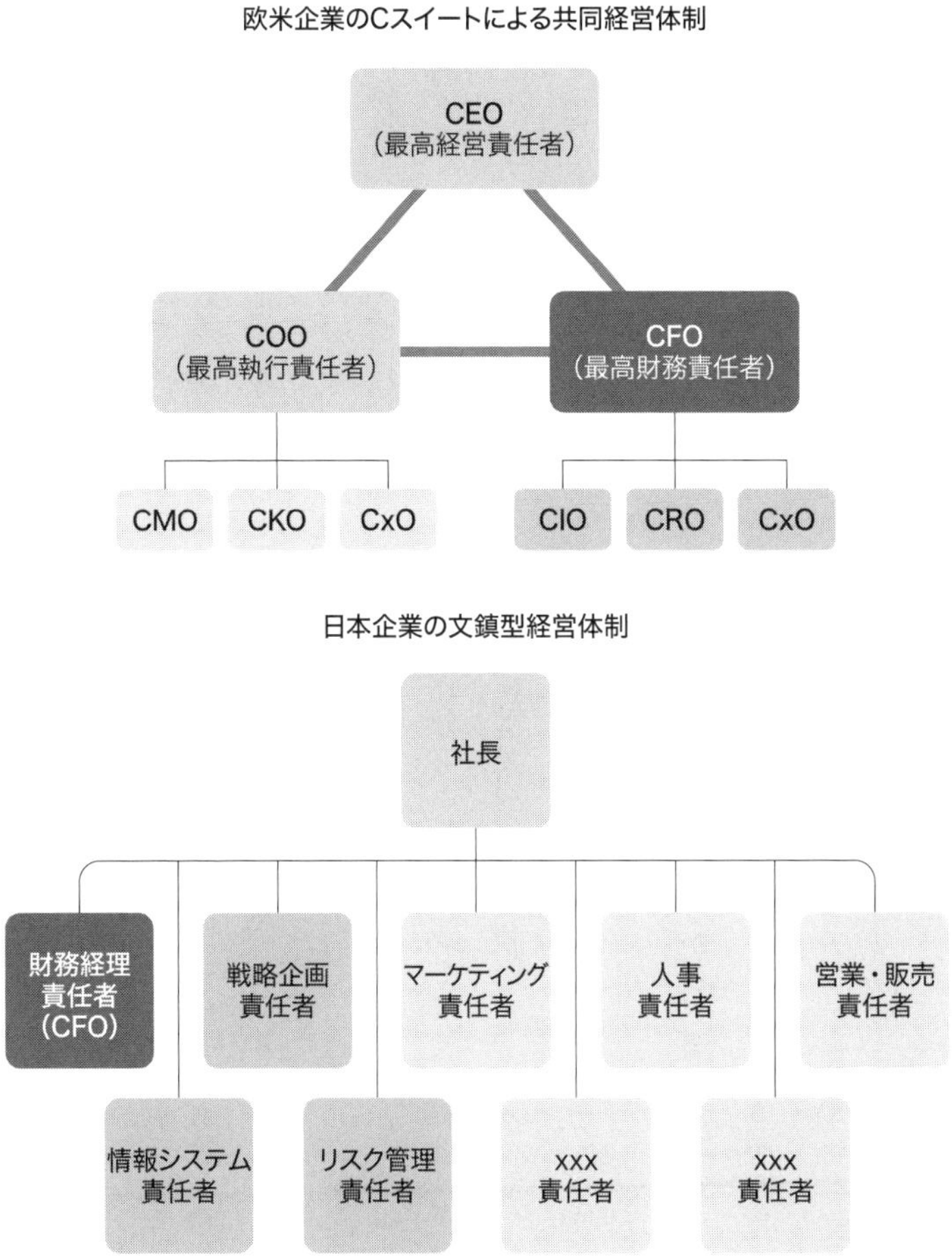

出典：KPMGジャパン, KPMG Japan CFO Survey 2019, 8ページ

の」という意味です。複数の部屋がつながった客室をスイートルームと呼ぶように、少数の経営陣が一体となり、Ｃクラス経営者がつながって行う経営スタイルを「Ｃスイート」と呼びます。

米国で発展し、欧州やアジア企業などに広がったこの**「Ｃスイート」型経営体制は、少人数でスピーディーに経営の意思決定を行うことを重視する経営スタイル**です。そこでは、ＣＦＯは会社の共同経営意思決定者としての役割を担っています。

一方、日本の経営スタイルは、社長のもとに多くの担当役員が並ぶ「文鎮型」とも呼べる執行体制です（**図表３−１**）。すなわち、経営の機能が細分化され、数多くの役員が意思決定に関与し、スピードよりもコンセンサスを重んじる「多数合議型経営体制」が、日本企業では多く見られます。この経営体制のもとでは、「経理・財務担当役員」が、経営企画担当役員や場合によってはＩＲ担当役員と別個に存在しています。

この**「経理・財務担当役員」が欧米流の「ＣＦＯ」を名乗るところから、混乱と不幸が始まる**のです。その端的な例が、日本企業の「経理・財務担当役員」が「ＣＦＯ」の名刺を持って海外投資家と面談した際に生じるすれ違いでしょう。

名刺交換の際に、先方はその日本企業の役員を欧米流のＣＦＯとして認識します。当然に質問の範囲は、経営戦略やＭ＆Ａ、気候変動問題への対応を含むサステナビリティ・ＥＳＧなどに及びます。

また、その人物の資質を見極めようとする質問もなされます。23頁の「君のオフィスの設定温度は何度だ？」といった類の一見経理・財務や経営には無関係に思える質問を皮切りに、経営論を挑んでくる投資家もいます。

この背景には、欧米ではCFOは3名しかいない企業の共同経営者であり、CFOは次期CEOの有力候補と考えられている、という事情があります。

一方、こうした質問をされた日本企業の「CFO」は心の中でこう思うのです。

「経営戦略は、経営企画担当役員が社長と議論しているから、よく知らないんだよね」

図表3-2｜日本のCFOの半分は経営計画に責任を持たない

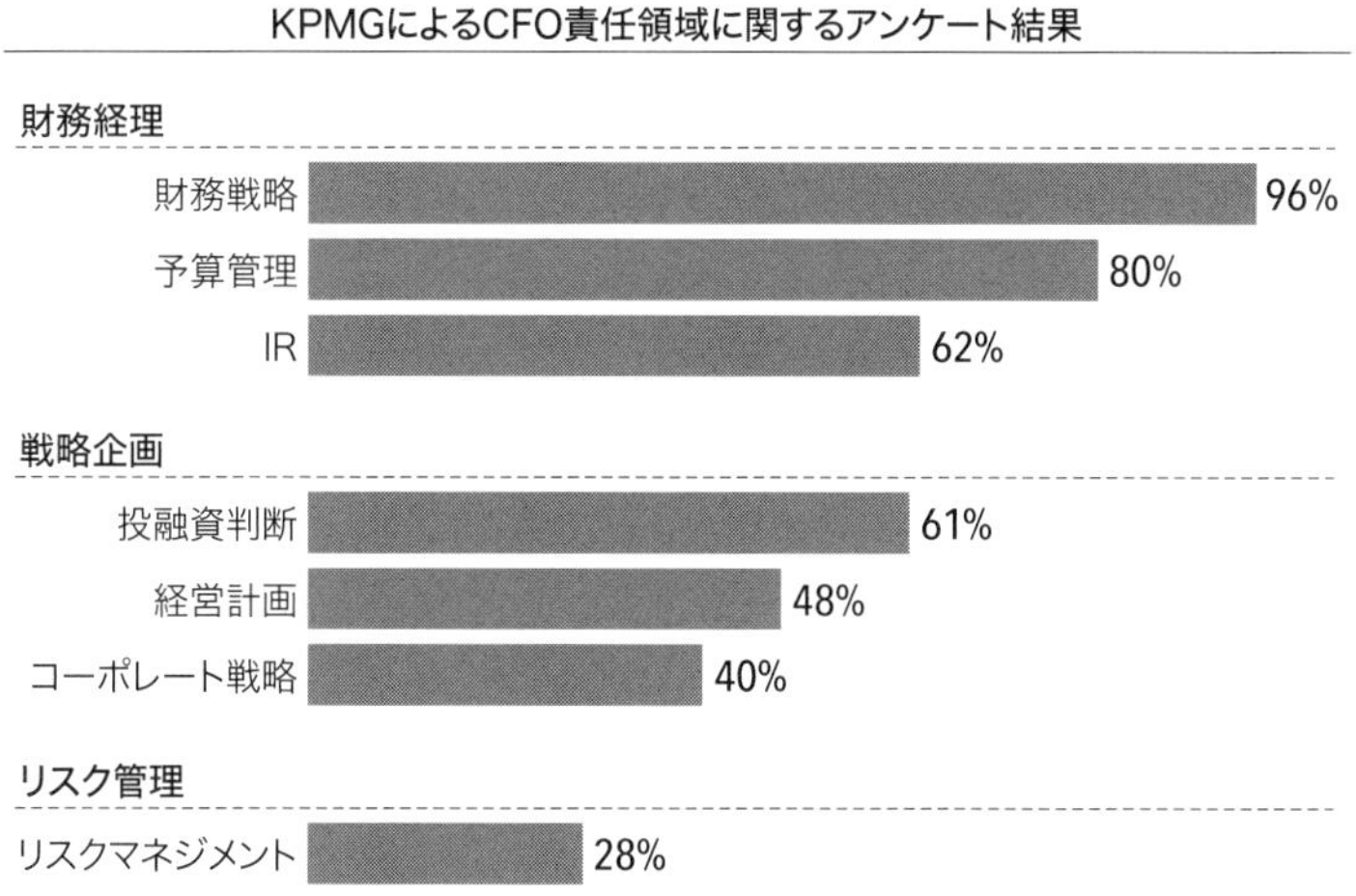

出典：KPMGジャパン, KPMG Japan CFO Survey 2019, 7ページ

「自分は、社長になる可能性なんてゼロだし、『経営哲学』的なことを質問されても困るんだよなぁ。数年後には、監査役になるか、子会社の社長になる予定だし」

こうしたすれ違い（パーセプション・ギャップ）のことを、2019年にKPMGが行った先駆的なサーベイの報告書は、「日本のCFOが抱えるジレンマ」と呼んでいます。

このサーベイでは、日本企業の「CFO」に責任を負う業務領域を質問しています（**図表3－2**）。その結果、「経営計画」「コーポレート戦略」に責任があると答えた「CFO」が全体の半分に満たないのは、日本企業の大半には「CFO」のほかに経営企画を担当する役員が存在するためです。

「海外投資家とのすれ違い」を防ぐには

この調査で驚かされるのは、「CFO」と名乗っている役員のうち、20％は予算管理を担当しておらず、38％はIRは自分の責任の外だと回答している点です。海外の投資家・株主からすれば、「では、自分は業績予想や企業価値について、誰と面談すればよいのだ？」ということになってしまいます。

こうしたすれ違いや悲劇は、文鎮型経営体制の一役員にすぎない「経理・財務担当役員」が欧米と日本の経営スタイルの違いを認識しないまま、「流行りだから」「響きが格好よいから」といった理由で「CFO」と名乗ることから始まるのです。

もちろん、経営スタイルは企業が本拠を置く国や社会の文化・風土によって異なって然るべきです。大切なことは、株主だけでなく従業員や顧客や社会など、多くのステークホルダーに対して企業価値を高めるために、自社に最も適した経営スタイルを選択することです。

また、社内外の役員呼称は、その言葉の意味や受け止められ方を踏まえて検討・決定する必要があります。

私がCFOを務めてきた三菱UFJフィナンシャル・グループ（MUFG）やニコンも、社内的な意思決定プロセスは日本型の「多数合議型経営体制」であり、欧米型の数名のCスイートが共同経営する、というスタイルではありません。

両社とも、海外投資家からのわかりやすさを考え、経理・財務担当役員ではなく、CFOを称していますが、先方が期待するCFO像とのパーセプション・ギャップが生じないように、次のような工夫をしています。

MUFGでは、経営企画担当役員も海外IRに定期的に出て、投資家からの厳しい指摘にさらされるようにしています。具体的には、夏と冬の年2回の海外IRの行先である北米・欧州・アジアの3カ所に、CEOをヘッドとするチーム、CFOチームに加え、経営企画担当役員をトップとするチームを出し、投資家面談をしています。その3チームが行先を順番に替えていくことで、さまざまな投資家の異なる意見を3人の役員が均等に聞く体制としています。

「経営計画」「コーポレート戦略」をCFOが担当していないなら、担当している経営企画担当役員も投資家との対話の前面に立つことによって補完しよう、つまり、**経営企画担当役員と日本流CFOの2人で、欧米のCFO1人分の役割を果たそう、という作戦**です。

一方、ニコンでは、**経理・財務担当役員が、文鎮型役員体制のほかの**

図表3-3｜ニコンのCFOは「経理・財務」「M&A戦略」「サステナビリティ」「IR／SR」「DX」まで担当

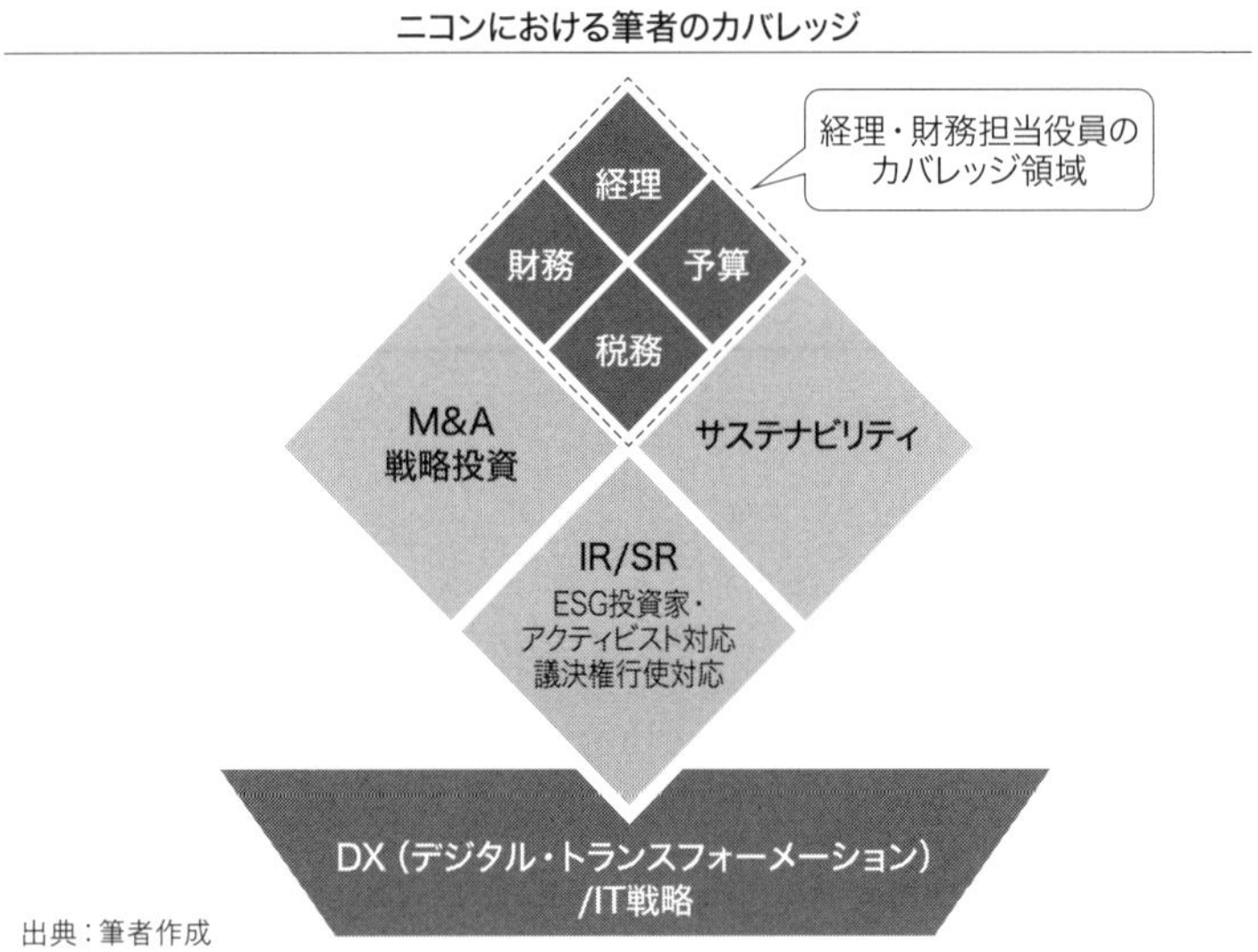

出典：筆者作成

役職も兼務することで、実質的に海外投資家が期待するCFOの役割を果たそうとしています。

私の名刺の和文には、「取締役」のほかに、「経理・財務担当」「サステナビリティ戦略担当」「ITソリューション担当」など数多くの担当領域が記載されていますが、裏面の英文は「CFO」のみです。

経営企画（ニコンでは「社長室」という名称です）は別の役員が担当していますが、その傘下でM&Aや戦略出資を担当する投資企画部は私が関与しており、出資先の業績モニタリングを行う委員会の委員長も私が務めています（**図表3－3**）。

こうした工夫で、文鎮型役員体制のもとであっても、投資家から見て欧米企業のCFOと遜色ない対話ができるようにすることは、日本企業にとって重要です。

複数の企業をまたいで活躍する海外の「プロCFO」たち

このように、欧米ではCFOはCEOと並ぶ経営者と位置付けられており、その社会的な地位や産業界におけるステータスも日本の経理・財務担当役員とは比較できないほど高いものがあります。

欧米では、業種の異なる企業のCFOを務めたり、CFOからCEOになったりする、とい

う2つのキャリアパスが見られます。

前者の例で言えば、2015年に、モルガン・スタンレーの女性CFOだったルース・ポラット氏がグーグルのCFOに転じ、ゴールドマン・サックスのアンソニー・ノト氏がツイッターのCFOに転じました。**ポラット氏には2015年の1年だけで3065万ドル（1ドル＝120円換算で約36・7億円）の報酬が支払われ、ノト氏は7500万ドル（1ドル＝120円換算で約90億円）相当の制限付き株式の付与を受けたとされています。**[*1]

金融の中心地であるニューヨークのウォール街で働いていた金融エグゼクティブが、カリフォルニアのシリコンバレーのテックカンパニーに大挙して移籍した理由としては、リーマン・ブラザーズ破綻に端を発した金融危機以降、金融業界は規制が強化され、以前よりは報酬水準が抑えられたことが挙げられます。

GAFAに代表されるテックカンパニーは、株価が上昇して市場での存在感が増すにつれ、資本政策のスキルや投資家との対話力に優れた一流金融機関出身のCFOを高給で招くようになったのです。

その後のGAFAの躍進を見ると、その陰には資本市場に精通した彼女ら／彼らCFOたちが、創業者やCEOたちのアニマルスピリッツをうまく発揮させてきた、という面があります。

米国企業や産業界のダイナミズムの源泉のひとつとして、優秀な人材の流動性が高いことが挙げられますが、業種を超えて企業成長を支えるプロCFOもその一例です。
また、成長著しい中国を含むアジア諸国でも、CFOとして複数の企業をまたいでキャリアを重ねていく例が多数見られます。

欧米ではCFOは「次期CEO」の最有力候補の一人

CFOのもうひとつのキャリアパスが経営トップ、CEOになることです。エグゼクティブサーチ会社のクライスト・コルダー・アソシエイツが、フォーチュン500およびS&P500に含まれる681社のデータに基づいて分析したレポートによると、**2022年の上半期だけで、これら大企業のCFOの8・1%がCEOに昇進しています。**[*2]

欧米で一般的な「Cスイート」型経営体制においては、CEO、COOおよびCFOが協力して会社の意思決定を行っており、社内からCEOの後継者を選ぶとすれば、ビジネスに通じたCOOか、経営戦略や内部管理を司《つかさど》っているCFOのいずれかが選ばれることは自然な流れでしょう。

同じ会社でCEOに昇格する例に加え、ある会社のCFOが別業種のCEOになる例も米国では珍しくありません。

たとえば、ＭＵＦＧ時代に同じＣＦＯ仲間として往来があったステファン・シェア氏は、28年間ゴールドマン・サックスに勤め、２０２１年まで同社のＣＦＯのポジションにありましたが、２０２２年、レンタカー大手で百年企業のハーツにＣＥＯとして招かれました。

日本では、ＣＦＯの担当範囲が経理・財務に限られ、経営戦略やリスク管理などを含む例が少ないことから、同じ会社内であってもＣＦＯからＣＥＯに昇格する例は極めて少ないのが現状です。

ＣＦＯが関与する10の責任領域

さて、ここまで欧米と日本の「ＣＦＯ」という役職に関する差異について見てきました。このあと、ＣＦＯが責任を持つべき業務領域について、個別にその内容を説明します。

「経理」や「税務」などの仕事は、静的でルーティンワーク中心、決められたルールに従って数字を扱う地味な仕事と思われがちです。

しかし、こうした「金庫番」としての経理・財務担当役員の定番業務においても、さまざまな工夫の余地があります。「会社をよくしたい」「明日は今日よりきっとよくなる」という「実現したいことに対する非合理的なまでの期待と熱意」、すなわちアニマルスピリッツを持ち、

CFO思考を発揮すれば、会社や経済に違った結果をもたらす可能性があるのです。

CFOが担当する業務について、これから詳しくお話しします。その際、「金庫番思考」と「CFO思考」では、それぞれその責任領域についてどのような問題意識を持っているのかについても解説します。

「金庫番思考」とは、従来の日本の経理・財務担当役員に多く見られる企業価値保全を第一義とする考え方、「CFO思考」とは、自らが文鎮型経営体制の下の一役員であっても、CスイートＩ型体制下のCFOと同様に企業価値向上をみずからの責務と考える思考法を指します。アニマルスピリッツに基づく「CFO思考」の持ち主は何を考えているのか読者の皆さんに説明することで、CFOがどれだけエキサイティングな仕事なのかが伝われば幸いです。

領域1　経理——ものさしである会計基準の上手な使い手に

図表3－3（180頁）の上のひし形の4領域（「経理」「予算」「税務」「財務」）は、欧米型のCFOも、日本流の「狭義のCFO」、すなわち、経理・財務担当役員も、等しく責任をもつ業務です。

このうち「経理」は、企業活動を財務諸表という決められた書式に決められたルールに基づいて、数字で記載するという業務で、「財務会計」とも呼ばれます。「財務会計」は利害関係者（ステークホルダー）に財務状況を報告するための社外向けの会計であり、法律上、すべての企業は「財務会計」を行う義務があります。「経理」部門は、定められた会計基準に基づいて会計処理を行い、決算報告書を作成して外部に開示します。

この「経理」業務は、裁量の余地がなく、アニマルスピリッツを発揮しようがない領域に思えますが、**会計に詳しくそれを戦略的に使いこなせるCFOにとっては、実は経営に影響を及ぼしうるような判断が行える領域です。**そのせいか、欧米では、会計士の資格を持ったCFOや会計事務所から企業のCFOに転じる例が数多く見られます。

「定められた会計基準に基づいて会計処理を行うのが財務会計である」と述べましたが、採用する会計基準によっては、同一企業の同一年度の活動であっても、その決算結果が黒字になったり赤字になったりすることがあります。

そんな馬鹿な、とお思いでしょうが、毎年、**日米2つの決算基準で財務報告をしているMUFGは、私が財務企画部長だった2008年3月期の決算において、日本基準に基づく最終損益は6366億円の黒字、米国基準では5424億円の赤字という決算を発表しています。**その差異は実に1兆1790億円。会計基準という「ものさし」ひとつで、決算結果が大幅に異

郵便はがき

料金受取人払郵便

渋谷局承認

2087

差出有効期間
2025年12月
31日まで
※切手を貼らずに
お出しください

1 5 0-8 7 9 0

1 3 0

〈受取人〉
東京都渋谷区
神宮前 6-12-17
株式会社ダイヤモンド社
「愛読者クラブ」行

本書をご購入くださり、誠にありがとうございます。
今後の企画の参考とさせていただきますので、表裏面の項目について選択・ご記入いただければ幸いです。

ご感想等はウェブでも受付中です（抽選で書籍プレゼントあり）▶

年齢	（　　　）歳	**性別**	男性 ／ 女性 ／ その他
お住まいの地域	（　　　）都道府県　（　　　）市区町村		
職業	会社員　経営者　公務員　教員・研究者　学生　主婦 自営業　無職　その他（　　　）		
業種	製造　インフラ関連　金融・保険　不動産・ゼネコン　商社・卸売 小売・外食・サービス　運輸　情報通信　マスコミ　教育 医療・福祉　公務　その他（　　　）		

①本書をお買い上げいただいた理由は？
（新聞や雑誌で知って・タイトルにひかれて・著者や内容に興味がある　など）

②本書についての感想、ご意見などをお聞かせください
（よかったところ、悪かったところ・タイトル・著者・カバーデザイン・価格　など）

③本書のなかで一番よかったところ、心に残ったひと言など

④最近読んで、よかった本・雑誌・記事・HPなどを教えてください

⑤「こんな本があったら絶対に買う」というものがありましたら（解決したい悩みや、解消したい問題など）

⑥あなたのご意見・ご感想を、広告などの書籍のPRに使用してもよろしいですか？

1　可　　　　2　不可

※ご協力ありがとうございました。

【CFO思考】118047●3110

なり、そのいずれもが「正しい」ということが現実に起こり得るのです。[*3]

財務諸表を作成するための「会計基準」は3つある

資本市場やステークホルダーとの対話の基礎となる財務諸表を作成するための基準は、世界中で3つあります。日本基準、米国基準、IFRS（国際財務報告基準）です。特にIFRSは日本と米国以外の多くの主要国（世界150カ国以上）で適用あるいは使用が容認されており、残るインドや中国も実質的にIFRSにコンバージェンス（収斂）しつつあります。日本基準は日本企業だけ、米国基準は米国企業だけが使用しているマイナーな会計基準です。

日本企業では、日本基準を採用している企業が主流ですが、IFRSも238社が採用しています。海外子会社と会計基準を統一するメリットがあることからグローバル企業が多く、ニコンもそのなかの1社です。

IFRS基準で決算を発表している企業の時価総額は、東証全体の約4割に上っています。一方、米国基準もキヤノンやオリックスなどニューヨーク証券取引所上場企業を中心に10社余りが採用しています。

MUFGは、金融庁や日銀に提出する資料や、株主総会で正式に報告する資料は日本基準を採用していますが、同時に米国基準でも決算を発表しています。２つの会計基準に基づく決算数字が一致したことは過去一度もありません。日米それぞれの会計基準に基づく決算の利益水準が１０００億円単位で異なることは珍しくなく、さきほど見たように黒字決算と赤字決算に泣き別れとなる年度すらあります。つまり、同じ企業活動を行っても、会計基準という「ものさし」次第で財務成績が異なって見えるのです。

たとえば、買収を行った際に生じる「のれん」は日本基準では毎年償却が求められますが、米国基準やＩＦＲＳでは帳簿価格は原則として不変、といった具合に会計ルールが異なります。結果、日本基準では、「のれん」の定時償却分だけ毎年の利益が小さく見えてしまうのです。

ＩＦＲＳ移行で注意すべきポイント

現在、多くの日本企業でＩＦＲＳへの移行の可否が検討されており、その判断を迫られているＣＦＯや会計担当者も多いかと思います。

ＩＦＲＳのメリットは、海外子会社と基準が統一できる、海外での資金調達が容易になるといった点が挙げられます。一方、デメリットとしては、移行時の負担が膨大、会計制度そのものが難解で頻繁に改定される、原則主義なので注記が増える、といった点が指摘されています。

私は、3基準それぞれに準拠した財務諸表をベースに投資家と対話してきた経験から、それぞれの特徴や財務運営上からみたメリット・デメリットを自分なりに把握していますが、IFRS移行については以下の点を考慮すべきだと考えています。

1点目は、たとえIFRSに移行したとしても、単体決算や税務申告のために日本基準決算は続けざるを得ず、二重決算になる負担感を過小評価してはならない、ということです。

2点目は、日本基準の「質」に関する点です。IFRSに比して劣っている、遅れている、という議論がありますが、ここ数年、米国基準やIFRSと同じ会計上の概念をかなり取り込んできています。純粋な会計基準としての質では、IFRSと比しても一長一短がある、と私はとらえています。

加えて、日本基準は、日本企業の特徴を踏まえた使い勝手のよい基準であることは事実で、IFRS移行検討にあたっては、これらの点を踏まえたうえで判断していただきたいと思います。

「会計上の見積もり」には幅がある

いずれにしても、会計基準は「ものさし」であり、どう使いこなすかが重要となります。また、会計基準というルールが決まっていても、解釈論が入り込む余地はあります。

特に、「会計上の見積もり」と呼ばれる領域については、企業側の見解と監査法人側の意見とをすり合わせることになります。「会計上の見積もり」とは、将来事象の結果に依存するために金額が確定できない場合などにおいて、概算額を算出することを言います。

たとえば、金融機関の決算で焦点となるのは、「市場性のない有価証券の実質価値」や「貸倒引当金」などですし、ニコンが103年で最大の赤字を計上した理由のひとつが、「棚卸資産の正味実現可能価額」の見積もり額が簿価を大きく下回ったことによる評価損の計上でした。

また、M&Aに伴う無形資産などの「償却資産の減価償却年数」や「繰延税金資産の回収可能性」などの見積もりも企業側と会計士側で議論の焦点となるテーマです。

こうした「会計上の見積もり」については、通常、企業の経理担当者と監査法人の担当会計士の議論を踏まえてその額が決定されます。しかし、重要かつ巨額の見積もりなどにおいて企業側と監査法人側で見解に差異がある場合は、議論のレベルを上げて、十分な会計知識を持ったCFOが監査法人のパートナーなどと直接協議することも、それを「アニマルスピリッツの発揮」と呼ぶか否かは別として、より経営実態に即した経理処理を行うためには有益です。

このように、**一般には「ルールに従って粛々と処理するもの」と考えられている「財務会計」も、その過程で一定の判断が入り、結果としての数字には幅が生じる可能性がある**のです。

しかもその金額が時によっては企業経営全体に影響を与えるようなケースもあることから、CFOは、「経理」を部下任せにせず、会計知識を身につけたうえで議論に参加することが望まれます。

会計ルールに従ってミスのない処理を行い、期限内に財務諸表を作ることに専念するのが「金庫番思考」であるとすれば、**「ものさし」である会計基準を選定し、会計ルールの解釈論について監査法人と議論することを厭《いと》わず、みずからが納得した財務諸表でステークホルダーと対話するのが「CFO思考」である**、と私は考えています。

領域2　予算——管理会計の分析結果を「企業価値向上」につなげる

図表3−2（177頁）で、80％のCFOが「責任を負っている」と回答したのが「予算管理」です。

年度予算、半期予算、あるいは月次予算の策定や実績との確認作業が各企業で行われています。その「予算」の前提となっているのが「管理会計」です。

「管理会計」は英語で management accounting といい、経営者が企業をマネジメントするために必要な情報をまとめた会計を指します。つまり、**「管理会計」の目的は、経営者の意思決**

定に必要な情報提供を行うことにあります。

過去の実績や市場の動向などから予算を編成する「予算策定」、予算と実績を比較し事業運営上の問題を洗い出す「予実分析」、経営状況を数値で表し企業の状態を客観的に判断する「経営分析」という一連の流れを全社的に司るのが、ＣＦＯ傘下の「予算」担当者の仕事です。

「経理」部門が取り扱う「財務会計」とは異なり、「管理会計」の導入は任意であり、取り入れなくても法的な罰則はありません。それでも、多くの企業が積極的に「管理会計」を取り入れている背景には、その自由度の高さがあります。

たとえば、会社の売上、利益、財務状況などを事業単位別に区分した情報を「セグメント情報」といいますが、「管理会計」による分析では、事業単位以外にも、サービス別、製品別などにセグメント情報をまとめ、分析することができます。

こうした分析を行うことで、「財務会計」に基づく財務諸表からは見えてこなかった、サービスや製品別の売上や利益、債権回収の状況などが見えてきます。拡大あるいは縮小すべきサービスや製品など、今後の方向性を決定するのに役立ちます。

従来型の経理・財務担当役員は、「管理会計」を用いて数字を集め、「予実分析」するところまでを自分の役割、と規定してきたきらいがあります。「予実分析」をベースにした「経営分析」や資源配分などの経営判断は、社長やほかの役員の仕事、というわけです。

また、会計用語である「継続性の原則」を重視して、同一の「管理会計」ルールを長年使い続けることに疑問を持たない、あるいはルール変更に消極的な経理・財務担当役員もいます。

しかし、「財務会計」同様、「管理会計」も「ものさし」です。特に、**「管理会計」は会計基準がなく、それぞれの会社で創意工夫が自在にできる、すなわち、本来、企業ごとに独自の「ものさし」を作ることに何の支障もない**のです。

「CFO思考」の持ち主であれば、まず、「レントゲン写真を撮るように会社の実態を把握し、将来を見通すためには、どのような『管理会計』が望ましいのか？」を考えるべきです。

たとえば、スタートアップ企業やベンチャー企業のCFOには、自社に合った「管理会計」の体系を一から考え、構築することが求められます。

また、社歴が長い会社のCFOには、過去に決めた「管理会計」のルールやセグメントの分け方が現時点での会社の実情に合っているか、つまりレントゲンの解像度やピントは適切かを見直すことが求められます。

管理会計を長く使ってきた会社ほど、予算策定の手順や部門別の費用分担割合などは固定化し、たとえそれが実態に合わなくなりつつあっても、変えることには相応の抵抗や軋轢《あつれき》が生じます。しかし、時として勇気をもってルールを改変することも必要です。

第2章の136〜139頁で、1年で営業利益が1億円から127億円になったニコンの

「コンポーネント事業」についてお話ししましたが、その背景には、それまで各事業に埋もれていた部品やサービス関連のビジネスをまとめ、「その他」セグメントから独立したセグメントである「コンポーネント事業」として集計する、という管理会計の変更がありました。

すでにお話ししたように、その背景には、「ニコン製の完成品」に囚われすぎている会社のカルチャーを変革し、「お客様の欲しいモノやしてほしいことを部品やサービスやソリューションとして提供する」「お客様の完成品の売上成長とともに自社も成長する」というマインドセット（心持ち）に変えたい、という経営としての意志がありました。

このように、「管理会計」はマネジメント・アカウンティングという名のとおり、経営者の一員であるCFOが「CFO思考」を使って、会社全体の方向性や企業戦略に沿った形で常にブラッシュアップしていくことで、その機能発揮が担保されるものなのです。

「管理会計」を用いて数字を集めて「予実分析」をすることがミッションと考え、継続性の原則から「管理会計」の変更に消極的な「金庫番思考」に対し、**「管理会計」による分析結果を企業価値向上に向けたアクションに活かすことをミッションと考え、プロアクティブに「ものさし」である管理会計体系を自社の状況に合わせて創る、あるいは改変するのが「CFO思考」**です。

領域3　税務——社会的義務と納税額最適化のバランスを取る

CFOや経理・財務担当役員が担当する3点目の領域が「税務」です。「税務」は、大変奥が深い領域です。解釈を巡って税務当局と訴訟になったり、海外当局同士で調整を行ったりする、といったこともある複雑な領域です。

また、「税務」は、日本企業と欧米企業でとらえ方や考え方が大きく異なる領域でもあります。日本企業では、これまで、税金は利益の結果として支払うものであって、管理するものではないと考えられてきました。また、企業は社会の公器であり、税金を支払うことは社会的使命であるとも信じられてきました。

一方、企業の最終リスクテイカーである**株主の立場からすると、企業の最終利益である税引後利益を最大化するために、税金を減らすことは、合理的な行動ということになります。**

納税は企業の当然の義務であるのと同時に、納税額の極小化も税引後利益で計算されるROEの改善や株主価値向上の観点からは、経営者の責務と言えます。特に、企業に認められている税制優遇措置などを活用しないことは、企業価値や株主価値を毀損し、善管注意義務違反ととらえられる恐れもあります。

各国政府が大きな財政赤字を抱えるなか、ＧＡＦＡと呼ばれる米国のＩＴ関連企業など多国籍企業が租税回避地などを利用し法人税を大幅に圧縮していると批判されていますが、これらの企業のＣＦＯたちは、「ルールに従って許されるかぎりの方策を尽くして納税額を積極的に減らし、企業価値向上に貢献しているだけ」と考えているものと思われます。

彼らからすれば、株主価値向上という目的実現のため、アニマルスピリッツ、すなわち、「実現したいことに対する非合理的なまでの期待と熱意」を発揮して節税に励んでいるのであり、みずからの行為は「善」であると考えていることに疑いの余地はありません。

このように、**企業のＣＦＯは、納税という社会的義務遂行と納税額の最適化による株主価値向上という2つの課題のバランスという重いテーマを抱えることになります。**

税務はグローバルな業務

また、海外展開している日本企業にとって、**進出先の国の税制に適切に対応するとともに、日本国と進出国の課税当局双方との関係維持も重要**です。やや専門的になりますが、ＰＥ課税制度を含む法人税課税制度やＶＡＴ課税制度などの進出国における税制対応や、外国税額控除制度、外国子会社配当益金不算入制度などの日本国の税制への対応、国内外両サイドに関係する移転価格税制への対応も必要となります。

こうした背景から、グローバル展開を目指す日本企業のＣＦＯには、「グローバル税務ガバナンス」の構築が求められています。「グローバル税務ガバナンス」の構築とは、海外での事業活動に係る課税関係を適切に把握し、グローバルベースで支払う税を適切に管理する体制を整備することを意味し、そこには、⑴「税務コンプライアンス」と⑵「税務プランニング」という２つの要素が含まれます。

「税務コンプライアンス」とは、進出先国および日本それぞれの税制を遵守し、支払うべき税額を正しく計算し納付することができる体制を構築することを意味します。

その目的は、「適切な納税」という社会的責任を果たし、企業価値を損なわないようにすることにあります。たとえば、各国の法令解釈の誤りや税額計算のミスなどにより追徴課税を受け、税引後利益の減少やレピュテーションの悪化に伴う企業価値の低下を招くことは避けなければなりません。

一方、「税務プランニング」は、優遇税制や租税条約、適格組織再編税制の活用などによる連結実効税率の適正化や税金の支払時期の繰り延べなどにより、企業の税コストを最適化する取り組みを意味します。

その目的は、企業グループ全体の税引後利益及びフリー・キャッシュフローを最大化し、ひいては企業価値を増大することにあります。

「タックスポリシー」開示は少数派

税務の世界は複雑で、税務当局の裁量の余地も大きく、ルールが不変でも運用が変わり、従来課税対象ではなかったものが突然無税扱いを否認されることもあることから、**CFOは、「どこまで税務リスクを取るべきか」という難題に直面します。**

ここで**大切になるのが、タックスポリシーの明文化**です。すなわち、その企業として、「税務コンプライアンス」を重視し、税務リスク回避を優先してアグレッシブな節税プランの実行を避けるのか、それとも「税務プランニング」に重きを置いて税務当局との訴訟も辞さずに納税額の極小化を追求するのか、そのスタンスを投資家や社会などのステークホルダーに明確にすることが求められます。

たとえば、欧米では、タックスポリシーのなかで、「税務当局との裁判で負ける確率が半分以下と見積もれるなら、積極的に節税プランを実行する」という趣旨のことを明言している企業もあります。

投資家などはこうした企業の税に対する姿勢・ポリシーを踏まえて、投資行動を決定するわけです。近年影響力を強めているESG（環境・社会・ガバナンス）投資家は、専門機関による企業の納税姿勢に関する調査結果を参考にした投資を開始しています。また、持続可能性が高いと評価された企業群からなるサステナブル・インデックス（指数）も、組み入れ先企業を選定する評価項目として、タックスポリシーの開示の有無や国別の納税額の開示の有無などに着目しています。

税務面でも優良企業に選ばれることは、CFOの最大ミッションである株価対策上も重要になってきているのです。

こうした背景から、欧米では過半数の企業がタックスポリシーを策定し公表している一方、日本ではまだ2〜3割の企業に留

図表3-4｜ほとんどの日本企業はタックスポリシーを公開していない

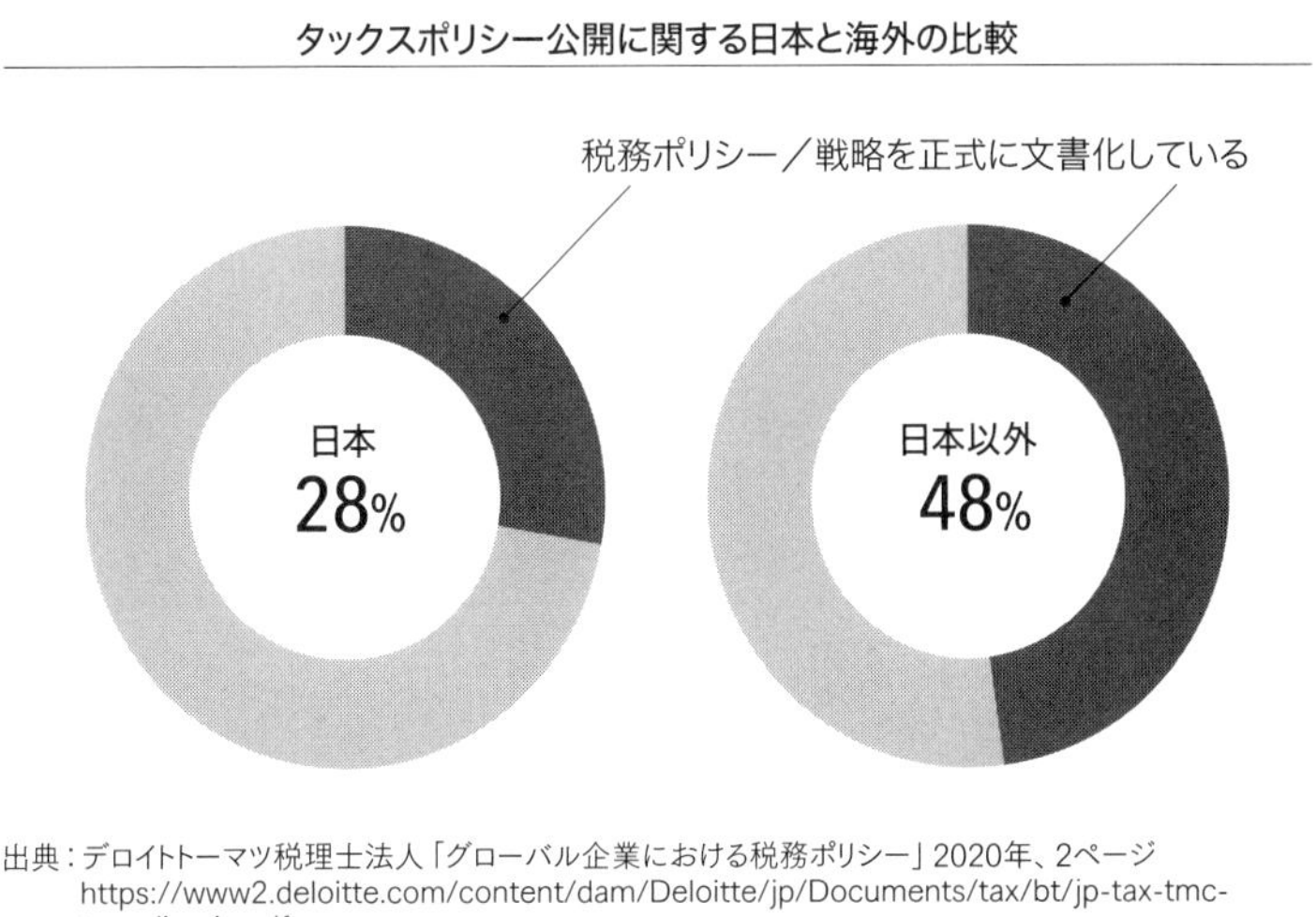

出典：デロイトトーマツ税理士法人「グローバル企業における税務ポリシー」2020年、2ページ
https://www2.deloitte.com/content/dam/Deloitte/jp/Documents/tax/bt/jp-tax-tmc-taxpolicy-jp.pdf

まっているのが現状です（図表3－4）。

税務は企業価値向上につながる戦略的仕事

ニコンでは、2022年、取締役会で「グローバル・タックス・ポリシー」として、⑴適正な税務申告による企業価値の向上、⑵税務コンプライアンスの遵守、⑶税務恩典の活用および租税回避の排除、⑷移転価格課税などの二重課税の防止、⑸税務当局との良好な関係の構築、の5項目に関する方針を定め、対外公表しました。

また、**どの政府にいくら納税しているかについて、グローバルな地域別納税額をサステナビリティ報告書上で毎年開示しています。**

日本企業は、長年、税金を当然払うべきものであると考えてきました。納税しない企業は社会的責任を果たしていないと罪の意識さえ感じていたのです。日本の株主も、企業が税金を支払うことを望んでいます。もっと言えば、税引後利益が減っても構わないから、企業たるもの税金を支払うべし、という考えを持っている個人株主が多数います。

そのことを思い知ったのが、日本武道館に数千名の個人株主を集めて開かれていたMUFGの株主総会での経験です。私が財務企画部長だった頃、不良債権処理などに伴って巨額の欠損金が発生し、税法上、課税所得が発生しなかったため、数年間、税金がゼロになった時期がありました。

これに対して、個人株主から、「いつになったら税金を支払うのか?」「なぜ、払わないのか?」と批判めいた質問がなされるのが、毎年恒例だったのです。

その期間中は、無税の分だけ税引後利益やROEがかさ上げされていたわけですが、利益が増えて株主価値が増大していることについて、経営者が株主に「申し訳ありません」と説明する、という事態が生じたのです。欧米の投資家には理解できないであろう事象を私は実際に体験してきました。

このように、日本においては、「お上」に税金を納めることが絶対的「善」であり、節税はどこかやましいもの、という風潮が根強く残っています。

税務の複雑性と相まって、日本企業では社長など経営陣だけでなく、経理・財務担当役員ですら、「税務」業務を申告納税義務を果たすためだけの機能ととらえてきた側面があることは事実でしょう。

一方、日本企業の競争相手である欧米企業は「税はコストであり管理可能なもの」であるという意識を強く持っており、**「税務」を、税引後利益やフリー・キャッシュフローを増加させる「価値創造機能」ととらえています。**

日本企業が、税制優遇などを十分に活用せず不必要な税コストを日本国以外の政府に支払えば、その分、将来の企業成長のための設備投資や研究開発費、M&Aなどに回せる原資は減ってしまいます。

日本企業の国際競争力の向上という観点からも、税コストを最適化することやライバルの欧米企業並みの税務プランニングを検討することが必要なのです。

「税務」について、「金庫番思考」は、税金は利益の結果生じるもので、納税は「善」であり、ミスなく申告納税義務を果たすことがミッションと考えています。

一方、**「CFO思考」は、税額は管理可能なものであり、税務コンプライアンス遵守の範囲内で税務プランニングを行うことで、税引後利益およびフリー・キャッシュフローを最大化することができる、と考えます。**

「税務」を事務処理としてとらえるのではなく、企業価値の向上につなげることができる戦略的な仕事だ、と認識し、それをリードしていく「CFO思考」への転換が求められています。

領域4－1　財務（負債）——金融機関との「選び、選ばれる」関係

「財務」とは、企業のお金の流れを司る機能です。「出納」や「資金」「為替」などもこの機能

に含まれます。また、「借入」「社債発行」「資本調達」といった資金の流入に関する業務や、「運用」「投資」「自社株取得」など資金の社外流出を伴う業務も含まれます。

さらに、負債に関連して格付機関への対応や、金融取引を行う相手方である銀行・生保・日系の証券会社・外資系の投資銀行などとの取引窓口も、「財務・資金」部門が担う企業が多いようです。

ここに掲げた業務は、私が数十年前に、当時の三菱信託銀行の営業部で自動車メーカーなどを相手に担当していたものばかりです。資金を供給する金融機関側から、資金を調達するメーカー側に移り、これらの業務を両サイドから見る機会に恵まれました。

双方の事情がわかるCFOとして、新しい時代の企業と金融機関との関係のあり方について考えてみたいと思います。

従来の経理・財務担当役員が発揮してきた「金庫番思考」によれば、金融機関との取引の根幹には、政策保有株式、すなわち株式の持合いがありました。たとえば、資金調達や外為においても、政策保有株式をベースにした長期的な取引慣行に基づいてシェア割りが行われ、株式を大量に保有するメインバンクを中心に資金調達することが基本でした。

こうした企業と金融機関との関係の根っこにあった株式の持合いが見直されるなかで、**企業が頼りとする金融機関も、金融機関が取引したいと思う企業も、双方向で選別が進みつつある、**

というのが現状です。

具体的には、株式の持合いが減少していく過程にあるなか、資金調達においても、メインバンク制を基本としながらも複数の金融機関から条件提示を受け、相見積もりを取りながら条件決定をしていくスタイルに変わってきています。

「看板」ではなく担当者で金融機関を選ぶ

もうひとつ、変化の萌芽《ほうが》があるとすれば、取引金融機関の選定において、従来の「企業」対「金融機関」から、「企業」対「個人・チーム」の要素が強まりつつある、と感じます。すなわち、**どの金融機関と付き合うかを判断するうえで、担当する個人やチームは誰か、その固有名詞を企業サイドはより重視するようになりつつある**のです。

たとえば、ニコンという取引先企業への深い理解と愛情を持ち、自分の属する金融機関とのビジネスが少なく儲からないときでもしっかりコミュニケーションを取ってくるような金融パーソンやチームとは付き合いたいと思いますし、実際、よい提案をしてくる確率が高いと感じます。

特に、人材の流動化が進む外資系の投資銀行については、この傾向が強いようです。所属している**金融機関の「看板」だけで勝負できる時代は終わりつつあり、本物のプロフェッショナルと呼べる知見を持つ金融パーソンだけが評価される時代になりつつある**のです。

金融機関に選ばれるために行った3つの施策

一方、**企業も金融機関から選別されている**ことを認識する必要があります。たとえばニコンは、ここ10年ほどで、資産規模が1兆円から5000億円台にまで落ち込み、毎回の中計でM&Aをお題目として掲げるものの実行できず、という状況が続いてきました。銀行から見れば資金需要がなく、投資銀行から見てもM&Aなどのアドバイザリー業務のチャンスもない、付き合っても意味の乏しい企業と見られてきました。これでは、よい提案を受けたり、よい担当チームを付けてもらったりすることは難しくなります。

そうしたなかで、CFOとして私は、(1)新しい中計に従ってビジネスもバランスシートも再び拡大していくというストーリーを金融機関にも説明し、ニコンに関心を持ってもらうこと、(2)金融機関にもメリットのある新しいファイナンスにチャレンジし、金融機関とwin－winの関係を築くこと、そして、(3)投資銀行との関係においては、ニコンが言葉だけでなく実際にM&Aの世界でのプレイヤーであることを示し、よい提案が集まる状況を作ることに注力しました。

施策1　バランスシートが再び拡大するストーリー提示

このうち⑴については、のちほどお話しするように、中計およびＩＲ Ｄａｙで戦略を詳細に説明し、証券会社のアナリストがその内容を好意的にレポートとして発信してくれたことから、資本市場だけでなく銀行や格付機関など間接金融のプレイヤーのあいだでもニコンが成長を目指して動き始めたことが認知されるようになってきました。

施策2　金融機関にもメリットのある新しいファイナンス機会の提供

また、⑵については、１５９頁でご説明したように、精密機器メーカーで初となる「日銀気候変動対応オペレーション」を用いたグリーンローンで、Ｒ＆Ｄセンター兼本社ビルの建設資金の一部を調達しました。

このローンをシンジケートローンとすることで、ＥＳＧへの取り組み実績を増やしたい地方銀行などに参加していただき、彼らの実績づくりに貢献しました。ニコンとしても、超低利で調達できたことから、ｗｉｎ―ｗｉｎの関係となりました。

施策3　M&Aの世界的プレイヤーであることのアピール

さらに、(3)のM&Aについては、**図表2－16**（157頁）に記載の2030年に向けた成長ドライバーの1つである材料加工ビジネスにおいて、金属3Dプリンター世界第3位でフランクフルト証券取引所に上場しているSLMソリューションズ社を約880億円でTOBすることを発表しました。

図表2－15（155頁）で、ニコンは今中計期間における配分可能原資7000億〜8000億円のうち、30％の2300億円前後の金額をM&Aなどの戦略投資に使う、というキャピタルアロケーション方針を公表しています。

買収を実行した後も、まだ投資余力はある計算になることから、このM&A公表後、有力投資銀行やファンドから潜在的M&A案件の紹介が増えています。狙いどおり、M&A市場においてニコンというプレイヤーを認知してもらう作戦は成功したものと考えています。

このように、金融機関取引については、「金庫番思考」が持合い株式をベースにメインバンクを中心とした資金調達を中心に考えるのに対し、**「CFO思考」は、外資系金融機関を含む複数の金融機関と親密ながらも緊張感のある関係を維持しつつ、個々の案件ごとに最善のサービスを提供してくれるチームを選ぶ**という行動を取ることになります。

領域4−2　財務（資本）――健全性・成長性・株主還元の最適バランスを追求

次に、「資本」に関する財務運営について、「金庫番思考」と「CFO思考」の違いを中心に考えてみたいと思います。

元々、「金庫番」は文字どおり、幕藩体制のもとでの藩の勘定奉行や、政党や各種団体などの組織の入出金の管理を任されている人のことを指します。その組織の運営が滞らないように資金繰りに目を光らせるのが役割であり、従来の日本企業においても、「金庫番思考」は、会社が永続することを最重要課題として、その機能が発揮されてきました。具体的には、日本型の「文鎮型経営体制」における経理・財務担当役員の役割は、資金や資本を管理することにありました。

一方、「CFO思考」は、企業が成長することを目的にその機能が発揮されます。現代の企業においてCFOは、資金や資本の管理者であると同時に配分者でもあります。

「金庫番思考」では、倒産確率が下がることから、資金や資本は多ければ多いほどよいと考えられます。一方「CFO思考」では、資金や資本を過度に溜め込むことは「要注意」ととらえます。ROEが低下し、投資家の不興を買う可能性が高まるからです。

このようにして、現在のCFOは、資本をどのように配分するかという「資本のアロケーション」を株主に説明し、理解を得る必要が生じます。この**「キャピタル・アロケーション」こそ、CFOの醍醐味であり、腕の見せ所**だと私は考えています。

資本が持つ3つの役割

資本には3つの役割や使い道があります。

役割1　リスクが発現した際に会社を救うリスクバッファーとしての役割（財務健全性の確保）
役割2　成長投資に向かう原資（成長の実現）
役割3　株主還元の原資（株主還元の充実）

役割1　財務健全性の確保

まず、1の「リスクバッファーとしての役割」ですが、たとえば天変地異や業績の急速な悪化などで大きな赤字が生じた場合でも、一定程度の資本があれば企業は継続（ゴーイングコンサーン）することができます。

役割2　成長の実現

次に2の成長の基盤としての資本ですが、既存の事業から得た資金を成長が期待される分野にどの程度回すか、この判断こそが企業の将来を決めます。CEOを支える立場として資本対比の期待リターン（ROEやROIC）という財務的な観点からアドバイスするのがCFOのミッションのひとつです。

役割3　株主還元の充実

最後の3は、株主還元の原資としての資本です。1でこれ以上資本を蓄積する必要がなく、2で成長が期待される投資先が見当たらない場合などには、通常の期間利益からの配当に加えて、資本を株主に返却すること（自社株取得）が考えられます。

これら3つのバランスは、企業の発展段階（たとえば、創業直後か成熟期か）や業種（安定産業かボラタイルな産業か）やタイミング（緊急時か平常時か）などによって異なります。また、この3つのどれを今優先すべきかという投資家マインドも市場環境などによって変化します。

いずれにしろ、CFOは自社の資本運営の基本方針を明確にし、それを投資家を含む社内外のステークホルダーに明確に伝え、対話する役割を負っています。

図表2－15（155頁）は、ニコンのキャピタル・アロケーションです。1の資本バッファーの観点では、中計期間中、格付シングルA格を維持できるだけの資本を除くと、2の成長投資のための原資および3の株主還元の原資の合計額として7000億～8000億円がアロケーション可能な資本です。

「世界初のもの」「世の中にないもの」を生み出すことが企業としての使命であるニコンのCFOとして、私は、この配分可能原資のうち90％を戦略投資やR＆D、設備投資などの成長のために使うと公言しています。そして3の株主還元には10％程度を回す、というのがニコンの資本配分ポリシーです。

一方、MUFGのCFO時代、私は異なる資本配分ポリシーを採っていました。MUFGの「統合報告書2019」に私が書いた「CFOメッセージ」から引用してみましょう。[*4]

MUFGでは、⑴充実した自己資本の維持、⑵収益力強化に向けた資本活用、⑶株主還元の一層の充実の3つの観点からなる〝資本の三角形〟のバランスが取れた資本運営を行うことを基本方針としています。

私がCFOに就任以来、過去4年間における親会社株主純利益の累計額（約3・7兆円）の資本費消の内訳は、「内部留保（充実した自己資本の維持）」が全体の24％、「成長投資（収益力強化に向けた資本活用）」が28％、そして「株主還元」が48％（配当28％・自己株式取得20％）です（**図表3－5**）。

このように、ニコンでは10％程度しか配分していない3の株主還元に48％を回す一方、ニコンでは90％を配分する予定の2の成長投資に28％しか資本をアロケートしていません。

ニコンが半導体関連ビジネスなどで投資家から成長が期待されているのに対し、MUFGは収益の安定性が投資家からの評価ポイントであることから、MUFGではより株主還元に重きを置いたキャピタル・アロケーションを行ったのです。

図表3-5 | **株主還元に重きを置いたMUFGのキャピタル・アロケーション**

MUFGの資本配分ポリシー

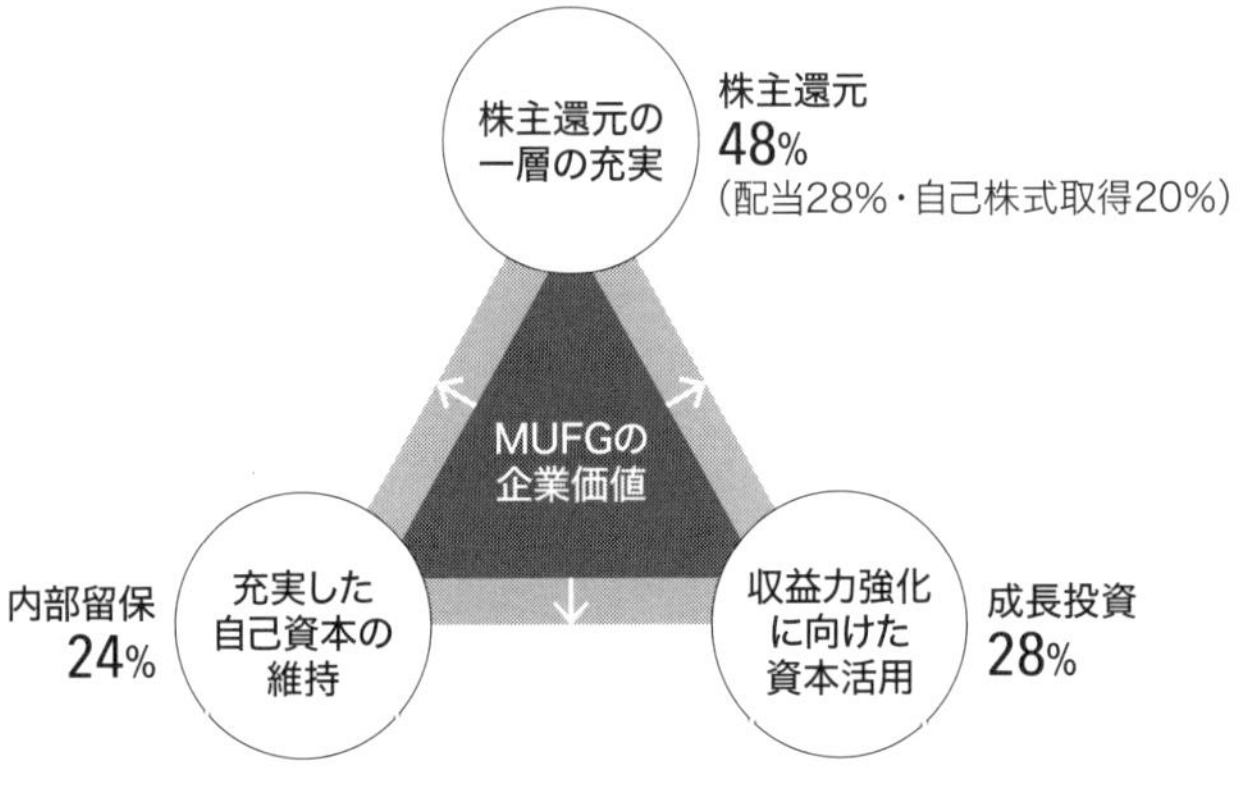

出典：MUFG, MUFG Report 2019, 2019年7月, 29ページ
https://www.mufg.jp/ja/ir2019/pdf/all.pdf

このように、今日のCFOは、安全第一を旗印に資本を溜め込む一方の「金庫番思考」から脱却し、**投資家の期待や自社の成長の可能性などを複眼的にとらえ、「健全性確保」「成長投資」「株主還元」の3面から適切な資本配分方針を定め、それを実行する「CFO思考」を持つ必要があります。**

そして、その方針を、図や文章や対話で、株主・投資家だけでなく社員を含むステークホルダーにわかりやすく明確に伝えるプレゼンテーション能力やコミュニケーション能力も求められるのです。

ここまで、CFOが担当する職務のうち、「経理（財務会計）」「予算（管理会

図表3-6｜「金庫番思考」と「CFO思考」の比較

テーマ・領域	金庫番思考	CFO思考
経理 （財務会計）	• 会計ルールに従って、ミスのない処理を行い、期限内に財務諸表を作る	• 「ものさし」である会計基準を選ぶ • 会計ルールの解釈論について監査法人と議論し、みずからが納得した財務諸表でステークホルダーと対話する
予算 （管理会計）	• 管理会計を用いて数字を集め、予実分析をする • 継続性の原則から、管理会計体系の変更には消極的	• 管理会計による分析結果を企業価値向上に向けた資源配分などのアクションに活かす • 「ものさし」である管理会計体系を自社の状況に合わせて創る、あるいは改変する
税務	• 税金は利益の結果生じるもの • 納税は「善」 • ミスなく申告納税義務を果たすことがミッション	• 税額は管理可能なもの • 税務コンプライアンス遵守の範囲で、税務プランニングを行い、納税額を抑制し、企業価値向上につなげることがミッション
財務 （負債）	• 持合い株式をベースとした銀行取引 • メインバンクを中心とした資金調達	• 個々の提案の優劣を判断基準とする金融機関取引 • 複数の親密な金融機関や資本市場からの資金調達
財務 （資本）	• 企業の健全性を重視し、資本の蓄積を最優先に考える	• 投資家の期待や自社の成長の可能性などを複眼的にとらえ、「健全性確保」「成長投資」「株主還元」の3面から適切な資本配分方針を定め、実行する

出典：筆者作成

計）」「税務」「財務（負債・資本）」の4領域について見てきました。ここまでの議論をまとめると、**図表3－6**のようになります。

いずれも、企業価値の向上のためには、従来の「金庫番思考」から「CFO思考」の発揮に転換を図ることが必要であることがわかります。

広がるCFOの担当領域

ここまでお話ししてきた「経理」「予算」「税務」「財務」は、CFOの基礎的4領域だと考えることができます。

近年、これら4領域に加え、**日本企業の平均的なCFOのカバレッジは確実に広がり、欧米型のCFOに近づきつつあります。**

これを裏付ける調査結果がKPMGから公開されています（**図表3－7**）。たとえば、2年前の2019年の時点ではCFOの62％しか所管していなかったIRは、71％のCFOが所管するようになり、従前は半分以下のCFOしか関与していなかった経営計画に約6割のCFOが影響力を及ぼすようになってきています。

さらに特筆すべきは、「リスクマネジメント」や「IT戦略・システム企画業務」まで所管するCFOが約4割まで急増したことです。

こうしたCFOのカバレッジの広がりの背景と、これら新しい領域での「CFO思考」の発揮の必要性やその内容について、次に考えてみたいと思います。

図表3-7｜CFOのカバレッジが拡大している

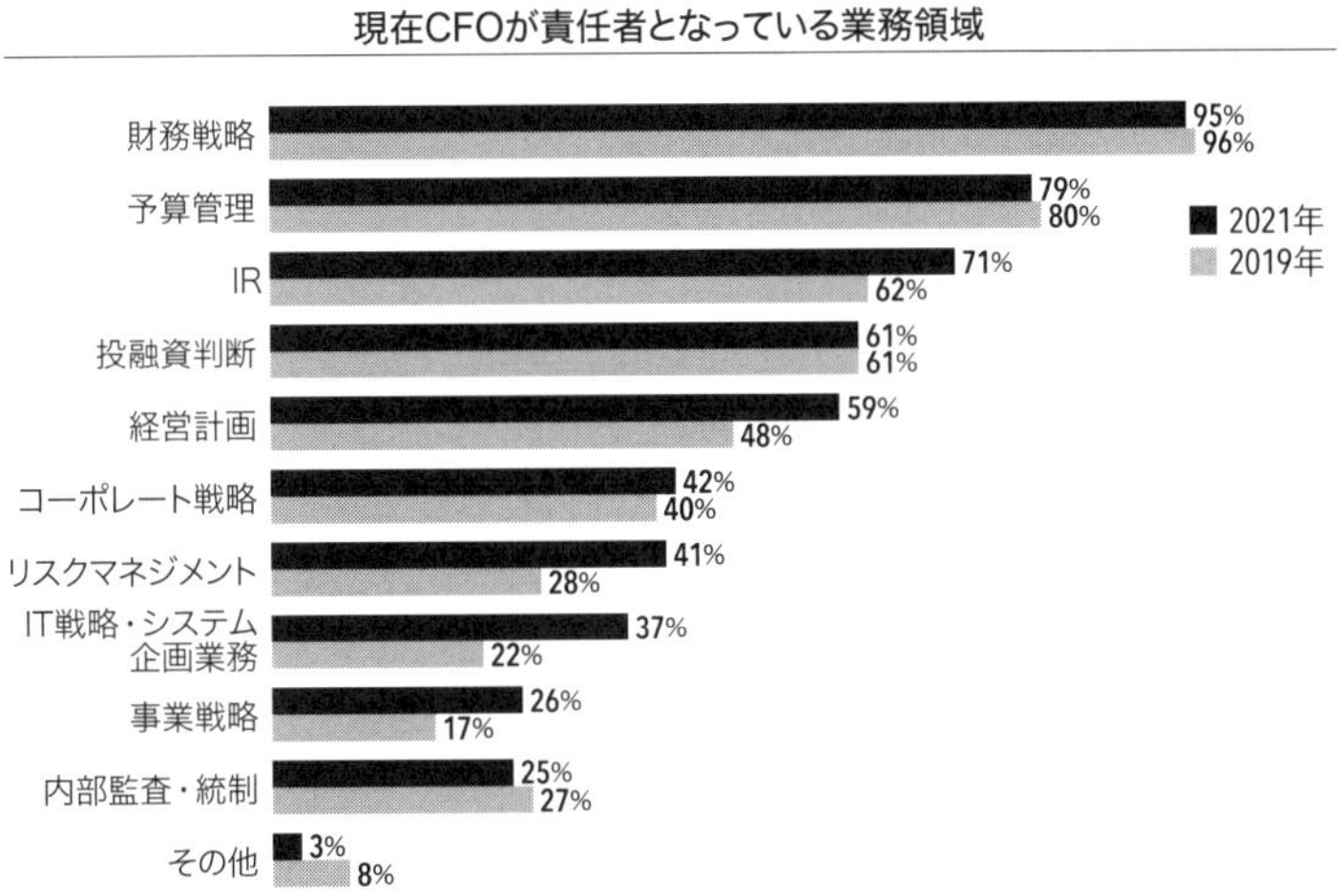

出典：KPMGジャパン, KPMG Japan CFO Survey 2021, 51ページ

領域5　リスクマネジメント——温暖化の「機会とリスク」に責任を持つ

「リスクマネジメント」を自分の責任範囲だと回答したCFOが増えた理由については、明確に特定できているわけではありません。しかし、いくつかの複合要因のひとつとして、TCFDが影響しているものと考えられます。

TCFDとは、Task force on Climate-related Financial Disclosuresの略であり、日本では「気候関連財務情報開示タスクフォース」と呼ばれています。TCFDは、金融システムの安定化を目指す「金融安定理事会（FSB）」によって2015年に設立された国際的な組織です。

2015年に、温室効果ガス削減を目指してパリ協定が結ばれ、世界中で環境問題に対する意識が高まるなか、2017年にTCFDは以下の2つの提言を公表しました。

提言1　企業に対し、一貫性、比較可能性、信頼性、明確性を持つ効率的な気候関連の財務情報開示を促す

提言2　投資家などに対し、適切な投資判断を促す

このように、ＴＣＦＤは企業に対し、財務諸表だけでは見えない気候変動による企業の潜在的リスクと機会を見える化して開示するよう促すとともに、投資家にはそうした開示情報を利用して適切なグリーン投資・ＥＳＧ投資を行うよう促しています。

このＴＣＦＤの流れと、コーポレートガバナンス・コード改定の流れが合流し、**東証プライム上場企業に対して、ＴＣＦＤの提言に準拠して気候変動に関する経営上の「リスクと機会」を２０２２年３月期の有価証券報告書から開示することが、事実上要請された**のです。

すなわち、２０２１年に改定されたコーポレートガバナンス・コードでは、以下の点が新たに付記されました。[*5]

３―１③　上場企業は、経営戦略の開示に当たって、自社のサステナビリティについての取組みを適切に開示すべきである。また、人的資本や知的財産への投資等についても、自社の経営戦略・経営課題との整合性を意識しつつ分かりやすく具体的に情報を開示・提供すべきである。

特に、プライム市場上場会社は、気候変動に係るリスク及び収益機会が自社の事業活動や収益等に与える影響について、必要なデータの収集と分析を行い、国際的に確立された開示の枠組みであるＴＣＦＤまたはそれと同等の枠組みに基づく開示の質と量の充実を進めるべきである。

ニコンは、第2章の146〜148頁で見た通り、ESGやサステナビリティなどへの取り組みについて、以前から積極的に実施しており、第三者からも高い評価を頂戴しています。気候変動問題に関しても、以前からTCFDへの賛同を表明し、すでにサステナビリティ報告書で開示を行っていました。そのため、新たに有価証券報告書での開示が求められるようになっても、ベースとなるデータの収集や分析はすでに完了しており、負担感はさほど強くありませんでした。

しかしながら、任意開示であるサステナビリティ報告書での開示と法定開示である有価証券報告書における対外開示では、その重みが決定的に異なります。記載内容について、より慎重な検討が求められるのです。

すなわち、有価証券報告書は、金融商品取引法第24条によって、事業年度終了後3カ月以内に内閣総理大臣へ書類を提出することが義務づけられている法定書類です。サステナビリティ報告書とは異なり、監査人による監査も義務付けられ、虚偽記載には罰則（個人は10年以下の懲役、法人は7億円以下の罰金）が科せられます。

また、刑事罰以外にも、株主による損害賠償請求や、会社法に基づく善管注意義務違反に問われる可能性もあります。

ＣＦＯ、あるいは経理・財務担当役員は、こうした法定書類である有価証券報告書の重要性を熟知しています。したがって、サステナビリティ報告書やＣＳＲ報告書による任意開示はほかの役員に任せていたＣＦＯも、気候変動リスクに関する開示が有価証券報告書記載事項となった瞬間から自分ごととしてとらえるようになり、それが**図表3－7**のサーベイで「リスクマネジメントに責任がある」と答えたＣＦＯが急増した背景のひとつと考えることができます。

２０２２年6月発行の有価証券報告書でニコンが開示した「リスクと機会」について、少しご説明します。

ニコンでは、ＴＣＦＤのフレームワークに則《のっと》り、さまざまなシナリオ分析を行いました。その結果、カメラ事業の主力工場があるタイでの洪水を含む台風・水害などの気象災害の増加が、海面上昇と相まって生産やサプライチェーンに影響を与えるリスクが、財務影響も大きく、緊急度も高いという結論に達しました。

事実、ニコンのタイ工場はほかの多くの日系企業同様、過去にチャオプラヤ川の洪水で一時操業に支障をきたしたことがあります。

一方、ＴＣＦＤでは気候変動に伴う「機会」、すなわちビジネスチャンスについても開示するように求めています。ニコンでは、１４８～１５２頁でお話ししたように、サステナビリティと成長戦略を一体のものとして考え、コア技術で社会・環境課題の解決に貢献することで、みずからも成長しようとしています。

図表2−13（150頁）の「ANAグリーンジェット」など、社会のエネルギー効率向上や脱炭素社会の実現に貢献する技術やビジネス展開に対して、顧客や機関投資家などからの評価が高まり、その結果として売上や株価に好影響が及ぶ可能性が「機会」として存在すると考え、その旨を有価証券報告書で開示しています。

このように、**これからのCFOは、気候変動などのリスク事象が、自社のビジネスそのものやビジネス環境にどのような影響を与えるかをプラス・マイナスの両面で考え、それをなるべく定量化し、わかりやすく開示する「CFO思考」を持つことが求められています。**

領域6　DX——効率化の推進と人材捻出

図表3−7でお示ししたサーベイで、もう1つ、約4割に上るCFOがみずからの責任範囲だと自己申告した領域があります。それが、「IT戦略・システム企画業務」です。

ここ数年で、DX（デジタル・トランスフォーメーション）という言葉が一般的になってきました。経済産業省では、DXを以下のように定義しています。[*6]

企業がビジネス環境の激しい変化に対応し、データとデジタル技術を活用して、顧客や社会のニーズを基に、製品やサービス、ビジネスモデルを変革するとともに、業務そのものや、組織、プロセス、企業文化・風土を変革し、競争上の優位性を確立すること

つまり、デジタル化はツールであって、その前にビジネスモデルや業務そのもの、さらに企業文化まで変革することを、DXという概念は含んでいることになります。何やら難しい話ですが、経理・財務の現場ではそれ以前に対処しなければならない問題が数多くあります。

たとえば、紙伝票の処理です。業務のデジタル化やDX推進が叫ばれ、緊急事態宣言によるテレワークが実施されるなかでも、中小企業だけでなく、大企業でも「経理業務から紙がなくならない」状態が続いてきました。

足元では、電子帳簿保存法の改正などの後押しもあって、「経理業務の電子化・ペーパーレス化」が進展しつつあります。

デジタル化で期待される効果には、経費削減や業務負荷・業務時間の削減といった直接的な効果に加え、リスク軽減効果（人為的ミスの軽減、セキュリティ強化など内部統制の強化）があり、さらには組織・風土改革（働き方改革、ワークスタイル改革）にもつながる可能性があ

ります。

DXは3段階に分解して考える

ここで、経済産業省が2020年に出した「DXレポート2 中間取りまとめ（概要）」をベースに、デジタル化にまつわる用語の概念整理をしたいと思います[*7]（図表3－8）。

このレポートによれば、企業がDXを考える場合、自社の組織の成熟度や課題ごとに、「デジタイゼーション」「デジタライゼーション」「デジタルトランスフォーメーション」という3段階に分解して考えるとよい、とされています。

段階1 デジタイゼーション

「デジタイゼーション」は、アナログデータをデジタルデータ化することを意味します。たとえば紙文書の内容をスキャナで取り込み、OCR技術によってコンピュータで処理できるデジタルデータに変換することなどです。経理の紙伝票処理などをデジタル化する、というのはこの段階です。

図表3-8 | DXは3段階で考える

経済産業省によるDX関連用語の定義

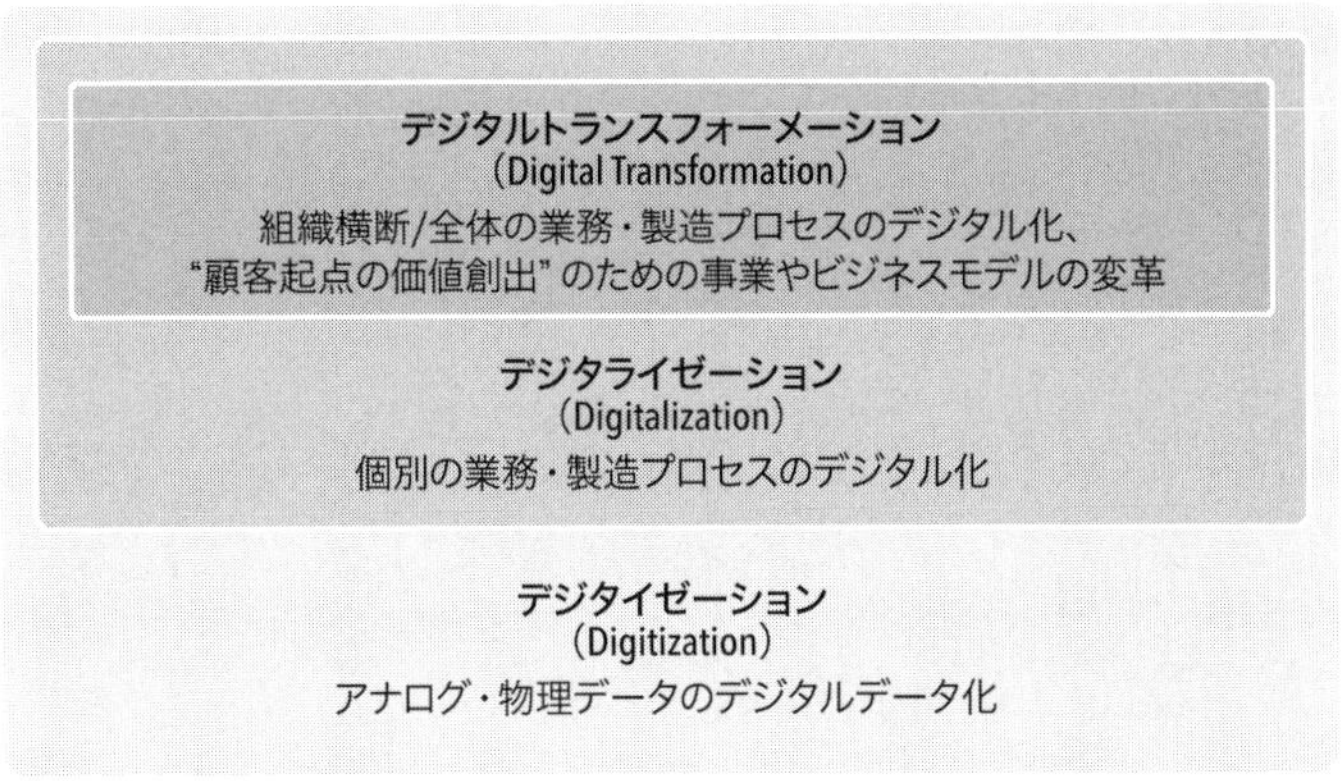

デジタルトランスフォーメーション
(Digital Transformation)
組織横断/全体の業務・製造プロセスのデジタル化、
“顧客起点の価値創出”のための事業やビジネスモデルの変革
デジタライゼーション
(Digitalization)
個別の業務・製造プロセスのデジタル化
デジタイゼーション
(Digitization)
アナログ・物理データのデジタルデータ化

	未着手	デジタイゼーション	デジタライゼーション	デジタルトランスフォーメーション
ビジネスモデルのデジタル化				ビジネスモデルのデジタル化
製品／サービスのデジタル化	非デジタル製品／サービス	デジタル製品	製品へのデジタルサービス付加	製品を基礎とするデジタルサービス デジタルサービス
業務のデジタル化	紙ベース・人手作業	業務／製造プロセスの電子化	業務／製造プロセスのデジタル化	顧客とのE2Eでのデジタル化
プラットフォームのデジタル化	システムなし	従来型ITプラットフォームの整備		デジタルプラットフォームの整備
DXを進める体制の整備	ジョブ型人事制度 リカレント教育	CIO/CDXOの強化 リモートワーク環境整備	内製化	

出典：経済産業省「DXレポート2 中間取りまとめ（概要）」2020年12月28日、25～26ページ
https://www.meti.go.jp/press/2020/12/20201228004/20201228004-3.pdf

段階2　デジタライゼーション

「デジタライゼーション」は、業務・製造プロセスのデジタル化で、人が行ってきたタスクをシステム化することを意味します。たとえば、集計作業をシステム化する、といった例がこれにあたります。

また、業務のプロセスとプロセスのあいだに人が行っている操作の作業指示などもソフトウエアロボットに任せるRPA（ロボティック・プロセス・オートメーション［Robotic Process Automation］）もこの段階に属します。

段階3　デジタルトランスフォーメーション

最後の「デジタルトランスフォーメーション」は、複数の組織を横断し、全体としての業務・製造プロセスをデジタル化する、顧客起点で価値を創出する、という概念を表す言葉です。

通常は、これら3つを包含してDXと呼んでいることから議論が混濁しがちです。ＩＴ化やデジタル化、DXなどという言葉を曖昧にとらえず、この3つのどの話をしているのか、頭を整理して考えることが重要です。

こうした広義のDX、実態としては「デジタイゼーション」「デジタライゼーション」により、経理・財務の仕事を効率化することは、これからのCFOが「CFO思考」を発揮するためにも重要です。

すなわち、185~214頁で見たように、「経理（財務会計）」「予算（管理会計）」「税務」「財務」それぞれでCFOは従来の企業価値を保全することを第一義とする「金庫番思考」から脱し、企業価値向上を目指す「CFO思考」で職務を進める必要があります。

そのためには、CFOを支えるチームが必要です。現在の大企業においては、CFO1人では何もできません。**経理・財務部門における広義のDXは、単に効率化により人員を削減するために行うのではなく、効率化で捻出された人員をリスキリングし、CFOを支えるビジネスパーソンに育成し、「CFO思考」を持ったチームを養成するために行うものである、**と私は考えています。

現在、経理・財務を担当している人材は何を目指せばよいのか、どうすれば「CFO思考」を持つ人材に成長していけるのかについては、第5章でお話ししたいと思います。

領域7　人的資本経営――人件費はコストではなく「将来への投資」

「人的資本」という言葉が示すように、人件費はコストではなく、将来にわたって企業が成長するための投資である、という基本的な概念が、企業経営者のあいだに浸透しつつあります。こうしたなか、2023年、CFOの関与すべき領域はさらに広がります。それは、「人的資本開示」を有価証券報告書で行うことが、2023年3月期決算から求められるようになったからです。

具体的には、有価証券報告書内に新設されるサステナビリティ情報の「記載欄」にある「戦略」枠の開示項目として、**人的資本に関する「人材育成方針」「社内環境整備方針」を記載し、併せて、有価証券報告書の「従業員の状況」の中の開示項目として、人材の多様性に関して「男女間賃金格差」「女性管理職比率」「男性育児休業取得率」を追加開示することが企業に求められるようになりました。**

罰則のある法定開示書類である有価証券報告書にこうした人事に関する非財務情報が書き込まれることから、人事部担当役員ではないCFOも、一定程度、人事施策に関与する責任が出てきたのです。

しかし、「CFO思考」を発揮すべきは、単にどうやって開示するかだけではありません。投資家が人的資本などの非財務情報に関心を持つのは、それが企業価値向上につながる可能性があるからです。

165~168頁でお話ししたように、非財務情報と財務情報のあいだに相関関係があることを統計的に示そうとする「柳モデル」も、経営者が「なぜ、その非財務KPIが企業価値向上につながると信じるのか」を説得力のあるストーリーとして示して、初めて意味を持ちます。

開示すべき人事情報もそのストーリーに沿ったものにすべきであり、法令で定められた「男女間賃金格差」「女性管理職比率」「男性育児休業取得率」が本当に、KPI(重要なパフォーマンスに直結する指標)なのか、それ以外の指標の方が企業価値向上に効くのではないか、を考えることが重要です。

すなわち、「お上が求める指標だけ出しておこう」という思考法は、「企業価値を保全しよう、横並びを守り他者から批判されないようにしよう」という「金庫番思考」そのものであり、**「この3項目の開示はマンダトリー(強制)だから仕方ないとして、サステナビリティ報告書などにはより意味のある非財務KPIを任意開示しよう」と考えるのが「CFO思考」**です。**「CFO思考」がそう考えざるを得ないのは、投資家と対話するミッションを負っているから**です。ESG投資家から、「有価証券報告書で開示している『男女間賃金格差』『女性管理職比率』『男性育児休業取得率』を改善すれば、企業価値が上がるのか? それはなぜか?」と詰問されるのは、IRを行うCFOです。

世界中のさまざまな種類の投資家と対話するCFOは、多くの意見や見方を取捨選択し、取締役会やCEO以下の執行サイドの経営陣に伝える役割を負っています。資本市場と自社、最終リスクテイカーである株主と経営陣のあいだ、すなわち、結節点に立ち、双方に相手方の見解を伝え、結果、企業価値向上に向かうよう誘導するのがＣＦＯの役割です。

人的資本経営や人事施策についても、たとえ自分が人事部所管役員でなくても、「外部からはこう見られている」「当社の人事政策の開示はこの辺りが不十分だ」「人事制度と成長戦略のつながりが弱い」などさまざまなインプットを社内に与え、健全な緊張感をもたらし、**人的資本経営に関して、前向きな変化をうながすことがＣＦＯの役割**だと私は考えています。

領域8　コーポレートガバナンス――「形」ではなく「実効性」が重要

ＣＦＯの対話の相手方であるＥＳＧ投資家が重視する非財務情報のうち、Ｅ（環境）については気候変動を中心に、Ｓ（社会）については人的資本を中心にお話ししました。

最後に、Ｇ（ガバナンス）という非財務情報の開示について、「ＣＦＯ思考」を発揮した例について触れたいと思います。

「堅牢なコーポレートガバナンス」は企業を支える根幹であり、**図表2－17**（１６４頁）でお示ししたとおり、ＥＳＧ投資のなかでもＧ（ガバナンス）に着目した投資が最もパフォーマンスがよい、とされています。

このことから、企業のガバナンス改革に関する投資家の関心は高く、私の実感でも、ESG投資家ではない普通の投資家からも、ガバナンスに関する質問は増えている傾向にあります。

コーポレートガバナンスというものは、形式ではなく実態であり、実効性の有無こそがポイントです。「コーポレートガバナンスは取締役会に始まり取締役会に終わる」と言われるように、コーポレートガバナンス・システムの根幹は取締役会にありますが、日本においては、監査役設置会社、監査等委員会設置会社、指名委員会等設置会社の3類型が認められており、それぞれ取締役会の位置づけや構成メンバーが異なります。

私は、日本でこの3つすべての類型で取締役を務め、指名委員会等設置会社のモデルになっている米国の元上場企業でも取締役を務めましたが、そうした経験から、どの類型がよいか、といった形式論は何ら意味を持たないと考えています。

監査役設置会社や監査等委員会設置会社でも、取締役を中心に、実効性のあるガバナンスを行っている企業は多く存在するのです。

コーポレートガバナンス・コードも2018年と2021年に取締役会の実効性向上や機能発揮を中心的なテーマの一つとして改訂されてきました。

たとえば、2021年の改訂では、「プライム市場の上場企業は、独立社外取締役を3分の1以上選任する」ことや、「経営戦略上の課題に照らして取締役会が備えるべきスキルを特定し、それに対応する取締役の有するスキルを開示する」ことなどが追加されました。

また、ISSやグラス・ルイスといった議決権行使助言会社や、資産運用会社自身も、女性取締役の数や割合など取締役会の構成に着目した議決権行使のガイドラインを設定し、公表しています。

このように、取締役会については注目度が高いのですが、問題はこうした「独立社外取締役」「女性取締役」といった「外形標準」だけでは、取締役会で意味のある議論が行われ、実効性のある管理監督が行われているのかがわからない、という点です。

実際、**経営上の課題が露呈した企業の多くは、ガバナンス的には望ましいとされている指名委員会等設置会社であり、多数の社外取締役がいた**ことはよく知られています。

自社の取締役会が機能していることを示す工夫

ESG投資家との対話で、自社の取締役会がいかに実効的に機能しているかを、何とか伝えることはできないか。そう考えた私は、MUFGのCFO時代にいくつかの試みを行い、金融庁やアナリストなどからコーポレートガバナンスに関する開示の好事例として採り上げていただきました。

私がMUFGのCFOだった2020年3月期、独立社外取締役は全体の過半の9名、うち女性が3名、外国人（米国人とタイ人）が2名という体制でした。94〜97頁で述べたように、MUFGの利益の大半は米国と東南アジアから来ており、その意味でも外形的には何ら問題のない陣容です。

問題は、そこでどのような議論が行われ、取締役会が実効性のある形で経営陣にチャレンジし、執行をモニタリングしているか、という点です。

まず、私は**取締役会の議案数と資料のページ数、そして開催時間とその内数としての説明時間と審議時間の経年変化を調べ図表化し、2019年の統合報告書**

図表3-9｜MUFG取締役会は「モニタリングボード」である

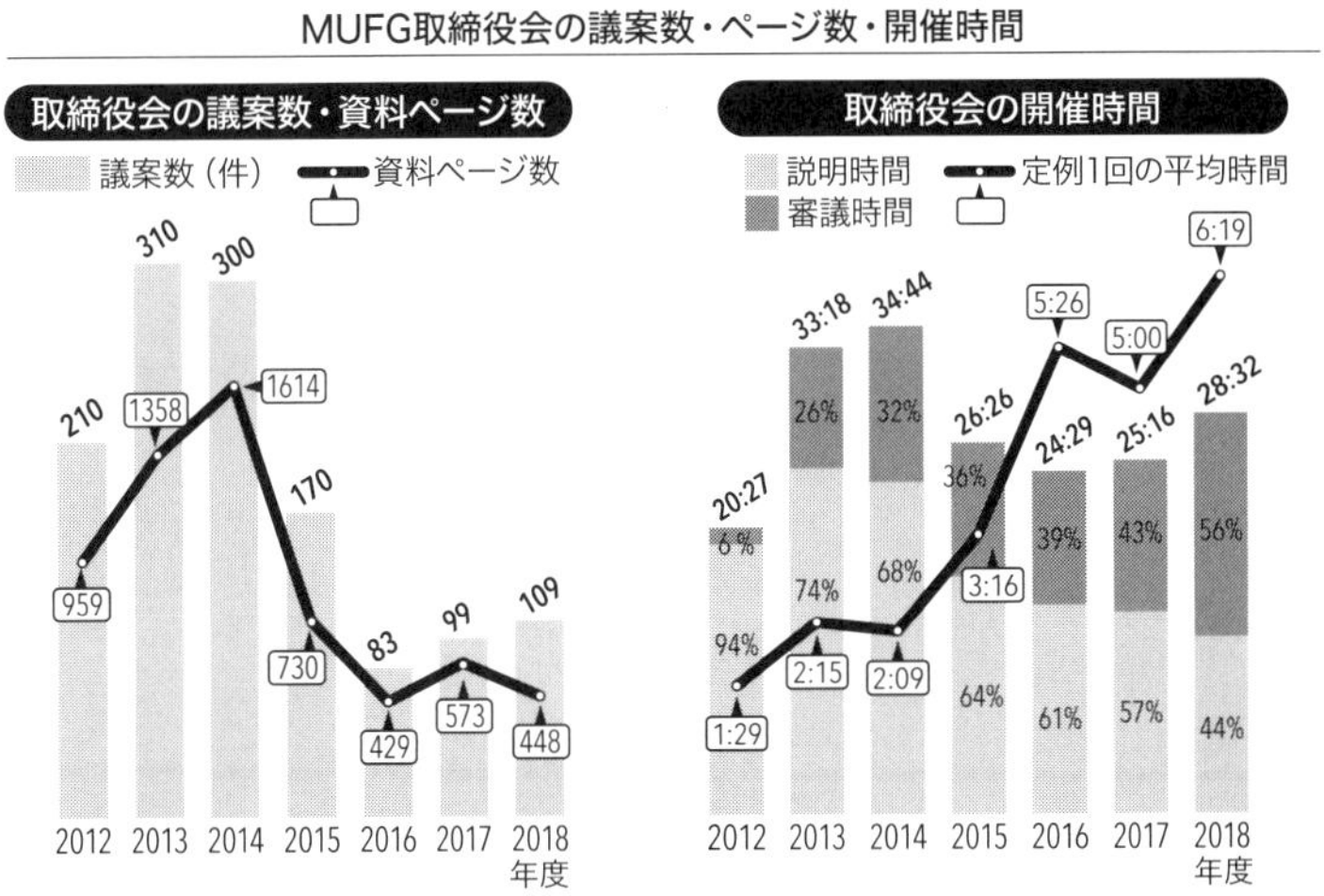

出典：MUFG, MUFG Report2019, 2019年7月, 80ページ

に掲載しました（**図表3－9**）。

取締役会事務局を務める銀行の総務部には、過去10年近くの取締役会全議案の資料や説明時間・審議時間などが記録として残っており、それらを集計することは比較的容易でした。

もともと、金融庁など監督官庁からの検査に堪えられるように銀行の取締役会資料は分厚く、しかも金融特有の専門用語のオンパレードで、金融出身以外の社外取締役には不評でした。

そこで、MUFGでは、「取締役会はモニタリングボード」との位置付けを明確にしました。モニタリングボードとは、社外取締役を中心に構成され、株主に代わって経営陣を監督することを主たる役割・責務とする取締役会のことを意味します。**位置付けの明確化に合わせて、従前の取締役会議付議事項の多くを執行サイド**（**経営会議**）**に移管し、議案数を大幅に減らしました。**開催頻度も毎月ではなく、年に6～7回となっています。

資料も経営会議の使いまわしではなく、取締役会専用にすることにより、モニタリングに必要な内容にそぎ落としました。外国人社外取締役が2名いることから、資料を英訳する必要があり、この点からも資料のスリム化は必須でした。

具体的には、**図表3－9**の左のグラフのとおり、議案数（棒グラフ）はピーク時の3分の1程度に、資料の総ページ数（折れ線グラフ）は4分の1程度に減らすことができました。

また、取締役会の1回の平均時間は、右のグラフの四角囲みの数字のとおり従来の4倍になり、現在、取締役会は1日半の日程で行われているようです。私が非執行取締役を務めていた米国のユニオンバンクでも、四半期ごとの取締役会は（指名・ガバナンス委員会やリスク管理委員会など各種委員会も含め）2日半の日程でした。

取締役会の実効性を示す「代理変数」として最も投資家に評価されたのは、取締役会の開催時間のうち、「審議」に使われる時間の比率が年々上昇し、直近では6割弱に達している、という右の棒グラフでした。

取締役会終了後に、社外取締役が、執行サイドの説明ぶりや資料の内容について「採点」する仕組みもあり、私は執行サイドのCFOとして、なるべく短時間でポイントを絞った説明を行い、取締役に議論してもらいたい論点を提示するように努めました。

米国企業では一般的な「取締役勉強会」

取締役会で中身のある「審議」を行うには、参加する社外取締役の知識をなるべく均一にしておくことも重要です。この点、MUFGでは、モルガン・スタンレーやユニオンバンクへの出資と取締役派遣を通して、米国のボード（取締役会）では、「ボード・エデュケーショナル・セッション」というミーティングが取締役会とは別に行われていることを知っていました。この仕組みを自社でも取り入れ、その概要について、統合報告書で公開しました。

「ボード・エデュケーショナル・セッション」とは、その名のとおり、取締役勉強会です。米国では、現役の企業経営者が業種を超えて他社の取締役を兼務する例も珍しくなく、自分の知見の足りないところはしっかり勉強する、というのが常識になっています。

取締役は、株主から信認され負託を受けたフィデューシャリー（受託者）であり、株主の利益を最大にすることを最優先に行動する義務（フィデューシャリー・デューティー、受託者責任）を負う、という概念が欧米では浸透しています。

このため、私がユニオンバンクで経験した事例でも、「銀行のシステムは難解だから、今度はそれを教育してほしい」「私はＩＴ業界出身者だからその説明会はパスするけど、個人富裕層向けのビジネス戦略の講義は受けたい」と、社外取締役自身が弱点を補完するためのエデュケーション（学習）をみずから望み、会社側はそのカリキュラムを用意する、といったことが当たり前に行われていました。

このような工夫を経て、その企業の課題や業界動向について十分な知見を得た社外取締役が多数存在して初めて、実効性のあるモニタリングができることになります。

CEOの選定理由を4ページのインタビュー記事で開示

取締役会の最大のミッションのひとつは、CEOの後継者人事（サクセションプラン）です。日本では事例が少ないですが、CEOの罷免やCEOに事故があった際の緊急対応、そして円滑な後継者への移行といったさまざまなシナリオで取締役会の真価が問われます。

従来、「密室」で行われてきたこのCEOのサクセションプランについて、可能な範囲で投資家や社員、取引先などのステークホルダーに開示すべきだと考え、MUFGではCEOの交代があった2019年の統合報告書に、4ページにわたって指名ガバナンス委員長（独立社外取締役）のインタビュー記事を掲載しました。[*8]

「7回審議した」「最終候補者数名と面談した」「グローバル性、デジタル対応、実行力から最終判断した」「新CEOは『ネアカ』。銀行業が厳しいなかで、明るさとオープンマインドはリーダーとして不可欠な資質だ」等々。CFOの私も知らなかった多くの率直な言葉がインタビューで語られ、この統合報告書は対外的にも高い評価を頂戴しました。

この年、MUFGは日本IR協議会が選定するIR表彰において、2019年IR優良企業大賞を受賞しましたが、その**受賞理由のひとつにも挙げられたのが、社外取締役のみによる投**

資家との直接対話の機会を設けたことでした。

私が「ＥＳＧ説明会」と銘打った投資家との対話の場に登壇を依頼したのは、米国人とタイ人女性の２名の独立社外取締役。主催者であるＣＦＯの私やＩＲ室長などは一切登壇せず、同時通訳を入れた形で約１時間、２人だけで投資家との直接対話をお願いしました。

それぞれ母国で別の会社の社外取締役も務めている２人からは、経営陣に対する率直な意見や将来の金融業に関する課題の指摘などがあり、参加者アンケートからは高い満足度を得たことがわかりました。

後日、他社のＣＦＯたちから、「成功したからよかったですけど、怖くなかったですか？」とか「シナリオなしで社外取締役、それも忖度をしなそうな外国人２人に投資家と直接対話させるとは、ずいぶん思い切りましたね」などと言われました。

しかし、この企画を許可してくれた当時のＣＥＯと私は、コーポレートガバナンスの透明性を示すことが、解散価値割れの株価しかついていないＭＵＦＧの株式を長く保有してもらうために重要である、という共通認識を持っていました。

つまり、「この会社の株式を持っていても安心、いずれ日銀による異次元の緩和が終了すれば株価も正常化に向かうだろう」と投資家に思ってもらうためにも、見えないコーポレートガバナンスを「見える化」する努力が必要、という「ＣＦＯ思考」が機能したのです。

領域9　ＩＲ——会社の「顔」として内外に影響を与える

次に、ＩＲ活動のリーダーとしてのＣＦＯについて触れたいと思います。

ＩＲこそ、ＣＦＯの仕事がすべて集約されている、と私は考えています。すなわち、「経理」が作成した財務会計上の数字、「予算」チームがまとめた管理会計による計画の達成状況や中期経営計画上の数字など従来の経理・財務担当役員の守備範囲に関する質問は当然として、サステナビリティ戦略や気候変動への取り組み、経営上のリスク、人的資本経営やコーポレートガバナンスに関する質問、さらに各事業の現状と課題など、ありとあらゆる質問を受けるのがＩＲ、投資家との対話です。

面談する投資家も、ヘッジファンド、アクティビスト（物言う株主）、ソブリンウエルスファンド（産油国などの政府系運用機関）、各国の年金基金（教職員年金など）、ファミリーオフィス、ＥＳＧ投資家などさまざま、地域も関心事もさまざま、とまさにＩＲ面談は総合格闘技戦とも言えるものです。

新型コロナウイルスの感染拡大以降、日本企業と海外投資家との対話はリモートが主流となりました。しかし、私は直接面談でしか伝えられない「熱量」があると考え、２０２２年６月に英国、7月に米国で、2年半ぶりの海外IRを実施しました。

コロナの沈静化が見えないなか、社内には慎重論もありました。しかし、第2章でお話ししたように、業績はV字回復を果たし、株価も2年前のボトム620円から上昇中でした。

さらに、4月には新しい中計を発表し、5月にはIR Dayを実施していました。半導体関連などご理解いただくには難解な事業についても、IR Dayで半日をかけて担当役員から直接ご説明したことで、ニコンの成長戦略に対する理解が進み、IR Dayの翌日、ニコン株は1日で7％以上も値上がりしました。

こうした流れを受け、投資家と直接対話することは意味があると考え、海外IR実行を決断しました。実は、社員やお取引先といった投資家以外のステークホルダーにも、CFOとして攻めの姿勢を示したいという意図もありました。

幸い、訪問した先々の投資家から、「日本企業と直接面談するのはコロナ後ニコンが初めてだよ」「オフィスにファンドマネージャーがこうやって集まるのも2年ぶりだ」などと言われ、歓待されました。

「グローバル投資家のレーダーに映る」ことがまずは大切

海外企業が統合・合併により時価総額や事業規模が大きくなるなか、日本では上場社数が減らず、東証プライム市場に上場している企業の平均時価総額も4000億円程度と、**欧米投資家の目線では「小型株」に分類される規模にすぎません。**

「はじめに」で述べたように、日本経済の相対的地位が低下しています。さらに、金利上昇や景気後退懸念のなか、グローバルな競争力のある企業を見極める投資家の目線は厳しくなっています。

こうした環境下、日本企業が世界中の投資家から投資先として選んでもらうことは容易なことではありません。東証プライム上場企業の半数程度が解散価値割れを意味するPBR1倍割れの株価しか付いていない理由のひとつは、日本株の多くがグローバル投資家の注目を惹いておらず、十分な企業価値分析もされないまま安値に放置されていることにあると、私は考えています。

グローバル投資家からすれば、もっと時価総額が大きく、成長ストーリーが明確で、ビジネスライン（事業）の数がシンプルな欧米や中国あるいはアジアの企業の方が投資対象として考えやすいのです。

こうした環境下、**日本企業は、それぞれが自社の特徴を精一杯アピールして、「グローバル投資家のレーダーに映る」ことがまずは大切**です。その観点から、ＣＦＯが自ら海外ＩＲに出向き、プレゼンスを示すことが極めて重要です。

実際、日本企業としてはかなり早期に再開した２０２２年の一連の海外ＩＲでも、海外投資家は、時価総額やＲ＆Ｄ（研究開発）費などの絶対額で欧米だけでなくアジアの同業と比べても見劣りする日本企業が、グローバル競争に勝ち残れるのか、冷徹に見極めようとしていると感じました。

ＩＲで投資家と面談する日本企業の経営者は、呼称がＣＦＯであろうと経理・財務担当役員であろうと、自社に関する質問について、「それはちょっとわからない」とか「自分の管轄外」と思っても、そう発言することは許されません。

社内の位置付けや対外呼称が文鎮型組織の経理・財務担当役員にすぎないとしても、投資家と面談する際には、「自分はＣＦＯである」「Ｃスイートの一員、ＣＥＯと並ぶ共同経営者である」という役割を演じ、ＣＦＯの「ふり」をして、堂々と自信を持って回答することが求められます。

そして、社内では、「自分は経理・財務担当役員にすぎないけれども、経営戦略や人的資本経営やサステナビリティ・気候変動などについて、対外的に語る義務と責任がある」と主張し、投資家から得た反論や意見を社内にフィードバックするなど、それらの議論に積極的に加わり、知見を身につける必要があります。

社内と社外の結節点に立って、双方に刺激を与えることで企業価値向上に貢献するんだ、という熱量がCFOには必要です。

IR次第で株価は上がるのか

こうしたIR活動の効果については、1990年代から学術的な実証分析が行われてきました。主にIRに優れている企業の資本コストが一般的な企業と比較してどの程度低いか、すなわち、**IRにより企業の将来収益への予見可能性が高まることで資本コストが抑制される**、という仮説が実証的に研究されてきたのです。

その結果、たとえば、米国のクリスティーン・ボトサンの1997年の論文では、製造業122社のアニュアルレポートをサンプルに**優良ディスクロージャー企業とそうでない企業とのあいだで約0・3%の資本コストの差がある**、とされています。[*9]

日本企業については、2004年の須田一幸氏（当時・早稲田大学大学院ファイナンス研究科教授）による研究が有名です。１９９５年度から２０００年度の「証券アナリストによるディスクロージャー優良企業選定」によるランキングと資本コストの関係を検証し、**ＩＲ評価が各セクターで３位以内の企業は４位以下の企業に比して約０・５％、１位の企業は４位以下より約０・８％、それぞれ資本コストが低い**との分析結果が報告されています。[*10]

米国の研究結果にある０・３％の資本コスト低減効果を株価に引き直すと、10％の株価プレミアムに相当します。

ＩＲ活動の効果は１００億円単位

私は、ＭＵＦＧのＣＦＯ時代から、ＩＲチームのメンバーに「ＩＲは営業だ！」と言い続けてきました。営業パーソンが新規顧客開拓のため飛び込み営業を行うように、ＩＲ活動では株主ではない投資家に自社株を売り込みます。また、営業部門がリピーターのお客様を定期的に訪問してフォローアップするように、ＩＲでは既存の株主には直接訪問し対話を行います。

ＩＲチームが売る商品は自社製品ではなく自社の株式ですが、行動自体は営業部門の社員の行動となんら変わりはありません。

ＩＲチームは、自社の戦略や非財務領域での取り組みをアピールし、自社の将来業績に対する投資家の予見可能性を高める努力を行います。ＩＲ活動の結果、資本コストを下げることができれば、同じ利益でもＰＥＲを高め、株価にプラスの影響を及ぼすことができます。

ＩＲ活動の巧拙による企業価値への影響は、前述の研究結果（株価に10％の影響）を用いると、時価総額１兆円の企業でおよそ１０００億円、５０００億円の企業で５００億円規模と算出されます。

ニコンのＩＲチームは６、７名ですし、上場企業のなかにはＩＲ担当が数名しかいない企業も珍しくありません。つまり、ＩＲ活動により、１人あたり１００億円前後の市場評価額の改善をもたらすこともできるのです。

ＩＲチームは成果が目に見えないだけに、社内的に「コストセンターだ」と言われることも多いようですが、実は、「企業価値向上部隊」の一員だと私は考えています。

開発部門が苦労して製品を生み出し、営業部門が努力してその製品をお客様にお届けし、世の中に価値を生み出しています。そして、間接部門も含めた全社員の日々の活動を、経理チームがバランスシートやキャッシュフロー計算書および損益計算書としてまとめています。

こうした連鎖の最後が、ＩＲチームによる対外的な説明です。

資本市場からのフェアなバリュエーション（実態に即した株価や時価総額）を獲得するためにも、ＣＦＯ傘下の「経理」「予算」「税務」「財務」などのチームが連携し、説明責任をしっかりと果たすことが重要なのです。

領域10　経営戦略――M&A・成長投資だけでなく事業撤退・売却が鍵

ここまでの議論で、**図表3－7**で日本企業のCFOの4割弱が「責任を持っている」と回答した領域の多くについて見てきました。

残っている領域は、「投融資判断」「経営計画」「コーポレート戦略」の3つ、まとめて言えば「経営戦略」に関する領域です。

従来、経営企画担当役員やCEO・社長が担当してきたと考えられるこの「経営戦略」領域における「CFO思考」の発揮の仕方について、次に考えていきたいと思います。

「経営戦略」の領域で、CFOとその傘下のチームが力量を発揮することが期待されるのが、M&A・戦略出資、持株会社化・分社化などの企業結合の場面です。特にM&A・戦略出資は、**図表3－7**のサーベイで言えば、「投融資判断」や「コーポレート戦略」に深く関係します。

M&Aにおいて、CFOおよびその傘下のチームは、買収価格の妥当性の検討、買収資金の調達や為替取引（ターゲットが海外企業の場合）、買収先企業に関する会計・税務・財務面でのデューデリジェンス（買収精査・適正評価手続き）、対外開示（東証適時開示やIR説明会）などを行うことになります。

M&Aは、「ターゲット100件、交渉10件、成立3件の世界」とも言われ、成立させることは容易ではありません。候補先を並べたロングリストから、アプローチするショートリスト化するところまでで膨大な労力を使い、提案してもそれが先方に受け入れられ、交渉に至るケースは本当にまれです。実際に案件を成立させることはさらに容易ではありませんが、交渉開始以降は案件が成功しようが頓挫しようが、日々、血沸き肉躍るドラマが起こり、ビジネスパーソンとして一度は関与してみたい仕事であることは間違いありません。

しかし、M&Aで**「買収後の時価総額が単純合算よりも増加した」などの成功事例は、日本企業で約3割、日本企業による海外企業買収ではわずか1割、欧米企業同士でも5割程度**と言われています[*11]。

失敗の原因は、そもそもの買収価格が高過ぎたケースもありますが、**M&A後の統合作業に失敗して期待効果が十分発揮できなかったことに起因するケースが多く見受けられます。**

すなわち、企業経営にとって、買収フェーズは入口にすぎず、買収後のPMI（ポスト・マージャー・インテグレーション）が重要だと多くの識者が指摘しています。

PMIとは、M&Aの実行後に統合効果を最大化するための統合プロセスを指します。経営統合、業務統合、意識統合の3段階からなります。これらに成功して初めて、買収後の会社が自社と同一化し、「本業」として既存事業と同様な手法でビジネスを運営・管理していくことができるようになるのです。

実は、私は、**「CFO思考」が最も必要になるのは、M&Aの実行フェーズでもPMIのフェーズでもなく、撤退・売却フェーズだ**と考えています。

すなわち、買収・出資した企業の業績が不振で出資に関するのれんや無形資産の減損リスクが生じるケースや、順調だが戦略目的を達成したり、目的から外れたりした場合の対処にこそ、CFOの真価が問われるのです。

「社長プロジェクトだから」「過去華々しくアピールした案件だから」という理由で出資を続けたいと考えるビジネスユニットに対して、合理的根拠とともにNOと言うこともCFOの責務です。

また、収益が順調に上がっている案件でも、全社的戦略や事業ポートフォリオ入れ替えの観点から事業や子会社を売却する、といったアイデアを財務的見地から提案するのもCFOの役割です。

「日本企業はM&Aで買うばかりで、売却や撤退をしない」という批判は、多くの日本企業に当てはまります。しかし昨今では、日立が22社あった上場子会社のうち半数以上の12社の株式をファンドに売却するなどしてグループ外に出したり、MUFGが長年にわたり収益に貢献し、グローバル展開の象徴的存在だった米国のユニオンバンクを米銀に売却したりという事例も出てきています。

日本企業のCFOは、たとえ企業戦略を担当していなくても、企業価値向上の視点から、CEOや経営企画担当役員に対し、事業ポートフォリオの入れ替えや出資先の売却・事業の撤退などを提案する姿勢が求められています。

取締役会は経営陣のアニマルスピリッツを刺激しているか

さて、こうしたM&Aや事業からの撤退などの会社全体を動かす経営戦略は、CEO以下の執行サイドで議論され、最終的には独立社外取締役を含む取締役会で議論・決定されます。

CEO以下の企業経営者が適切なリスクテイクを伴う経営戦略を取ってこなかったことが、「失われた30年」とも表現される日本経済の長期低迷の根本的原因である、と国内外の投資家・資本市場参加者から指摘されてきました。

政府も、企業経営におけるアニマルスピリッツの欠如を問題視し、企業の「稼ぐ力」を取り戻すために取締役会における「攻めのガバナンス」の構築を求めています。

安倍政権（当時）が主導し、金融庁や東京証券取引所が上場企業に遵守（コンプライ）を実質的に求めているコーポレートガバナンス・コードでは、企業が「適切なリスクテイク」をするための体制整備が推奨されています。

具体的には、コーポレートガバナンス・コードの基本原則4で、以下のように規定されています。[*12]

【原則4－2　取締役会の役割・責務(2)】

取締役会は、経営陣幹部による適切なリスクテイクを支える環境整備を行うことを主要な役割・責務の一つと捉え、**経営陣からの健全な企業家精神に基づく提案を歓迎しつつ**、説明責任の確保に向けて、そうした提案について独立した客観的な立場において多角的かつ十分な検討を行うとともに、承認した提案が実行される際には、**経営陣幹部の迅速・果断な意思決定を支援すべき**である。

また、経営陣の報酬については、中長期的な会社の業績や潜在的リスクを反映させ、健全な**企業家精神の発揮に資するようなインセンティブ付けを行うべき**である。

しかし、2015年のコーポレートガバナンス・コード導入から相応の年月が経っても、取締役会の働きかけにより、日本の企業戦略がより積極的になった、という印象はありません。

指名委員会等設置会社や監査等委員会設置会社に移行した会社も含めて、多くの取締役会では、引き続き、リスク管理や内部管理などが中心的テーマになっているものと思われます。

取締役会が行うガバナンスは「守り」のためのものであり、不祥事を未然に防ぎ、CEO以下経営陣に前向きの経営を安心してやってもらうために監督や監査に力点をおく、という風潮が一般的です。取締役会において独立社外取締役が、適切なリスクテイクができないでいるCEO以下経営陣の背中を押す、といった事例は数少ないのです。

リスクを取らないことを叱る米国企業の取締役会

一方、私は米国企業の取締役として異なる経験をしてきました。私が2020年まで取締役を務めていた米国のユニオンバンクの取締役会では、**リスクをいかに取って、リターン（収益）を上げるのかが取締役会での議論の主要テーマのひとつ**でした。

たとえば、取締役会では以下のようなやりとりが行われていました（内容は架空のものであり、実際の同行のオペレーションとは何の関係もありません）。

――説明のあったリテール（個人部門）の計画では、リスクアペタイトが足りないのではないか？　西海岸の個人の住宅の需要はまだ強いのだから、住宅ローンはまだ伸ばせるのではないか？

――リテール部門の固定貸出に伴う金利リスクと市場部門のマーケット取引に関する金利リスクのあいだには一定の逆相関があるので、全社戦略としてはまだ金利リスクが取れるのではないか？　アペタイトが弱く、取れるリスク量を取らずに資本を過度に余らせてしまうことは避けなければならないと思う。

キーワードは「リスクアペタイト」。「アペタイト（appetite）」とは「食欲」のことであり、「リスクアペタイト」とは、リスクに対する「食欲」、つまり、リスクを取ることにどのくらい「飢えて」いるかに関する用語です。

ユニオンバンクでは、社外取締役からCEO以下の経営陣に対し、「食欲はもっとあるんだろう？　もっと食べたらどうだ？」という投げかけが、「リスク管理やコンプライアンスは大丈夫か？」というやり取りと同時並行的に行われていました。

この「リスクアペタイト」の概念は、ユニオンバンクのオリジナルではなく、リーマン・ブラザーズの破綻に端を発した世界金融危機の後、銀行業界を中心に世界的に注目されるようになった「リスクアペタイト・フレームワーク」という枠組みの中で用いられている考え方です。

そこでは、「リスクアペタイトは、自社が事業戦略や財務計画を達成するために、リスクキャパシティの範囲内で進んで引き受けようとするリスクの種類と水準のこと」と定義されています。*13

また、リスクアペタイトは、リスクに対して受動的に決まるものではなく、企業がみずから望ましい形を能動的に定義していくものであるべきだ、とされています。

「進んで受け入れるリスクの水準」から、経営計画を考える

銀行業は、貸出における信用リスクや市場取引における金利リスクなど、取るリスク量と上がる利益額の関係が明確で事業会社よりは計測しやすい、という特徴があります。

リスクはリスク管理部門が、収益は企画部門が、というように別々に管理していた体制を改め、リスクと収益を一体化して事業を運営する考え方が、リスクアペタイト・フレームワークです。

私は、この枠組みや「リスクアペタイト」の概念は、一般事業会社での経営戦略議論に活かせるのではないか、と考えています。

すなわち、社外取締役を含む取締役会で、CEO以下経営陣からの経営計画が説明され審議

される際に、「その計画のリスクアペタイトは当社のリスクキャパシティ（最大限取り得るリスク）に照らして十分に意欲的か？　過度に保守的でないか？」を中心に議論することで、**企業として本来発揮すべきアニマルスピリッツを活性化させることが理想的なコーポレートガバナンスの姿**だと考えています（**図表3－10**）。

「リスクアペタイト」、すなわち、企業が進んで受け入れるリスクの水準は、リターンの最大化を期待する株主の視点からはなるべく大きい方が望ましい一方、その企業に資金を供与している銀行や社債の保有者などの債権者が妥当と考える水準は、それよりは小さいと考えられま

図表3-10｜リスクをとらなすぎではないかを常に意識

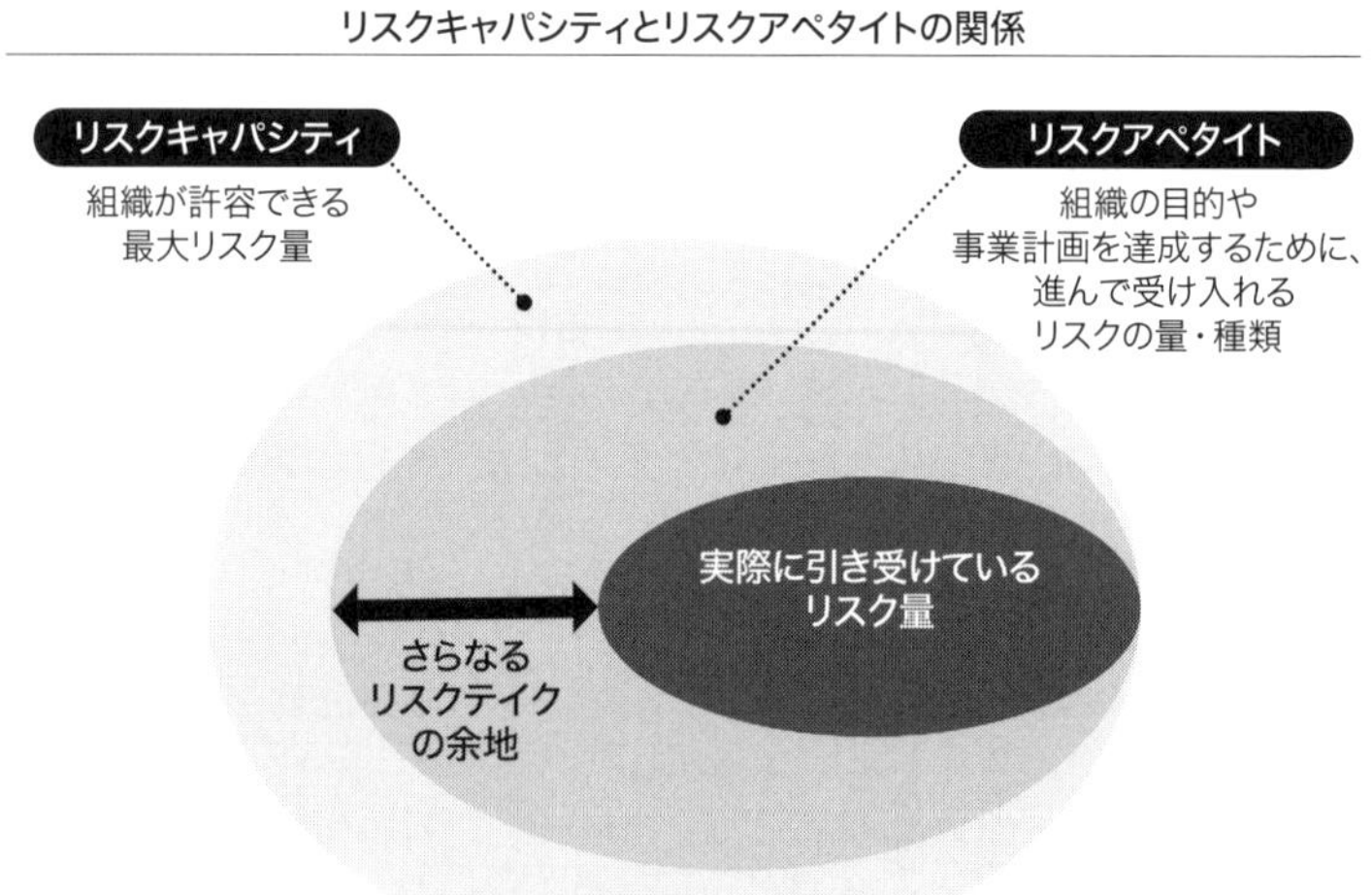
リスクキャパシティとリスクアペタイトの関係
リスクキャパシティ
組織が許容できる最大リスク量
リスクアペタイト
組織の目的や事業計画を達成するために、進んで受け入れるリスクの量・種類
実際に引き受けているリスク量
さらなるリスクテイクの余地

出典：筆者作成

す。

さらに、従業員の視点からは、利益が上がって自分たちのボーナスなど処遇が改善することは望ましいですし、協力会社などの取引先からみてもビジネスの拡大はメリットですが、両者とも企業の財務体質が不安定になることも望んでいません。

こうした**マルチ・ステークホルダーの異なる利害を勘案し、また、ライバル企業との関係や自社の置かれている環境などから、総合的にリスクキャパシティの大きさに関するコンセンサスを醸成し、それとの関係で経営計画が十分に意欲的かを議論することが、アニマルスピリッツが減衰した日本企業には必要だ**と私は考えています。そして、その議論の中心的役割は、CFOが果たすべきと考えます。

CFOが企業活動を活性化できる3つの理由

日本人が本来持っているアニマルスピリッツが薄れている現在、そして多くの日本企業でリスクアペタイトを余らせている（小食）である現在、CFOはブレーキ役とアクセル役を巧みに使い分けることにより、企業活動を活性化させることができると私は考えています。

そう考える理由は以下の3つです。

理由1　経営トップであるCEOに影響を及ぼし得る立場にいること
理由2　リスクと資本と収益の三位一体のマネジメントができる立場にいること
理由3　「顔役」として社内外に影響を及ぼし得る立場にいること

理由1　経営トップであるCEOに影響を及ぼし得る立場にいること

まず、1点目のCEOに影響を及ぼし得る立場にいる、という点ですが、経営トップであるCEOとCFOとの関係は、企業によってまた個人によって千差万別です。企業の類型で考えても、スタートアップ企業、オーナー企業、いわゆるサラリーマン社長の企業それぞれでCEOとCFOの関係は異なります。

仲間うちでワイワイやっているようなスタートアップ企業、CEOが創業者あるいは創業家一族出身で実質上のオーナーあるいは大株主である企業、そして「サラリーマン社長」が数年おきに代わる会社で、CEOとCFOの関係が同じであるはずはありません。

また、上司であるCEO個人に、過去にIR活動や投資家との面談の経験があるか、資本対比のリターンなどという概念に触れたことがあるかといった経歴や、資本市場やステークホルダーに対する考え方によっても、CFOとの関係は大きく変わってきます。

私自身は、いわゆるサラリーマン社長のもとでCFOを務めてきました。MUFGでは三菱信託出身者として三菱銀行出身のCEOに仕え、現在のニコンでは、3年前に初めて会ったCEOにリポーティングしています。

日本の伝統的な文鎮型役員体制のもとでの経理・財務担当役員であってもCFOと名乗っている以上、対外的には、CEOの右腕であり、CEOに影響を及ぼし得る立場にいる経営陣のキーパーソンであると見られています。

それぞれの企業のCFOがアニマルスピリッツを説くことで、CEOや会社のリスクアペタイトを刺激し、取締役会の賛同を得て、日本企業が持つ潜在能力を発揮するように企業を誘導することができると考えます。

私は、**CFOは経営トップであり孤独な存在であるCEOのビジネスパートナーであるべきだ**と考えています。パートナーとは、それが夫婦であれスポーツ選手であれ、お互いに意見を言い合い支え合う存在です。これと同様に、**CFOはCEOの最大の批判者であり、かつ最大の支援者であるべし**と考えています。

その会社のCEOがアニマルスピリッツに溢れ、リスクキャパシティを超えてリスクを取ろうとするタイプの人間である場合は、CFOは財務の健全性の番人として、CEOの批判者になる必要があります。

ＣＦＯは（社内の位置付けが欧米流のＣＦＯとは異なるとしても）、ＣＥＯが所管する企業戦略において、リスクと資本と収益を一体で考える視座を提供し、一緒に悩み、考えることができる立場にあります。これは、営業担当副社長や技術担当専務といったほかの役員にはできない、ＣＦＯならではの役割です。

取締役会が監査やリスク管理に重きを置き、ＣＥＯのアニマルスピリッツを刺激してＣＥＯにリスクを取るよう背中を押す傾向にはない日本企業においては、ＣＦＯが経営トップであるＣＥＯの伴走者となり、一緒にどこまでリスクを取れるかを考えることは極めて重要です。

私は、リスクが相応に高くて損失が出る蓋然性があり、取締役会や社内に慎重論が多い案件であっても、企業戦略上やるべきだとＣＥＯが考えている案件については、リスクキャパシティの範囲に収まっているかぎり、なんとか実現しようとしています。

そうしたＣＥＯのアニマルスピリッツ、つまり「実現したいことに対する非合理的なまでの期待と熱意」こそが、会社を成長させる原動力であると信じているからです。

具体的には、ＣＥＯが手掛けたい案件が、リスクキャパシティ（損食可能範囲）に収まっていることを計量的に数字で示します。

たとえば、ＣＥＯがやりたいと考えている案件が不調に終わり、投資した設備を除却することになったり、買収した企業の業績が不振で計上した「のれん」が減損になったりした場合の損失額をリスクケースとして示し、その場合でも自己資本比率や格付、資金繰りなど財務の健全性に影響がないことを説明するようにしています。

また、ベンチャー的な投資については、ずるずると投資が長引いて将来損失が膨らむことを避けるため、損失が一定程度になったらそのビジネスから撤退するという「ストップロス金額」を社内関係者や取締役に明示することも行っています。

このようにして**CFOは、健全性の最終防衛ライン、健全性を守る最後の砦である**という「金庫番思考」を忘れず、財務の健全性確保という重い責任を持ちつつも、たとえリスクが顕在化しても健全性に問題なしと自信を持って言い切ることで、CEOや取締役会に対して、「リスクアペタイトの空き枠」の利用を積極的に促すことができます。

CFOは「金庫番思考」を忘れず常にブレーキに片足を置きつつも、「CFO思考」に基づく攻めの姿勢でCEOに影響を及ぼし、企業の成長や企業価値の向上に貢献することができるのです。

理由2　リスクと資本と収益の三位一体のマネジメントができる立場にいること

CEOのリスクアペタイトを刺激するうえで、CFOには、「リスク」と「資本」と「収益」を三位一体にとらえ、マネージする能力が求められます。

「CFOと名乗っているものの、実際は経理担当役員にすぎない」という場合でも、CFOは3要素にそれぞれアクセスできる立場にあります。具体的には、「資本」は所管しているはずですし、「収益」計画は、日本企業に特有の経営企画担当役員が所管しているケースであっても、資本対比の「収益」といった観点では関与できるはずです。

収益は「リスク」を取るところから生まれます。リスクを取らずに利益が上がるようなうまい話、いわゆる「フリーランチ」はないのです。そのリスクは無制限に取れるわけではなく、「資本」というクッションの範囲内に限られます。格付や自己資本比率など財務の健全性の観

図表3-11｜三位一体で経営戦略を議論する

「リスク」と「資本」と「収益」の関係

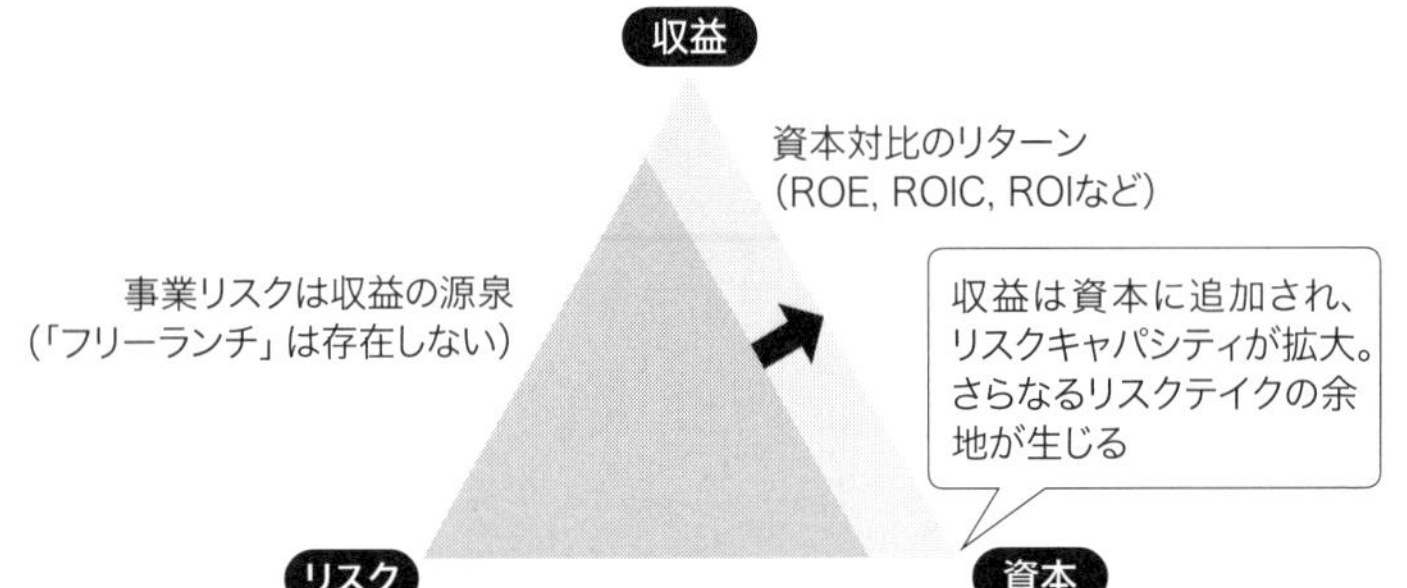
収益
資本対比のリターン
(ROE, ROIC, ROIなど)
事業リスクは収益の源泉
(「フリーランチ」は存在しない)
収益は資本に追加され、
リスクキャパシティが拡大。
さらなるリスクテイクの余
地が生じる
リスク
資本

リスクアペタイト ＜ リスクキャパシティ ＜ 資本

定以上の格付・自己資本比率など、企業の健全性の確保が最優先
リスクキャパシティの範囲内でリスクテイク
資本が過度に余る場合、株主に返却も

出典：筆者作成

点から、CFOはリスクキャパシティの決定に関与できます。

CFOは、CEOに対して、「この範囲であれば、リスクアペタイトを発揮し、何を食べるか（どの事業の設備投資を増やすか、どのM&A案件を実行するか）を考えることができますよ」と示唆することができます。

その際、どの案件を選ぶかは、リスク対比の収益性で優先順位が付けられます。リスクアペタイトと実際の取っているリスク量との差（空腹領域）をどの順番で満たしていくべきかの判断に、ROIC（投下資本利益率）、ROI（投資利益率）などの指標を使って関与していくこともCFOの役割です。

さらに、リスクを取った結果生まれた収益は、資本に追加されます。三角形が大きくなり、それに伴ってリスクキャパシティが拡大し、さらにリスクを取る余地が生まれるのです。

このように、「リスク」と「資本」と「収益」は、相互に依存し、影響を与える関係にあります（**図表3-11**）。

理由3　「顔役」として社内外に影響を及ぼし得る立場にいること

最後に3点目、CFOは企業を代表する「顔役」としても、アニマルスピリッツを発揮して企業活動を活性化させることができます。

決算記者会見やIR、さらに取引先・調達先向け説明会などの対外的に発信する場で、単に淡々と数字を説明するだけでなく、CFOとしての経営戦略に関する「熱意」や「熱量」を織り込むことで、会社全体のアニマルスピリッツ発揮の姿勢や経営の方向性を滲《にじ》ませることができるのです。

英語では、「カラーを付ける」という表現を使いますが、私は、決算発表の数字の背景や経営者の思いなどまで踏み込んで発言し伝えることで、CEOをはじめとする経営者が攻めの姿勢にあると社内外にアピールすることを心がけています。

投資家も人間であり、みずからの主観で経営者の人となりを判断しています。経営トップが未来を楽観し、前向きな姿勢でいることを、言葉や表情（トーン・アット・ザ・トップ）で伝えることは重要です。

実際、第2章でお話ししたように、ニコンは2021年3月期、創業103年で最大の赤字を計上しましたが、その際の投資家向け決算説明会のあと、私の部下のIR担当者にあるアナリストは次のように語ったそうです。

「徳成CFOの表情が思いのほか明るかったのは、業績のV字回復に自信があるってことですよね」

このように**CFOは、決算発表記者会見というルーティンの場でもアニマルスピリッツの発**

揮のチャンスがあり、社外のステークホルダーに影響を及ぼし得る立場にいるのです。

会社は、社員という生身の人間から成り立っています。私は、全社部長会議や従業員組合との対話、さらに新人研修を含む各種社内の研修・イベントなどで、投資家向け説明資料を用い、なるべく平易な言葉やわかりやすい図表で、会社の現状を伝えるとともに、会社の将来像や方向性などを明るく前向きに伝えるようにしています。

ＣＦＯは社内外のステークホルダーに対する最良のスポークスパーソンであるべきだ、というのは私の信念でもあります。

どんな組織でも、リーダーの言動は影響力を持ちます。経営トップであるＣＥＯやＣＦＯが、前向きな経営姿勢を示す発言をし、資源を最大限活用して企業戦略や事業戦略を追求していけば、社員のマインドセットが変わっていきます。

米国の心理学者・哲学者であり、プラグマティズム研究の第一人者のウィリアム・ジェイムズは、「心が変われば行動が変わる。行動が変われば習慣が変わる。習慣が変われば人格が変わる。人格が変われば運命が変わる」と言っています。[*14]

日本企業においても、経営トップが、どうすればリスクアペタイトを使い切ることができるかを常に考える習慣を身につけていれば、組織にアニマルスピリッツを呼び起こし、大きな変化をもたらすはずです。

すなわち、経営トップの前向きでチャレンジングな言動は、各事業部門の部門長にも影響を及ぼし、さらにその下の部長クラスのマインドセットも徐々に変えていきます。やがて、それが企業の習慣となり、社風が前向きになります。

時間の経過とともに、アニマルスピリッツに溢れた企業として周囲にも知られるようになると、提携話や買収案件が持ち込まれるようになり、企業としての運命も変わってきます。

このように、アニマルスピリッツを企業経営に取り入れるためには、経営陣が「リスクに飢えている」という姿勢を常に忘れず、そのように自分に言い聞かせて行動するとともに、社内にもその意識を発信し続けることが重要だと私は考えています。

これからの日本企業に求められるCFO像

本章の最後に、これまでお話ししてきた、「これからの日本企業に求められるCFO像」をまとめておきたいと思います。

- CFOはCEOのビジネスパートナーであるべし
- CFOはCEOの最大の批判者であり、かつ最大の支援者であるべし

- ＣＦＯは会社の健全性を守る最後の砦であるべし
- ＣＦＯは「リスク」と「資本」と「収益」を三位一体にとらえてマネジメントする役割を果たすべし
- ＣＦＯは社内外のステークホルダーに対する最良のスポークスパーソンであるべし

私自身、この理想像に向け、引き続き努力していきたいと考えています。

第4章

「CFO思考」で日本経済に成長を

本書ではアニマルスピリッツを、「実現したいことに対する非合理的なまでの期待と熱意」と定義し、日本企業が世界中の企業のなかで埋没せず、グローバル投資家から選んでもらえるために何をすべきか、そのなかで、ＣＦＯが果たすべき役割とは何か、についてお話ししてきました。

第１章では、資本市場との結節点にいるＣＦＯが対話している「投資家」の思考法についてお話しし、そのリスクマネーの出し手が要求する期待利回り（株主資本コスト）が資本主義の共通言語であることに触れました。

第２章では、投資家から頂戴した資本に対するリターン（ＲＯＥ）が資本コストを下回る「価値破壊企業」のＣＦＯとして、そこからどのように脱却しようとしているか、私が実際に関与してきた「グローバルＭ＆Ａ」「ターンアラウンド」「サステナビリティ・ＥＳＧ」を中心にお話ししました。

そして第３章では、静的で決まったルールのもとでのルーティンワークに見える経理や税務などの仕事においても、アニマルスピリッツの発揮の機会はあり、会社や経済に違った結果をもたらす可能性があることを見てきました。

本書を通して、アニマルスピリッツが資本主義の根幹にあること、そして企業の最終リスクテイカーである投資家と社内との結節点にいるＣＦＯによるアクセルとブレーキの踏み分けが、企業価値を左右することをお話ししてきました。

この第４章では、よりマクロの視点から、人口減少や少子高齢化に見舞われているなか、日本企業や日本経済が、これからの時代を乗り切っていくためにはどうすればよいか、アニマルスピリッツの観点から考えてみたいと思います。

日本経済低迷――5つの事実

まず、日本経済の現状について、冷静に見てみることにしましょう。

事実1　日本全体の経済力

「日本全体の経済力」を見てみると、日本の名目ＧＤＰは１９８９年度には４２１兆円だったものが現在では５５７兆円と伸びてはいますが、世界経済に占めるウエイトは15％から５％台にまで縮小し、日本の相対的位置付けは低下し続けています。

事実2　国民1人あたりGDP

また、国民１人ひとりの生活水準とも言える日本の「国民１人あたりＧＤＰ」は、２０２２

年で3万3821ドルと世界30位です。2000年の世界2位から下落を続け、先進国のなかでは下のほうになっています。

事実3　国際競争力

「国際競争力」はどうでしょうか。スイスのビジネススクールIMDが毎年発表している「国際競争力ランキング」では、1989年から4年間、日本が米国を抜いて第1位でした。それが2002年には30位に後退し、2019年版でも30位と低位安定しています。

事実4　企業収益力

「日本企業の収益力」に関して言えば、米国のビジネス誌『フォーチュン』が毎年発表している企業の収益ランキングであるフォーチュン・グローバル500において、日本企業は1989年には111社がランキング入りしていましたが、2019年版では52社に半減しています。

事実5　科学技術力

さらに、日本の「科学技術力」もこの30年で大きく衰退しています。たとえば、2018〜2020年の3年間に研究者が発表した論文がどれだけ引用されているのかを示す「TOP1

%補正論文数」というデータでも、2000年前後には世界上位だった日本は、インドにも抜かれ、シェアわずか1・9%の10位にまで落ちています。[*1] 研究活動における日本の地位低下は疑いようもない事実です。

日銀が日本企業の最大株主という異常事態

こうした日本の経済力・企業収益力・科学技術力などの長期的低下から、グローバル投資家は日本株を見放し、結果、世界の大企業の企業価値を時価総額で並べてみると、一時は世界を席巻した日本企業は見る影もありません。

そして、上位には社歴の浅い米国のテックカンパニーや台湾（半導体受託生産のTSMC）や韓国（サムスン電子）、さらに中国企業（アリババやテンセント）が並んでいます（**図表4－1**）。

このような状況をなんとかしようと、過去20数年の間に「小泉・竹中改革」「アベノミクス」などのさまざまな政策が行われました。

たとえば、アベノミクス3本の矢、特に日銀の黒田総裁による異次元の金融緩和策により、第2次安倍政権が発足して退陣までの期間、円の対ドルレートは2割強下落し、日経平均株価

図表4-1｜世界を席巻した日本企業も今は昔

1989年と2018年の時価総額世界ランキング比較

1989年				2018年			
順位	企業名	時価総額（億ドル）	国名	順位	企業名	時価総額（億ドル）	国名
1	NTT	1638.6	日本	1	アップル	9409.5	米国
2	日本興業銀行	715.9	日本	2	アマゾン・ドット・コム	8800.6	米国
3	住友銀行	695.9	日本	3	アルファベット	8336.6	米国
4	富士銀行	670.8	日本	4	マイクロソフト	8158.4	米国
5	第一勧業銀行	660.9	日本	5	フェイスブック	6092.5	米国
6	IBM	646.5	米国	6	バークシャー・ハサウェイ	4925.0	米国
7	三菱銀行	592.7	日本	7	アリババ・グループ・ホールディング	4795.8	中国
8	エクソン	549.2	米国	8	テンセント・ホールディングス	4557.3	中国
9	東京電力	544.6	日本	9	JPモルガン・チェース	3740.0	米国
10	ロイヤル・ダッチ・シェル	543.6	英国	10	エクソン モービル	3446.5	米国
11	トヨタ自動車	541.7	日本	11	ジョンソン・エンド・ジョンソン	3375.5	米国
12	GE	493.6	米国	12	ビザ	3143.8	米国
13	三和銀行	492.9	日本	13	バンク・オブ・アメリカ	3016.8	米国
14	野村證券	444.4	日本	14	ロイヤル・ダッチ・シェル	2899.7	英国
15	新日本製鐵	414.8	日本	15	中国工商銀行	2870.7	中国
16	AT&T	381.2	米国	16	サムスン電子	2842.8	韓国
17	日立製作所	358.2	日本	17	ウェルズ・ファーゴ	2735.4	米国
18	松下電器	357.0	日本	18	ウォルマート	2598.5	米国
19	フィリップ モリス	321.4	米国	19	中国建設銀行	2502.8	中国
20	東芝	309.1	日本	20	ネスレ	2455.2	スイス
21	関西電力	308.9	日本	21	ユナイテッドヘルス・グループ	2431.0	米国
22	日本長期信用銀行	308.5	日本	22	インテル	2419.0	米国
23	東海銀行	305.4	日本	23	アンハイザー・ブッシュ・インベブ	2372.0	ベルギー
24	三井銀行	296.9	日本	24	シェブロン	2336.5	米国
25	メルク	275.2	米国	25	ホーム・デポ	2335.4	米国
26	日産自動車	269.8	日本	26	ファイザー	2183.6	米国
27	三菱重工業	266.5	日本	27	マスターカード	2166.3	米国
28	デュポン	260.8	米国	28	ベライゾン・コミュニケーションズ	2091.6	米国
29	GM	252.5	米国	29	ボーイング	2043.8	米国
30	三菱信託銀行	246.7	日本	30	ロシュ・ホールディング	2014.9	スイス
31	BT	242.9	英国	31	TSMC	2013.2	台湾

出典：「昭和という「レガシー」を引きずった平成30年間の経済停滞を振り返る」
『週刊ダイヤモンド』2018年8月25日号

は2・3倍強上昇しました。しかし、この株高の背景には、「5頭のクジラ」とも言われる豊富な資金量を有する公的な機関投資家（日本銀行、年金積立金管理運用独立行政法人〔GPIF〕、共済、ゆうちょ銀行、かんぽ生命保険）が株式市場の下支えとして機能してきた事実があります。

２０２１年3月には、**日本銀行がGPIFを抜いて最大の投資家となり、以降、中央銀行である日銀が国の年金基金より多くの株式を保有する**という、世界でも例を見ない事態になっています。

日銀は個別株を直接買っているわけではなく、主に東証株価指数（ＴＯＰＩＸ）に連動するＥＴＦを購入しています。ＴＯＰＩＸ型のＥＴＦへの投資は、ＴＯＰＩＸに組み入れられた銘柄をすべて、時価総額のウエイトで購入することと同義です。つまり、日銀の資金は、赤字が続く企業の株式も機械的に買い続けることになるため、本来、投資家に見放され、株価が下落し、市場から退出すべき企業までもが生き残ってゾンビ企業化することを手助けしている、という批判を浴びています。

日銀の政策は、一見、経済界に優しい政策に見えますが、実は資本主義の根幹である「優勝劣敗」という原理原則を歪ませています。

２０２１年3月末現在、ＥＴＦ購入を通じて日銀が20％以上の大株主になっている企業は、

25・2％を保有するアドバンテストを筆頭に、「ユニクロ」のファーストリテイリング（保有シェア20・7％）、TDK（20・6％）、太陽誘電（20・1％）などです。また、10％台の企業は実に71社にのぼり、日産化学や京セラ、コナミホールディングス、キッコーマン、ファナックなどさまざま業種の企業が含まれています。

つまり、多くの上場企業で「最大株主は日銀」という状況になっているのです。これでは、「日本は資本主義経済と言えるのか」「自由で公正な株価形成が行われていないのではないか」と問われても不思議ではありません。

資本主義のダイナミズムを失いつつある日本経済

株式市場は、本来、株価の変動を通じて企業の新陳代謝を促す機能を果たします。業績の悪い企業、戦略が時代遅れとなった企業は市場から退出するかわりに新たな企業が参入してくる。これが資本主義のダイナミズムです。

たとえば、米国の産業界では、企業の新陳代謝、つまり使命を終えた企業の退出と新興企業の勃興が鮮明です。具体的には、時価総額トップ10を占める企業の多くは、グーグル（上場企業名はアルファベット）、アマゾン、メタ（旧フェイスブック）やテスラなど、20年前には存在しなかったか極めて企業規模が小さかった企業であることが、日本とは際立つ違いとして挙げられます。衰退して市場から退出する企業と、新たに生まれ、成長する企業が新陳代謝を繰り返すことが、経済や社会のダイナミズムや活力、若者の未来への希望をもたらすのです。

そうした資本主義の基本とも言える市場機能を失い、「資本の規律」が緩んで市場から退出すべき企業まで生き残り、結果、社会や経済界全体が草食化した日本市場を、グローバル投資家は冷ややかな目で見ています。

そうした投資家の中でも、長く日本株式に投資し、今でも日本経済と日本企業に期待してくれている少数のファンドマネージャーたちは、「君たち日本人には『アニマルスピリッツ』はないのか？」「昔のように、アニマルスピリッツを呼び覚ませ！」と言ってくれているのです。私は彼らのそうした発言を叱咤激励と受け止めています。

「アニマルスピリッツは、ケインズが90年近く前に唱えたもので、高度化された現代の経済には合っていないのでは？」「経済は、スピリッツという『気合い』や『心持ち』のような非合理的なもので本当に動くのか？」と疑問に思われている方もいらっしゃるでしょう。

実は、ケインズの「アニマルスピリッツ」は、最先端の経済学である行動経済学で再評価されつつあり、また、アニマルスピリッツで実際に経済が活性化するという実証研究も行われています。

「人間の非合理的な想いが経済を動かす」という事実について、お話ししたいと思います。

行動経済学の観点からアニマルスピリッツを再定義する

アニマルスピリッツは、もともとは、英国の経済学者であるジョン・メイナード・ケインズが1936年に『雇用・利子および貨幣の一般理論』のなかで述べた言葉です。[*2]

ケインズは人々の非合理的な側面を指摘していたわけですが、その後の経済学はこの論点を軽視して構築されてきました。すなわち、従来の経済学においては、経済に参加するすべての人・企業・政府（これらを経済主体と言います）は完全に合理的である、という前提が置かれ、**経済主体は、入手しうるすべての情報を考慮に入れて損得を確率も含めて完璧に計算し、自分自身の物的な満足を最大化するように行動する、また、いったん決めたことは必ず実行する、という強い仮定が置かれています。**

これに対し、近年、行動経済学と言われる考え方が生まれています。これは、経済学と心理学が融合した経済学の新領域であり、2002年にノーベル経済学賞を受賞した心理学者・経済学者のダニエル・カーネマン氏やエイモス・トベルスキー氏、そして経済学者のリチャード・セイラー氏らによって創設されました。

行動経済学は経済主体の合理性を前提としません。と言っても、人の行動はランダムでもなければめちゃくちゃでもなく、かなりの程度の合理性を満たすとされます（これを限定合理性と言います）。

さらに行動経済学では、時として同一人でも選好が矛盾することがあることや、自分ばかりでなく他者の利益についても考慮すること、さらに、短期的な利害にとらわれて長期的な利害を無視しがち、といった、「まぁ、そうだよね」と思う「生身の人間」の存在を前提としています。

つまり、従来の経済学が、合理的に行動するという「フィクション（虚構）としての人間」の上に成り立っていたのに対し、行動経済学は「ファクト（事実）としての人間」をベースにしているわけです。

行動経済学は、直感や感情に頼り、ささいな情報に振り回される合理的とは言えない人々が、どのように経済行動を行い、その結果として市場で何が起こり、資源配分や所得分配そして人々の幸福や満足にどのような影響が及ぼされるのかを追究しようとする学問です。

こうした行動経済学隆盛の流れのなかで、ケインズが述べたアニマルスピリッツについても、再度見直しが行われてきています。

たとえば、2009年に米国の経済学者であるジョージ・A・アカロフ氏とロバート・J・シラー氏が発表した共著のタイトルはずばり、『アニマルスピリット――人間の心理がマクロ経済を動かす』です。[*3]

著者のアカロフ氏は、情報の非対称性を扱った通称「レモンの経済学」などの実績でノーベル経済学賞を受賞した人物です。また、シラー氏は資本市場とマクロ経済の両方に詳しく、ネットバブルの構造を見事に指摘した『投機バブル　根拠なき熱狂』の著者として知られています。[*4]また、リーマンショックの原因となったサブプライム問題で一般にも知られるようになった「S&Pケース・シラー住宅価格指数」の創出者の1人でもあります。

この本では、ケインズが1936年に『雇用・利子および貨幣の一般理論』のなかで言及していたにもかかわらず、多くのケインズ解釈者らによってこれまで無視されがちだった「アニマルスピリッツ」に光を当てています。

そして、経済現象の説明における心理的要因を重視するとともに、従来の経済学が想定する合理的経済人の行動原理からすると非合理的な心理的・感情的要因全般を「アニマルスピリッツ」として再定義しています。

このように今日では、経済活動の多くは合理的動機に基づいて行われるものの、一方で**将来の収益を期待して事業を拡大しようとする、必ずしも合理的には説明できない衝動的な心理**

（アニマルスピリッツ）も経済を動かしている、ということは定説になっています。

強気の経営者が増えれば経済が活性化する

アニマルスピリッツを定量化しよう、という試みも行われています。たとえば、日本においても経済産業省が、毎月、製造工業生産予測調査の結果を基に「アニマルスピリッツ指標」なるものを同省のホームページで公表しています。経済産業省は、「企業の生産計画の強気、弱気の度合い」をアニマルスピリッツと定義し、実地調査の結果から指数を算出し公表しています。

経済産業省経済解析室は、アニマルスピリッツの経済的役割について、「生産活動が活発で企業が強気の予想をすれば、さらに経済活動が活発になる一方、生産活動が停滞しており、企業が弱気の予想をすればますます生産活動が沈滞する」と述べています。

すなわち、**強気の経営者が増えれば経済が活性化する**ことを、経済産業省の分析は示唆しているわけです。

この経済産業省の「アニマルスピリッツ指標」は、生産という領域に閉じた分析ですが、企業経営には、アニマルスピリッツの強弱が影響を及ぼす局面や領域が、ほかにも多く存在します。

その最大のものは、「経営戦略における利益とリスクの比較考量」に関するものでしょう。経営戦略とは、事業の参入・撤退、M&Aなど会社全体を動かす戦略で、そこには当然リスクがつきものです。

このリスクとそれによって得られる利益の比較考量において、リスクが高いからやめておこうと考えるのか、いや何としても成功させて見せると思うのかで、企業全体の将来が左右されます。

あるの会社のCFOが、安全第一でブレーキを踏み続ける「金庫番思考」の持ち主なのか、CEOのアニマルスピリッツを何とか実現させてやりたいと考え、「リスク」と「資本」と「収益」のバランスを十分把握したうえで案件を進められる条件を工夫する「CFO思考」の持ち主なのかによって、将来の企業価値が変わります。

今後、「CFO思考」に基づく経営判断を行った経験を持つCFOがCEOに昇格したり、他社のCFOになったりすることで、経済界全体に「CFO思考」の持ち主が増えれば、日本経済全体の底上げにつながることが期待されます。

「企業の永続性」を「成長」より優先する日本の取締役会

247〜249頁で述べたように、コーポレートガバナンス・コードは、取締役会がCEO以下経営陣の健全なアニマルスピリッツに基づくリスクテイクの提案を歓迎し、その果断な意思決定を支援することを求めています。

しかしながら、2023年時点で、日本企業の取締役会において、CEOをはじめとする経営陣に「もっと積極的にリスクを取れ」と背中を押すような行動を取っているケースはほとんどないものと思われます。

日本の社外取締役は、株主価値向上につながる企業価値向上を最優先に考えるというよりも、企業価値向上につながる行動はCEO以下執行サイドの役割であり、みずからの役割は監査など執行に対するチェック機能にあると認識しているものと考えられます。

ここで、取締役会の構成を見てみると、CEOなどの執行サイドの役員に加え、弁護士や会計士、官僚出身者や企業経営者から構成されているケースが多いことが分かります。

コーポレートガバナンス・コードの補充原則4－11①では、「独立社外取締役には、他社での経営経験を有するものを含めるべき[*5]」だとされており、各社はこぞって他社の社長経験者を社外取締役に迎えています。

その結果、他社の社長、会長経験者で、現在は「相談役」「特別顧問」などに就いておられる方々が、取締役会で中心的役割を担っている、というのが、日本の上場企業の平均的な姿になっています。

CFO仲間の懇談会などでよく聞く話を総合すると、平均的に70歳前後のこうした方々は、長年、企業を率い、後輩に社長のバトンを無事に渡された成功体験から、企業の永続性を優先するお考えをお持ちの方が多いようです。また、中には、「ROEや株主価値を重視すべき」という昨今の風潮に心のどこかで抵抗を感じている方もいらっしゃる、という話も聞きます。

誤解を恐れずに言えば、**多くの社外取締役は、会社の継続性を優先し、企業がリスクアペタイトに乏しい状況を容認する、つまりリスクテイクよりは企業の安定性を重視する傾向があると言えます。**

このため、ISSやグラス・ルイスなどの議決権行使助言会社が「独立社外取締役を増やせ」といった外形標準的な要求をいくら企業側に突き付け、そのとおりになったとしても、コーポレートガバナンス・コードが期待しているような「社外取締役が中心となってCEOのアニマルスピリッツに火をつけ、リスクテイクの背中を押す」といったシナリオは期待しにくいと言えます。

念のため、私のスタンスをお話しすれば、会社の永続性を重視する、という結論は多くの日本企業にとって妥当なものだと考えています。

同時に、海外投資家と面談してきた経験から、取締役会でもっとリスクテイクによる企業価値の向上策や株価対策が議題として採り上げられても良いとも感じています。

取締役会メンバーに「投資家的目線を持った人材」が複数いて、従業員や地域社会などさまざまなステークホルダーの利害を含む多角的な議論が行われ、その結果として経営方針を導き出すことが――たとえそれが従来と同じ結論だったとしても――重要ではないか、というのが私の考えです。

取締役会に投資家を招く「ボード3・0」という考え方

こうした問題意識は広く認識されつつあり、経済産業省や一部有識者のあいだでは、「ボード3・0」を日本流に応用することがその解決に資するのではないか、と注目されています。

「ボード3・0」とは、2019年にコロンビア・ロースクールのロナルド・ジルソン教授とジェフリー・ゴードン教授が提唱した新しい取締役会のモデルです。[*6]

1960年代までに米国で確立した取締役会のモデルは「アドバイザリーボード」と呼ばれ、

取締役会は、経営者本人と企業の顧問法律事務所や取引銀行や投資銀行の担当役員、経営者の知人の他社経営者など「お友達」とも言える人々で構成されていました。

このような取締役会では、リスクアペタイトが旺盛な経営者の欲望を抑制できず、不正や経営破綻につながったことから、このモデルは限界を迎えました。

次に登場したのが、独立社外取締役で構成される監査委員会を活用する「ボード2・0」です。「モニタリングボード」とも呼ばれるこの仕組みは、1970年代から2000年代にかけて徐々に一般的になってきました。日本のコーポレートガバナンス・コードも独立社外取締役が過半数を占め、監査委員会、報酬委員会、指名委員会などを持つ米国の「ボード2・0」をひな型としています。

「ボード2・0」に対しては、米国では課題が指摘されています。**CEOほかの執行サイドとの情報格差や管理・監督のためのリソース、またモチベーションの点で社外取締役には限界があり、複雑化する企業経営を十分に監督できない**のではないか、という指摘です。

日本企業とは異なり、米国では経営者のアニマルスピリッツやリスクアペタイトは旺盛だけれども、CEOなどの経営陣と社外取締役の情報の非対称性が大きく、経営者の意図を十分咀嚼し議論していく体制が不十分、というわけです。

米国では、アクティビストが株主となり、相当額の投資を背景に大株主としてCEOやCF

Oとの面談や財務分析を集中して行うことで、経営に深く関与する事例が増えています。

こうなると、その会社のビジネス領域に十分な知見のない社外取締役よりも、洗練されたアクティビストの方が事業をよく理解し戦略の評価能力を有している、という状況になってきます。

こうしたアクティビストから事業売却などの提案を受けた場合、これまでの「独立性」にこだわり過ぎた社外取締役だけでは、賛否を十分に議論できないのではないか、というのがゴードン氏らの指摘です。

「ボード3・0」でゴードン氏らが提唱しているアイデアは、企業価値を持続的に成長させるために、取締役会に、企業が成長することと利害が一致しインセンティブを持つ投資家（プライベートエクイティ・ファンドなど）を迎え、取締役会の情報収集力やアクティビストとの交渉力などを高める、というものです。

実は、米国ではこの「ボード3・0」に対しては批判が多く、2023年の春の時点では、本国での賛同は広がっていません。

むしろ、「ボード3・0」をめぐる議論は、米国本国よりも日本で活発です。

それは、ゴードン氏らが提起した「独立社外取締役の存在だけでは、企業価値の向上につながらない」という論点が、企業業績や株価が低迷している日本でより深刻だからだと考えられます。

しかし、取締役会に投資家を迎え入れるという「ボード3・0」のアイデアが、日本で受け入れられる可能性は米国以上にほとんどありません。

取締役会でのリスクテイク議論を活性化するための2つのアイデア

これまで見てきたように、日本企業の取締役会において、コーポレートガバナンス・コードが期待しているように、社外取締役がCEO以下の経営陣に「もっとリスクを取れ」と背中を押すことは現実味がありませんし、「ボード3・0」で取締役会に投資家を招き、リスクアペタイトを刺激してもらう、ということも難しそうです。では、どうすればよいのでしょうか？

私には2つのアイデアがあります。

ひとつは、**ブレーキ役で保守的な金庫番であり、財務の健全性の守護者だと考えられているCFOがCEOの伴走者となり、アクセル役を買って出ることです。**

私は、CFOとして、会社の健全性を守る最後の砦であるという自覚を持っています。会社の序列上はCEOは私の上司ですが、企業の最後のリスクテイカーである資本家・投資家に最も近い役職として、会社の健全性の維持に関しては、自分の後ろには誰もいない、CFOである自分が最終防衛ラインだということは常に意識しています。

たとえ、上司であるCEOが実力派社長だったり、恩のある会社の先輩だったりしたとしても、あるいは、オーナー社長や創業者社長であったとしても、リスクキャパシティを超えたリスクテイク（過食！）をCEOが行おうとしている場合は、健全性という会社の健康維持のために、身体を張ってでも諫めるのがCFOの大きなミッションです。

逆に言えば、自分の会社がどこまでリスクを取れるかが一番見えているのもCFOです。第3章でお話ししたように、格付や自己資本比率など財務の健全性の観点から、CFOはリスクキャパシティを知ることができます。そして、CFOは、CEOに対して「この範囲であれば設備投資やM&Aなどのリスクを取ることができますよ」と示唆することができます。

私自身、「リスク」と「資本」と「収益」を三位一体に捉え、CEOと伴走し、時にはアクセル役になり、取締役会に「こういうリスクを取りたい」「たとえ、失敗しても経営の健全性は揺るがない」と自信を持って言い切れるCFOでいたいと思っています。

もうひとつのアイデアは、**海外投資家やアクティビストとの対話の経験のある他社の元CFOや現CFO、あるいは投資銀行のバンカーなど資本市場のプレイヤーや元経験者を、自社の取締役会に独立社外取締役として迎え入れること**です。

三菱UFJフィナンシャル・グループ（MUFG）では、私がCFOになった2015年から、取締役会に他社のＣＦＯ経験者を招くことを続けています。

業種が違っても、経理や税務、予算や投資家対応などＣＦＯ業務を経験したことのある人材が取締役会にいることで「リスク」と「資本」と「収益」に関する議論が深まるとともに、私も緊張感を持ってＣＦＯ職を務めることができました。

こうした資本市場経験者を取締役会に招くというアイデアは、「ボード３・０」を巡る議論でテーマとなっている「資本市場や業界動向に関する取締役会の情報収集力やアクティビストを含む投資家との対話力を高めるための方策」になる可能性があると考えています。

ニューヨーク証券取引所で鐘を鳴らしてわかった米国型資本主義の根幹

２０１８年4月20日、私はウォール・ストリートにあるニューヨーク証券取引所で相場の終了を告げるクロージングベルを鳴らす機会を得ました（**図表4－2**）。

ポディウムと呼ばれる壇上に立って、「立会場」と呼ばれる証券会社の社員たちが行き来している金融資本主義の総本山とも言える場所を見下ろして、私は「米国型資本主義」の根幹に関わる３つのことに気づきました。⑴ＤＥ＆Ｉ（ダイバーシティ・エクイティ・アンド・インクルージョン）、⑵合理主義、⑶エンターテインメント性の３つです。

根幹1　多様性、公正性、包摂性（DE&I）

まず、(1)ダイバーシティ・エクイティ・アンド・インクルージョン（多様性、公正性、包摂性）ですが、壇上から見えた立会場で働く人々の肌の色がさまざまであることは当然として、壇上に登ったMUFGユニオンバンクの従業員の多様性に身内ながら驚きました。

人選は完全に米国の現地マネジメントに任せて私は東京から出張したのですが、旧東京銀行ニューヨーク支店時代から最も長く勤務している60歳近い庶務員さんがいるかと思えば、入社して2週間目の女性がいたりと、人種や性別、担当職務や年齢などがバランスよく配慮された人

図表4-2｜ニューヨーク証券取引所でクロージングベルを鳴らす筆者

Courtesy of NYSE Group

選になっていました。

仮に、東京の本社で人選していたら、MUFGの米国にある銀行、信託、証券、ユニオンバンクなど子会社の役職の上から順番に選び、結果、壇上は日本人の男性の年配者ばかりになったに違いありません。

しかし、私が実際にそこで見たのは、「イノベーションは人種やジェンダー等などの多様性のなかで生まれる（ダイバーシティ）」「従業員は地位や担当職務に関係なく尊重され、会社の名誉あるイベントに参加する機会を有する（インクルージョン）」という概念が、自然に実行されている光景でした。DE&Iの概念が、もともと米国の上場企業であったユニオンバンクの経営者のあいだ間にはコンセンサスとして存在しており、こうした概念の上に米国の資本主義は成り立っているのだと感じました。

根幹2　合理主義

次に、(2)合理主義ですが、壇上に登って取引終了時間である午後3時が迫っても取引所の担当者から何の説明もありません。内心焦っていると、1分前になって、「正面にあるあの大きな時計の秒針が3時の15秒前になったら、このボタンを押してください。すると鐘が鳴り始めます。3時ちょうどで手を離してください」という説明がありました。

考えてみれば、実際の取引は完全にＩＴ化されており、私の鐘を鳴らすタイミングがずれても何の支障もないわけです。日本人は形式美を尊びますが、彼らは実質主義、合理主義者です。合理主義は、米国の資本主義の基本を貫く考え方のひとつです。

根幹3　エンターテインメント性

さらに、鐘を鳴らし始めると、眼下の「立会場」にいる「場立《ばた》ち」と呼ばれる証券員から大きな拍手と歓声があがります。鐘に続いて私が3回鳴らした木槌の音とともに、一層大きい歓声が沸き起こり、多額の売買が行われた一日の取引が終わりました。私をはじめ、多くの参加者の頬は紅潮し、その場の雰囲気は高揚しています。

実は、これらはすべてフェイクというかショーなのです。このように、ビジネスの場面にも（政治の場面と同様に）、エンターテインメント性を持ち込むという点も、米国型資本主義の根底にある特徴のひとつです。

証券取引が完全に電子化されたことを受け、東京証券取引所は１９９９年4月に、「立会場」をなくし、「場立ち」による株式取引を廃止しました。効率優先。実に、合理的な判断です。ところが、通常は合理的な判断をする米国人が運営するニューヨーク証券取引所は、現在も人々の熱気と歓声に包まれる「リアルな取引所」の形態を部分的に残しています。

一見、無駄に見えるこの「立会場」における「場立ち」による人海戦術での取引ですが、これこそが経済や金融取引が合理性を超えた行為（動物的な活気や勢い）の側面を含むことを直感的に理解している欧米人と、その概念を輸入してきた日本人との差なのです。

私は信託銀行時代、金（ゴールド）を信託化して株式のように売買する商品「金の果実」（東証コード1540）の上場セレモニーで東京証券取引所でも鐘を鳴らしたことがありますが、正直、わくわく感や高揚感に乏しいものでした。

日本では、小学生が社会科見学で東証を訪れても、静まり返った部屋にグルグルと電光掲示の株価が回っているだけで、そこから生身の経済の鼓動や、相場を巡る投資家同士の熱い戦いを想像するには無理があります。

一方、ニューヨーク証券取引所は熱気に溢れています。見学で訪れたり、毎日TVで目にしたりする子どもたちに、資本市場の本質を伝えるショーケースとしての役割を立派に果たしています。

また、鐘を鳴らす企業参加者を市場全体で盛り上げる工夫が凝らされ、各証券会社の「場立ち」社員が笑顔で「おめでとう！」「株価上昇を期待しているよ」と言葉を掛けてくれます。

登壇前に署名簿（安倍晋三元首相のサインもありました）にサインするイベントが行われ、無事鐘を鳴らして壇上から下りる際には、白い壁に登壇者全員が記念のサインをすることができます。2017、2018年は中国企業の上場が多かったことから、中国人の漢字のサインも多く見られました。

こうしたエンターテインメント性を高める工夫をニューヨーク証券取引所が行っている背景には、NASDAQとの競争があります。さらに近年、欧米では国を跨いで証券取引所の統合が行われており、取引所もまた株式会社としての競争の渦中にあり、さまざまな創意工夫で資本主義のなかで勝ち残ろうとしています。

それと同時に、**欧米人は「経済は人々の非合理的な衝動・アニマルスピリッツによって動く」という資本主義の根源を無意識に理解している**のです。

日本にはびこる「ルール疲れ」の原因とは

ニューヨーク証券取引所の「立会場」に見られるような「資本主義の根源にあるアニマルスピリッツを失わないための工夫」は、一種の無駄です。こうした**意図的な無駄を行うためには、社会や経済や企業に「余裕」が必要**です。また、「余裕」は将来のことを構想するためにも重要です。

ところが、日本の企業や社会においては、目の前のルールに縛られ、企業経営者も従業員も

「コンプライアンス疲れ」「ルール疲れ」を起こし、余裕が持てない状況にあります。

その理由のひとつが、そうしたルールが外国製だからです。会計基準のＩＦＲＳ（欧州）にしても、ＥＳＧ・グリーン関連のＧＲＩスタンダード（欧州）にしても、内部統制のＳＯＸ（米国）にしても、グローバルな経済の仕組みや基準は欧米が支配しています。

真面目な日本人はそれに追随することで疲れてしまい、余裕がなく、アニマルスピリッツを発揮するどころではありません。

内部統制について日本ではＪ－ＳＯＸが施行されていますが、これはその名の通り、米国のＳＯＸ（サーベンス・オクスリー）法に準拠しています。

実は、世界にはＳＯＸ類似の規制がなされていない国が多数あります。日本企業がこれらの国にある企業を買収する際、内部統制の概念やＪ－ＳＯＸの制度趣旨などを現地担当者に説明するのに苦労するケースが散見されています。

コーポレートガバナンスや投資家のスチュワードシップについて、日本は「コンプライ・オア・エクスプレイン」を原則とする「コード」という概念を英国から輸入しましたが、米国にはコーポレートガバナンス・コードもスチュワードシップ・コードも存在しません。

日本人は、明治維新で郵便制度を英国から、また民法をフランスから輸入してこのかた、欧米で制定されたルールをバラバラに取り入れ、それらに真面目に従う習性があります。

外国製のルールは、その母国でルール変更があるとそれを後追いでフォローする必要があり、それだけで日本の企業と社会に負担を生んでいます。

また、そもそも制定のベースになった経済状況やものの考え方などが異なるケースも多く、全体として日本社会に非効率性をもたらしています。

本来は、国際的なルールメイキングを日本主導で行うことが理想ですが、言語の問題や日本の経済力低下に伴うグローバル社会や国際会議での発言力低下から、残念ながら現実的ではありません。

「リスクを取って、手を抜く」ことで余裕が生まれる

それでは、どうすれば社会や経済や企業に「余裕」を生むことができるのでしょうか？　それは、「リスクを取って、手を抜く」ことです。

たとえば、自社のある部門や子会社の内部統制が十分に機能していると思えば、チェックの頻度を落とすなどの工夫をする、すなわち、**内部管理においても「リスクとリターンの比較考量」という概念を入れることが有効**だと考えます。

こうした「リスク・アプローチ」は、経営者がその妥当性を十分検討して行う必要がありま

すが、そのルールが生まれたそもそもの意味や規制の目的を常に確認しつつ、合目的的に行動することは重要です。

「余裕」を生むためには、「形式美」重視の考え方（マインドセット）を転換する必要があります。東証とニューヨーク証券取引所の両方で鐘を鳴らした経験からして、イベントの1時間前に経営者ら時給の高い人々を集めて丁寧に事前の説明が行われる日本と、事前説明なく登壇させ、衆人環視のなかで1分前に耳元で鐘の鳴らし方と止め方をレクチャーする米国では、費用対効果がまったく違います。

日本企業、特に歴史があり一流と呼ばれる企業ほど、企業活動のさまざまな場面で必要以上に「形式美」を重んじ過ぎている部分があります。

意図的に「手を抜く」ことと同時にその浮いた時間やお金を「アニマルスピリッツ」活用に回すことを、経営者みずからが考え率先垂範することで、企業や社会のカルチャーは少しずつ変わっていくものと考えています。

1株で10の議決権！「クラス株」に見るアニマルスピリッツ

狩猟民族である欧米人は、要は「結果主義」です。途中経過がどうであれ、「たくさん獲物をしとめたヤツが偉い」のです。

ESGの「G」について、コーポレートガバナンスの教科書には、ガバナンスの根本は株主主権であり、その株主から負託を受けた取締役が、フィデューシャリー（受託者）として善管注意義務や忠実義務などのデューティ（義務）を果たすことが求められている、と書いてあります。

ところが、実際には、「オレはもっと議決権を多数持ち続けたい。そのほうが大胆な経営ができる。でも投資家からカネは集めたい」という強い思いを持った創業者やCEOは、自分たちに議決権が多い種類株（クラス株）を割り当てることによって、その思いを実現してしまい

図表4-3｜創業者や経営陣の立場を守る工夫

米国のクラス株導入例

	議決権種類株式のタイプ	導入企業例
❶	1株に付与される議決権数に差異が設けられているケース 例）クラスAには1株あたり1議決権、クラスBには同10議決権を付与	•アルファベット •メタ •ラルフローレン •VISA
❷	長期保有によって1株に付与される議決権数が増加するケース 例）4年以上保有する株主には1株あたりの議決権数が1から10に増加	•アフラック •カーライル（建材・部品等製造）
❸	クラスごとに議決権のシェアが割り当てられているケース 例）クラスAに全体で議決権の60%を付与、クラスBには同40%を付与	•フォード・モーター •コムキャスト
❹	クラスごとに選任できる取締役会メンバー数が割り当てられているケース 例）クラスAは取締役9人のうち4人、クラスBは同5人を選任	•ナイキ •ニューヨーク・タイムズ

出典：吉川浩史「米国で活発化する議決権種類株式の上場に関する議論」『野村資本市場クォータリー』2018年冬号
http://www.nicmr.com/nicmr/report/repo/2018/2018win03web.pdf

ます。これも、アニマルスピリッツ（実現したいことに対する非合理的なまでの期待と熱意）の表れです。

たとえば、アルファベット（グーグルの持株会社）やメタ（旧フェイスブック）は、創業者グループが1株で10の議決権を有する株式を保有し、議決権の過半数を支配しています。

図表4－3に示したように、米国では、GAFAをはじめとするテックカンパニーだけでなく、多くの企業がこうしたさまざまなクラス株を利用した工夫で、創業者や経営陣が経営のフリーハンドを維持しようとしています。

欧州でも、複数議決権など種類株式を活発に用いて創業者のDNAを残そうとする有名企業が多数見られます。ロシュ・ホールディング（スイス）、フォルクスワーゲングループ（ドイツ）、LVMH（モエ ヘネシー・ルイ ヴィトン）（フランス）などがこれに当たります。

議決権行使助言会社ISSの調査では、フランス企業の54％が2倍議決権を採用していると言われています。

「1株1議決権」で「株主平等の原則」が当たり前の日本では想像しにくい状態ですが、議決権がなくてもあるいは制限されていても、その企業の株式に投資したいと思わせるほど将来性と値上がり期待があれば（＝獲物をたくさん獲れれば）文句はないだろう、というわけです。

このように、オランダ東インド会社という冒険心溢れる世界初の株式会社を生んだヨーロッパも、企業の新陳代謝を繰り返し常に世界の経済をリードする米国も、コーポレートガバナンスの外形的な整備という「綺麗ごと」はともかく、企業価値や株主価値が上がる会社がよい会社、という生々しい資本主義の基本原理を堅持しています。

こうした「途中経過や格好はどうでも、狩りがうまいヤツ、たくさん獲物が獲れるヤツが偉い」という欧米の文化のもとに生まれたルールを、「失われた30年」でリスクを取らないことを是として過ごし、アニマルスピリッツを発揮しようとする気概に乏しい今の日本社会に注釈なしで導入すると、出ようとする杭を出る前に打ってしまうリスクがあります。

SDGsバッジをスーツの胸に着けた欧米のビジネスパーソンに私は会ったことがありませんし、好業績でESG投資家にも評価が高い欧米企業のなかには「統合報告書」を発行していない会社もあります。

170頁でお話しした、私が会った海外投資家が、「日本企業の経営者の綺麗ごとはもう聞き飽きた。要は結果を出してくれればいいんだ」と語った背景もここにあります。

欧米発のルールやベストプラクティス（最良の慣行）を無批判に適用するのではなく、自社の実情に合わせて、適宜手を抜き（ビジネス用語では「合理的に対応し」）、それで生まれた余裕で、実現したいことやチャレンジしたいことに向けてアニマルスピリッツを発揮することが、今、日本企業に求められていると私は考えています。

「企業が最も経営破綻しない先進国」のままで良いのか？

第3章でもお話しした通り、会社の健全性の維持に関してCFOは全責任を負います。CFOが企業の財務健全性の最後の砦であることに疑いの余地はありません。

財務の健全性を損ねることは、従業員、債権者、取引先など多くのステークホルダーにとって好ましいことではないことも明白です。

日本においては、企業経営者は会社を潰さないことを最優先に経営判断をしてきました。経理・財務担当役員は、ケチとか倹約家などと陰口を叩かれようとも「金庫番」としての役割を立派に果たし、ぶ厚い内部留保を積み上げてきました。

結果、日本企業は倒産が少なく、人々は安心して生活ができ、そのことが日本の社会の安定と犯罪の少ない安全をもたらしてきた側面があります。

つまり、会社は社会の「公器」であり、永続することは従業員や取引先や地域社会にとって大きな意味を持つ、という自覚が大企業の経営者にはあったのだと思います。

しかし、取締役会がCEOら経営者のアニマルスピリッツを刺激せず、「金庫番思考」を持つCFOがブレーキに常に足を掛けていては、日本企業は「潰れもしないが、成長もしない」

状態に至ることは確実です。

事実、世界的にみて日本は「企業が最も経営破綻しない先進国」なのです。内閣府の白書「日本経済2020－2021」によれば、我が国の倒産件数は減少傾向が続いており、資本金1億円以上の大・中堅企業の倒産は、2015年以降100件未満に止まっています。[*7]

米国企業の取締役会がお友達中心の「ボード1・0」から、独立社外取締役中心のモニタリングモデル「ボード2・0」に移行した主な要因は、経営者によるリスクの取り過ぎ、すなわち「過食」にありましたが、日本企業に一般的に見られる課題は、「小食」です。

すなわち、ほとんどの上場企業がリスクアペタイトを余らせている状態、資本やキャッシュを過大に保有している状態にあるのです。

岸田内閣以前から政治の世界でも、日本企業の内部留保の大きさが話題になってきましたが、これも同じ文脈で理解することができます。

また、8年余りのCFO生活のなかで、私が世界中の複数の投資家から、それも日本を知り日本人を愛する有名ファンドマネージャーから、「君たち日本人にはアニマルスピリッツはないのか？」と何度も言われた背景もここにあります。

業態転換よりも市場からの退出を求める海外投資家

会社を潰さず、雇用を守るために、日本企業の経営者が取ってきた企業戦略が、多角化であり事業ポートフォリオ戦略です。すなわち、異なるリスクプロファイルと収益構造を持つ複数の事業を持つことで、会社全体を安定させようとしてきました。

また、主力事業が苦しくなると、その事業が持つ基礎技術や顧客基盤を用いて、会社と終身雇用を守りながら、業態転換を図ってきました。経営論的に言えば、いったん会社を清算して新たに起業することが合理的な場合も含めて、日本の企業経営者は何とか会社全体を存続させようとしてきました。そのベースには、「会社は、社会の『公器』であり、存続していること自体に意味がある」という考え方がありました。こうした考え方を仮に「日本型資本主義」と呼ぶことにしましょう。

これに対して、欧米の企業経営者や投資家は異論を唱えます。

複数の事業を持つのは好ましくない。企業のなかでポートフォリオを組んでもらう必要はない。それは、私たちファンドマネージャーの仕事だ。君たちは、事業構成をなるべくシンプルにして、1つか2つの事業に集中して、成長を目指してもらいたい。寿命が尽きたビジネスは諦めて、それが主力事業ならいったん会社をたたむべきだ。会社を永続させながら、業態転換するなんていう難しいことをやる必要はない。

彼らが念頭に置いている「株式会社」や「資本主義」のあり方は、日本の経営者の平均的な考えと大きく異なるのです。

私がそれを痛感した投資家との対話があります。それは、富士フイルムを巡るやり取りでした。

写真フイルムで高収益を上げていた米国のイーストマン・コダック（以下コダック）が、デジタルカメラという革新的な技術に敗れ去り、かたや富士フイルムは市場がほぼ消滅するという危機を乗り越え、複写機などのOA機器や医療用画像機器、医薬品、化粧品、健康食品や高機能化学品などに主力商品を転換させることで、高収益企業として見事に生き残ったという有名な事例があります。

コダックは世界で初めてカラーフイルムを発売したメーカーで、1963年頃にはすでに4000億円を売り上げ、270億円ほどの富士フイルムとは10倍以上の開きがありました。コダックは写真フイルムの製造に必要な銀とゼラチンを確保するために、銀山や牧場を自前で保有していたという話もあります。

しかしそのコダックは、２０１２年、経営破綻したのです。一方の富士フイルムは売上２兆８５９０億円、当期純利益２１９４億円（２０２３年３月期）の優良企業として生き残っています。

私が面談した米国の有名投資家は、「富士フイルムが成し遂げたことは素晴らしい」と前置きしたうえで、「しかしコダックの経営者も間違ってはいなかった」と語ったのです。

倒産させておいて何を？　という私の疑問の表情に気づいたかのように、そのファンドマネージャーは続けました。「コダックの経営者は、最後まで配当と自社株取得で、過去に蓄積した利益を投資家に返し続けた。ひとつのビジネスが廃れるとき、累積資本は自社株取得などで投資家になるべく早く還元すべきだ。その資金で投資家が次世代のビジネスを作る別のベンチャー企業に投資する。投資家が投資先を選ぶのであって、企業が成功するかもわからない新規事業に乗り出してコングロマリット化することは非効率だ」

業態転換に成功した富士フイルムは例外であって、多くの場合、主力事業が衰退する企業は早く見切りをつけて、経済資本（現預金）や人的資本（技術者や従業員）を市場に解放したほうがよい。資本や有能な人材を欲しているベンチャー企業が米国にはたくさんあるのだから、というわけです。

これが欧米流の企業のあり方であり、彼らが考える「普通の資本主義」です。キーワード的に言えば、**企業の優勝劣敗は必然であり、新陳代謝は経済に効率性をもたらす、そして、新たな成長は市場と投資家が主導する**、という理屈です。

当然、社会や従業員には一定程度の混乱が生じますが、それも長い目で見れば、経済の成長と新産業の勃興で吸収できる、という将来に対する楽観的見方がベースにあります。

「過度の多角化は悪」との批判にどう答えるべきか

こうした欧米人が「普通」と考える資本主義、企業のあり方からすると、日本の企業の多角化は度を越していると映り、時には批判の対象となります。

日本の上場企業の半数がPBR1倍割れと株価が低迷している理由のひとつに、「コングロマリット・ディスカウント」状態にあることが挙げられます。

「コングロマリット・ディスカウント」とは、多くの産業を抱える複合企業（コングロマリット）の企業価値が、各事業の価値の合計（サム・オブ・ザ・パーツ）よりも小さい状態のことを言います。多角化は業績変動を減らすなどの利点がある一方、事業の全体像や相乗効果が見えにくい場合は市場評価を下げやすい、と一般には言われます。つまり、シンプルな事業ポートフォリオを是とする欧米投資家からすると、企業規模（時価総額）が小さいわりに4つも5つも事業がある日本企業は分析に時間がかかることから、投資対象として敬遠される傾向にあり、結果として日本企業の株価は安値に放置される、という図式です。

こうした「コングロマリット・ディスカウント」状態の企業に対して、一部事業の売却などにより、ビジネスライン（事業）数を減らすことで、市場から正当な評価を受けることができる、と主張するアクティビストの動きも見られます。

たとえば、米国のバリューアクトは、セブン&アイ・ホールディングスに対して、「各事業の合算価値は現在のマーケットでの価値を大きく上回っており、コンビニ事業に集中するか、コンビニ事業を独立させればその価値は倍にもなるであろう」と主張しています。

確かに、国内コンビニエンスストアが20%を超える売上高利益率である一方、「イトーヨーカドー」のスーパーストアは低採算、「そごう」や「西武」の百貨店、「デニーズ」などの専門店は赤字です。

これを受けて、セブン&アイは2022年11月、傘下の「そごう・西武」を米投資ファンドのフォートレス・インベストメント・グループに2000億円程度で売却すると発表しました。

このほか、キリンホールディングスがファンケル買収などによりビール事業中心から多角化しようとする戦略に投資ファンドが異論を唱えたり、オリンパスがアクティビストファンドから取締役を迎え入れて、カメラ事業や祖業である顕微鏡などの科学事業を順次投資ファンドに売却したりするなど、ビジネスラインのシンプル化を巡る動きが続いています。

こうした欧米流の「普通の資本主義」をベースにした主張は、市場が付けた企業価値に裏付けられているだけに、反論しがたいものがあります。

こうした主張に唯一勝つ道は、それぞれの事業価値が市場にきちんと反映され、事業間の相乗効果も含めて、コングロマリットならではの付加価値「コングロマリット・プレミアム」を生む状態にまで持っていくことです。

これに成功したのが、ソニーグループです。若いビジネスパーソンの方はご存じないかもしれませんが、ソニーは2009年の3月期から2015年3月期の7事業年度中、実に6回、赤字に陥っています。

私は当時、まだ銀行サイドにいて、ソニー向け融資を審議する会議などにも出ていましたが、正直、同社の将来については不安も感じる状況でした。

その後、ソニーは、保険などの金融事業が収益を下支えするなか、ゲームや音楽などのエンターテインメントを中心に見事に復調しましたが、2019年に米国のアクティビストファンドであるサード・ポイントから、半導体部門のスピンオフと保険事業の売却、主力のエンターテインメント事業への注力を求められました。

ＣＦＯからＣＥＯに就任したソニーの吉田憲一郎社長兼最高経営責任者（当時）は、「半導体事業は成長への鍵であり、保険事業はソニーグループの収益の安定性を含む企業価値に資するものだ」として、この提案を拒否しました。

サード・ポイントは不満を表明しましたが、その後、世界で４割超という圧倒的なシェアを持つＣＭＯＳ画像センサーを中心とする半導体事業は好調で、ゲームや映画が大幅減益のなか、ソニーグループ全体の利益を支えています。

株価も順調で、時価総額は約16兆円（２０２３年４月末現在）と10年で10倍超になっています。

「安定性」と「成長性」を両立させよう——日本企業のチャレンジ

日本企業や経済界が欧米流の「普通の資本主義」やその価値観に染まり、欧米企業の後追いをする必要はない、と私は考えています。そう考える背景には、資本主義の歴史が浅い私たちが、欧米企業と同じ戦い方をしても勝てる可能性は高くないだろう、という読みもあります。

かと言って、従来型の「日本型資本主義」に固執していたのでは、本章の冒頭で見たように、グローバルな投資家から見放され、日本経済はゆるやかに衰退し、国民は平等に貧しくなっていく可能性が高いものと思われます。

日本経済を発展させ、国民生活を維持・向上させるためには、グローバルで戦うことを諦めない日本企業の存在が不可欠です。

そうした企業は、グローバルな投資家から選ばれ、リスクマネーの供給を受ける必要があります。ライバルは「普通の資本主義」のもとで生きるグローバル企業であり、成長性に優る中国やアジア諸国の企業です。それらのなかから選ばれることは大変なチャレンジです。

翻って考えると、ロシアによるウクライナ侵略、米中対立など不安定な社会・政治情勢が続き、気候変動問題や感染症の脅威など社会的な不安要素も増えているなか、人々は安定を求めています。

GAFAに代表されるIT関連会社やプラットフォーマーが経済を支配する状況もほころびが見え始め、世界の人々は、ビジネスモデルやITビジネスといった無形資産への過大な期待を修正し、より実体のあるものや形あるもの（タンジブルアセット）を評価するようになりつつあります。

こうした変化を好機ととらえ、「安定性と成長性」というトレードオフ関係にある2つの事柄を止揚《アウフヘーベン》（矛盾する諸要素を発展的に統一）することで、「新しい資本主義」を模索できないか、と考えます。

すなわち、欧米流の「普通の資本主義」を十分に理解したうえで、社会に安定をもたらしてきた「日本型資本主義」（会社は社会の「公器」であり、永続することは従業員や取引先や地域社会にとって大きな意味を持つという自覚に基づく経営）の骨格を維持しつつ、グローバルな投資家から選ばれる存在になることに企業経営者はチャレンジすべきではないか、と考えています。

社員の生活を保障する一方で、力を発揮する社員には国籍や年齢や性別などに関係なく高い報酬で報いる、リスクアペタイトの範囲を決め、そのなかでのチャレンジを奨励し、失敗から学ぶ、リスク管理やコンプライアンスは要点を押さえて効果的に行う、過度な形式主義を改め実質主義・実践主義で事業を運営する。企業が安定しているからこそ、できることがたくさんあるはずです。

日本社会にとっても、アンカー（錨）のような存在としてグローバルに戦える企業がいくつか社会に存在していることは、経済的な効用があるだけでなく、人々の精神的な安定につながります。

「安定性と成長性」を両立する企業が増え、そこで多くのビジネスパーソンがいきいきと自己実現をしていける社会を目指して、微力ながら努力を続けたいと考えています。

第5章

グローバルで活躍できるCFOへのキャリアステップ

本書ではこれまで、ＣＦＯとは何か、これからの時代に求められるＣＦＯの役割とは何か、についてお話ししてきました。また、株主・投資家や他のステークホルダーと社内との結節点にいるＣＦＯの考え方や行動が、日本企業の企業価値に影響を及ぼし、延いては日本経済の将来を左右する可能性について考えてきました。

ＣＦＯ職は元々は米国で生まれた概念ですが、今日ではグローバル企業における共通の役職であり、中国企業にもアジア企業にも当たり前のように存在しています。すでにお話ししたように、経営トップであるＣＥＯを支え、企業を代表する「顔役」としてのＣＦＯ職は、職業人生を懸けるに足る仕事だと思いますし、未来を生きる若いビジネスパーソンや学生の皆さんにとって目指すに値するポジションであると、私は考えています。

本書の最後にあたるこの章では、若い世代の皆さんのキャリア形成と未来についてお話ししていきたいと思います。

ＣＦＯを目指すべき理由

少なくとも30代以下の方は、人生の大半を「失われた30年」のなかで過ごしてこられました。人口減少や高齢化など日本の将来に明るい話題を見出しにくい時代だったと思います。特にこの10年近くは金利がずっとゼロ%近くで、給料もあまり上がらない時代でした。

しかし、日銀の異次元の金融緩和もそろそろ終わりが近づいており、賃上げ・ベースアップ、インフレ、金利上昇という昭和世代には懐かしい言葉が、再び現実のものになりつつあります。

一方で、企業経営者の立場から申し上げると、従業員の給料については、ペイフォーパフォーマンス、すなわち業績・成果連動型の給与体系とせざるを得ません。どの企業も優秀人材を欲しがっています。パフォーマンスを上げてくださる人には多く払う用意がどの企業にもありますが、そうでない場合はそれなりの処遇となってしまいます。

では、優秀人材になるには、どうすればよいのでしょうか。

企業や職種によって評価のポイントは異なりますし、一概には言えませんが、本書を手に取っておられるビジネスパーソンが事務系と呼ばれる方々で「ファイナンス」に興味か関心がある方々だと仮定すると、ずばり、将来「CFO」になるつもりでキャリアパスを描いていただきたいと、期待を込めて思います。

第3章で見たように、CFOが所管する、あるいは関与する範囲は、従来の経理・財務を超え、気候変動対応を含むサステナビリティやIT、さらに人的資本経営にまで広がりつつあります。

また、いずれ日本企業の経営体制が、現在の文鎮型組織からCスイート制に近づいていくとすれば、人事部や総務部など本社間接部門で働いている皆さんの最終的な上司も、CFOになる可能性もあります。

すなわち、経理・予算・税務・財務といった伝統的な経理・財務担当役員の部下の皆さんだけでなく、サステナビリティ・ESG、DX・IT、内部管理、リスク管理、内部統制、さらには人事・総務まで、**おおよそ「事務系」と呼ばれるビジネスパーソンの最上位がCFOという役職になると仮定すれば、最初からCFOを目指すことが合理的、**ということになります。

生成AI「チャットGPT」と共存できるビジネスパーソンとは

一方、こうした事務系と言われる仕事の一部は、今後、AIに置き換わる可能性が高い点は認識しておく必要があります。

2014年、英オックスフォード大学のマイケル・A・オズボーン准教授らによって発表された論文『雇用の未来――コンピュータ化によって仕事は失われるのか』では、20年後までに人類の仕事の約50%が人工知能ないしは機械によって代替され消滅すると予測されていました。[*1]

その後、日本の労働環境にあてはめた野村総合研究所との共同研究では、日本人の仕事の49%が人工知能などで代替可能という見通しが公表され、[*2] 2020年5月に公表されたマッキンゼー・アンド・カンパニーの調査では、2030年までに日本中の業務の27％が自動化され、約1660万人の雇用が、機械に代替される可能性があると指摘されています。[*3]

こうした将来予測は、2022年11月末にリリースされた生成AIの一種である「チャットGPT」の出現で現実のものになろうとしています。

スイスの金融グループUBSの分析によると、チャットGPTがアクティブユーザー数1億人に到達するのにかかった時間はわずか2カ月。TikTok と Instagram がそれぞれ9カ月と2年半であるのに比して、極めて速く、史上最速です。

2023年3月29日付のウォール・ストリート・ジャーナルは、次のような記事を掲載しました。

生成人工知能（AI）の登場で最も大きな影響を受けるとみられる専門職の一つは会計士であることが、新たな研究から分かった。会計業務のうち少なくとも半分は、生成AIを使う方がはるかに早く完了することができるという。

ペンシルベニア大学の研究者と、対話型AI「チャットGPT」の開発元である米新興オープンAIが実施した研究によると、数学者、通訳、ライター、そして米労働人口の2割近くについても同じことが言えるという。

会計士の仕事の半分が生成ＡＩに置き換わる可能性があるとすれば、その会計士に監査を依頼する企業側の経理業務も同様に生成ＡＩに代替される可能性があります。経理業務に限らず、経理・財務担当役員傘下の予算や財務、さらに人事や総務などの事務系の仕事の一定割合がこの先テクノロジーによって代替されていく未来はほぼ確実にやってくるものと思われます。

こうお話しすると、事務系の職種で働く方々の中には不安に感じる方もいらっしゃるかと思います。

しかし、歴史を振り返ると、新たな技術やテクノロジーの導入は、その過程において、抵抗や恐怖感、一方で期待をはらみながら繰り返されてきました。人間はどうしても目先の自分の利益を損なうような変化を拒否する傾向にあります。しかしながら、その現実から目を背けず逃げず、早く自助努力を始めることで新たな展望が開けます。

若い世代の皆さんにとって、5～10年後、あるいは20年後になりたい自分を想定することはとても大切です。

大リーグの大谷翔平選手は、高校時代に、達成したい最終目標である「8球団からのドラフト1位指名」を中心に置き、周囲9×9の合計81マスに細分化した目標を書き込む「マンダラチャート」を作成していました。[*4]

企業で働く、あるいは働く予定の皆さんのうち、技術系の方々はCTO（最高技術責任者）や工場長、営業系の社員の皆さんはCOO（最高執行責任者）やCMO（最高マーケティング責任者）などのゴールを設定し、そのためにみずからに不足しているものを特定し、それらを身につけるよう努力していただきたいと思います。

そして現在、経理・財務部門や経営企画、各事業部門や子会社の企画・計数関連の部署で働いている皆さん、さらには、人事・総務を含む「事務系」で働くビジネスパーソン、あるいはそうした職種に就職しようとしている学生の皆さんには、ぜひCFOを目指していただきたいと考えます。

CFOへの中間点「FP&A」とは何か

いきなり、「CFOを目指せ」と言っても雲をつかむような話ですので、もう少し具体的にお話ししましょう。

225頁で、CFOが企業価値を保全することを第一義とする従来の「金庫番思考」から脱し、企業価値向上を目指す「CFO思考」で職務を進めるためには、CFOを支えるチームが必要であること、そして、経理・財務部門のデジタル化・効率化により生まれた人員をリスキリングし、「CFO思考」を持ったチームを養成することが重要というお話をしました。このCFOを支える存在が、「FP&A」です。

現在、経理・財務部門で働いている皆さんだけでなく、経営企画や各事業部門の企画や計数管理的な仕事をしておられるビジネスパーソンも、**CFOを目指す中間地点として、「FP&A」を意識していただきたい**と思います。

「FP&A」とは、Financial Planning & Analysis の略です。米国企業では極めて一般的な業務で、日本企業で言えば、経営企画や事業部門企画の担当業務と管理会計・予算業務が合体したイメージの領域を担当します。

実際の業務の内容は企業によっても少しずつ異なりますが、おおよそ次のような特徴を持っています。

特徴1「企画＋財務」

事業計画や予算の策定を主導し、ファイナンス的視点で企業戦略や事業戦略の達成状況を分析し、対応方針を立案し、事業部長やCFOに提言する機能を担うのがFP&A担当者の役割です。戦略をベースにした予算の立案から実行・運用フォローなどをする仕事は、日本企業では経営企画や部門企画と財務部門の予算担当の双方で担っている場合が多いと思われますが、その機能を束ねた存在がFP&A担当者です。経営の意思決定に影響を及ぼす力が強い点が、日本型組織との違いです。

特徴2　ダブルレポーティング

FP&A担当者はコーポレート部門だけでなく、**子会社や各事業部、研究所や工場などにも配置され、担当部署を直接支援します。子会社の社長、事業部門長などと、本社のCFOの両方にダイレクトに報告を行います**（図表5－1）。

こうしてFP&A担当者は、マトリックス組織のなかで、部門最適と全社最適の両方のバランスを、若いうちから意識して成長していくことになります。

図表5-1｜FP&Aは2人の上司に報告する

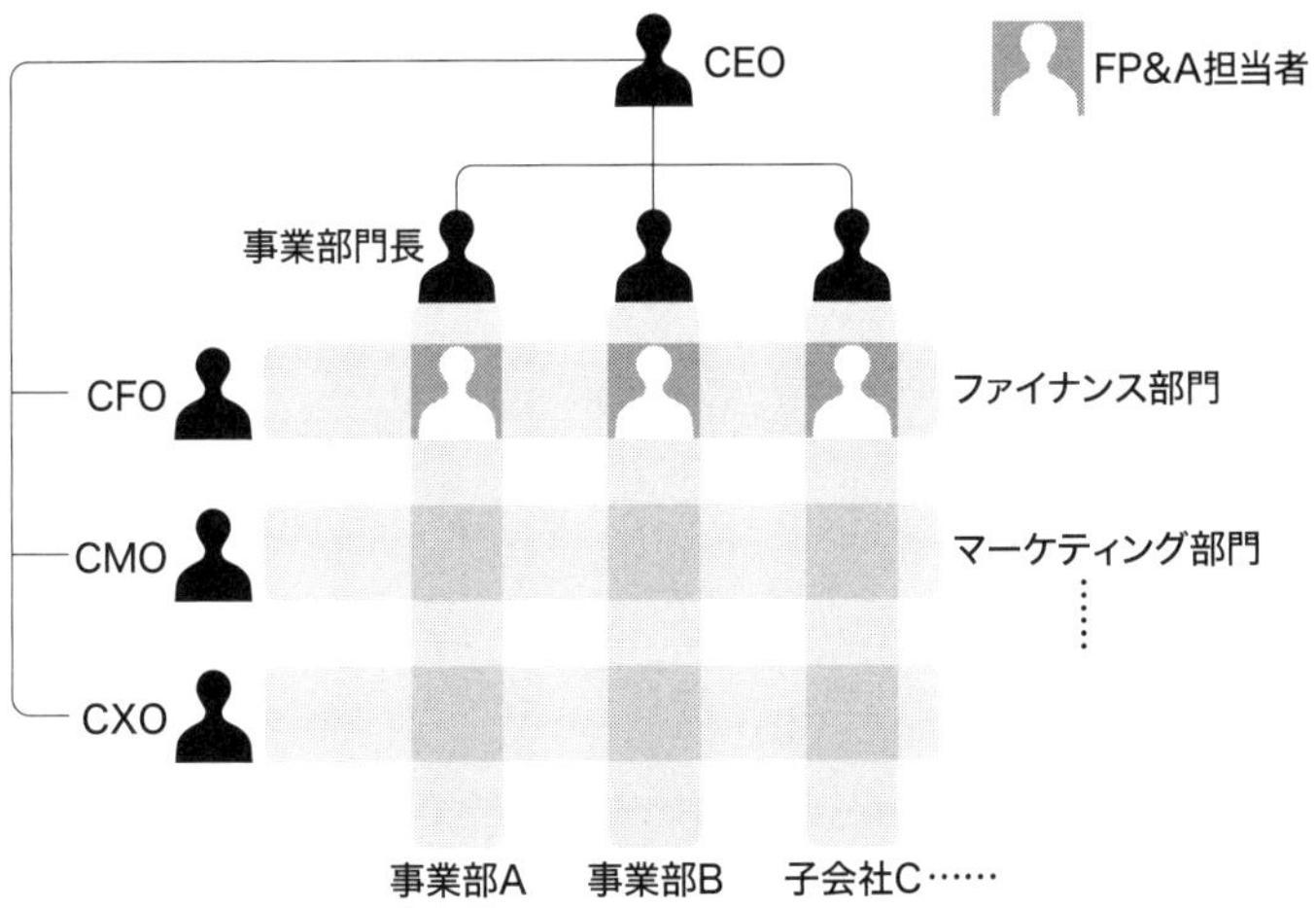

出典：筆者作成

FP&Aを明示的に導入した日本企業としては、資生堂やNECなどが有名です。また、ソフトバンクなどもFP&A職の採用を積極的に行っているようです。

また、明示的にFP&Aという職種や制度を導入していない企業でも、戦略を描く「経営企画」や「事業企画」の一部機能と計数を管理する「財務企画・予算」を統合したり、企画と数字の両方に精通した人材の育成に取り組んだりしているケースが増えています。

これには、日本企業においても、事業に関する意思決定の背景や将来展望をステークホルダー（株主、債権者など）に説明する責任が重くなってきており、実績の分析や未達の場合の原因追及などがより重視されるようになってきた、という背景があります。

会社全体の「意思決定の背景や将来展望をステークホルダーに説明する責任」は、まさにCFOが負っているものです。FP&A担当者はそれぞれの事業部や工場や子会社で「ミニCFO」的な役割を担います。

こうした「知識や経験をベースに判断・企画し説明する」という機能を果たす人材になることは、デジタル化やAI化が進んだ将来を見据えても意味があり、将来のCFOへのキャリアパスとしても有効だと考えられます。

CFOに求められる資質とは

CFOになるために求められる知識や経験については本書では十分触れることはできませんが、本書の巻末の「CFOチェックリスト」に、CFOのカバレッジ領域とそこで経験すべき項目を載せていますので、参考にしていただければと思います。

ここでは、そうした知識や経験以外にCFOに求められる資質について考えてみたいと思います。まずは、第3章で述べたこれからの日本企業に求められるCFO像のおさらいです。

これからの日本企業に求められるCFO像

- CFOはCEOのビジネスパートナーであるべし
- CFOはCEOの最大の批判者であり、かつ最大の支援者であるべし
- CFOは会社の健全性を守る最後の砦であるべし
- CFOは「リスク」と「資本」と「収益」を三位一体にとらえてマネジメントする役割を果たすべし
- CFOは社内外のステークホルダーに対する最良のスポークスパーソンであるべし

こうしたCFO像を実現するために、ビジネスパーソンとして求められる資質とは何でしょうか？　さまざまな見方があるでしょうが、KPMGジャパンのCFOサーベイ2021によれば、**これからのCFOに求められるものとして、「大局的な戦略の視点」「変革・リスク対応力」「コミュニケーション能力」が上位にランキングされています。**

確かに、CEOのパートナーとしてM＆Aや事業の撤退などの相談相手となるには、「大局的な戦略の視点」を持っていることは必須でしょうし、気候変動を含むサステナビリティや人的資本経営まで有価証券報告書に盛り込まれるといった「変革に対応する力」がなければ、カバレッジが増えていくこれからのCFO職は務まりません。

また、投資家との対話は当然として、CEOとの関係においても独立社外取締役との関係を考えても、「コミュニケーション能力」が高いことは重要です。さらに、従業員や債権者、環境NGOなど、これからは対話するステークホルダーがますます多岐にわたることを考えると、その意味合いはさらに重くなるものと思われます。

数字に強くコミュニケーション能力がある女性ＣＦＯが増加中

このように、ＣＦＯには、経理・財務といった基礎知識をベースに、さまざまな資質が求められますが、なかでも「コミュニケーション能力」が重要になってきています。

こうした背景から、数字に強くコミュニケーション能力がある女性プロフェッショナルのなかから、グローバル企業のＣＦＯが選ばれる傾向が見られます。

たとえば、１８２頁で触れたモルガン・スタンレーのＣＦＯからグーグルのＣＦＯに約36億円で移籍したルース・ポラット氏をはじめ、フォーチュン５００に選ばれている米国企業のうち58社のＣＦＯは女性です。また、三菱ＵＦＪフィナンシャル・グループ（ＭＵＦＧ）が買収したタイのアユタヤ銀行（クルンシィ）やインドネシアのダナモン銀行の買収決定時のＣＦＯも女性でした。

日本でも、２０２０年7月から２０２３年6月まで楠瀬玲子氏が日本板硝子のＣＦＯを務められました。同氏は、富士重工業（現ＳＵＢＡＲＵ）でＩＲを、ＬＩＸＩＬで事業部門のＣＦＯを務めた経験をお持ちです。また、三菱ケミカルグループは、２０２２年に米スリーエム（３Ｍ）から中平優子氏をＣＦＯとして招き入れました。

2022年の秋に、「柳モデル」で有名な柳元エーザイCFOが中心になって「CFO養成講座」とも言える社会人大学院講座が開講しました。早稲田大学大学院会計研究科の「財務経営陣のための会計・ESG講座」がそれで、私も1コマ講義しましたが、参加者の4割弱は女性のビジネスパーソンで、大変心強く感じました。

現在、経理や財務を担当している日本企業の女性の皆さんのなかから、CFOが誕生する日を楽しみにしています。

さて、CFOになったあとのキャリアパスですが、欧米でも2通りにわかれます。

ひとつは、「プロCFO」として別の会社のCFOに就任するケースで、ポラット氏のようにまったく異業種のCFOに転身する例も珍しくありません。

次は、CFOからCEOに昇格するケースです。先ほど見た、「CFOに求められる3つの資質」は、いずれも経営トップであるCEOに求められる能力でもあります。このことから、欧米では、CFOはCEOの予備軍であり、有力候補である、と考えられています。

日本の大企業においては、CFOからCEOへの昇格は数えるほどしか例がありませんが、それでも最近、確実に増えています。

ソニーグループCEOの吉田憲一郎氏やNECの森田隆之社長兼CEOなどのほか、マネックスグループでは2023年6月にCFOの清明祐子氏が40代半ばでCEOに就く見込みとなっています。また、ＣＦＯからＣＯＯ（最高執行責任者）になった例としては、第一三共の奥沢宏幸氏（社長兼ＣＯＯ）や２０２３年４月にソニーグループの社長兼ＣＯＯ兼ＣＦＯになった十時裕樹氏が挙げられます。

ＣＦＯとして、幅広い領域の知見があり、アニマルスピリッツと「ＣＦＯ思考」を持ったビジネスパーソンが、営業や技術の面を補完して、会社のリーダーになるケースが今後も増えてくるものと期待しています。

人口が減っていく日本で生活水準を維持するために必要なもの

第４章では、日本が世界経済のなかで埋没していく様子を見てきました。未来を生きるビジネスパーソンの皆さんには、ご自分のキャリア形成と日本経済全体との関係についても理解していただきたいと思います。

図表５−２をご覧ください。経済学では、ＧＤＰなどの国全体の生産高・経済のボリュームを、一般に「Ｙ」で表します。そこで、このＹを労働力（Ｌ）で割り、さらにＬを掛けるとＹに戻ります。

この①式の左辺と右辺を、人口（Ｐ）で割ります。すると、Ｙ÷Ｐ＝（Ｙ÷Ｌ）×（Ｌ÷

P）という式になります。

　ここで、左辺のY÷Pは、人口で国全体の総生産（経済力）を割ったものですから、1人あたりの国民総生産であり、裏返して言えば、「国民の平均的生活水準」ということになります。

　一方、右辺の右側、（L÷P）は、労働力を人口で割ったものですから、「労働参加率」ということになります。

　私たちの社会がこれから直面する高齢化社会とは、全体の人口が微減していくなかで、急速に65歳以上の高齢者の割合が増え、15歳から64歳の労働に参加できる人口の割合が減少する社会です。

　つまり、（労働力÷総人口）すなわち、「労働参加率」が減少していくわけです。

図表5-2｜労働生産性を高めないと日本人の生活水準は下がる

日本国の経済力「Y」（総生産・GDP＝支出・総需要＝分配・所得。三面等価）
日本の労働力「L」、日本国の人口「P」

$$Y = \frac{Y}{L} \times L \quad \cdots\cdots ①$$

①式の両辺を人口「P」で割ると

$$\frac{Y}{P} = \frac{Y}{L} \times \frac{L}{P}$$

$\frac{Y}{P}$	$\frac{Y}{L}$	$\frac{L}{P}$
1人あたりの国民総生産（平均的生活水準）	労働者1人あたりの生産高（労働生産性）	労働参加率 ↘

このことは、大量に移民を受け入れるなどをしないかぎりは避けることができません。

この「労働参加率」の低下を少しでも食い止めるため、長時間残業の禁止やテレワークの推進、保育所の充実などの環境整備を進め、女性の労働参加率を高めることは極めて重要です。また、定年延長などにより、働く意欲を持つ高齢者の労働参加を促すことも、あわせて重要です。DE&I（多様性、公正性、包摂性）推進の意義もここにあります。

しかし、こうした施策は、「労働参加率」の低下を鈍化させる効果はあっても、低下を食い止めるほどのインパクトはありません。

こうしたなかで、左辺のY÷P、すなわち「国民の生活水準」を維持していくためには、右辺の左側の（Y÷L）の部分を引き上げることが必要になります。これが現状維持のままでは、私たちの社会は、高齢化社会の到来→労働参加率の低下→生活水準の低下、という一本道を進むことになります。

それでは、生活水準の維持のために引き上げることが絶対に必要な（Y÷L）とは何でしょうか？　Yは「経済全体の生産高」でLは「労働力」ですから、（Y÷L）は、「労働者1人あたりの生産高」、すなわち、「労働生産性」ということになります。

つまり、世界でも類を見ない高齢化社会を迎える私たちが今の生活水準を維持するためには、私たち一人ひとりが、自分の本分で自己実現を図り、それぞれの分野のプロとして「生産性」

を高めていく努力をすることが必須なのです。

本書のテーマで言えば、財務・経理や事務系と呼ばれるビジネスパーソンが、機械でできることはコンピュータに任せ、より付加価値の高い業務、たとえば、FP&A職がつとまるプロ人材になっていくことが重要、ということになります。

ビジネスパーソン一人ひとりがプロ人材となり、機械やデータを使いこなし、高い生産性を上げることが、マクロで言えば日本国全体の生活水準の維持・向上につながる、そういう関係にあるのです。

誰もが備えている「アニマルスピリッツ」のDNA

本書を通じて、日本人に「アニマルスピリッツ」が失われているというお話をしてきました。本来、楽観的思考やチャレンジ意欲を持っているはずの若い世代の方々が、人口減少や高齢化に伴う将来の生活不安からリスク回避的な行動を取るようになっていることは、やむを得ないことですし、合理的な判断とも言えます。

しかし、私たちには、ケインズの言う「活動に駆り立てる人間本来の衝動の結果として行われる事業欲」が本来備わっているはずです。実際、日本の歴史を見ると、人々の「アニマルスピリッツ」で時代が動いてきたことがわかります。

南蛮貿易で東南アジアに進出し、アユタヤに日本人町まで作った戦国時代の人たち、鎖国から一気に国を開き、諸外国に学んで財閥を興した明治の経済人たち、そして第二次世界大戦後の焼け野原から日本を先進国入りさせた多くのビジネスパーソン。これらの人たちはいずれも大いなる「アニマルスピリッツ」、すなわち実現したいことに対する非合理的なまでの期待と熱意を持っていました。

そして、高度経済成長時代、日本人は「エコノミック・アニマル（経済上の利潤追求を第一義として活動する人々）」とさえ呼ばれていました。

若い方々含め、日本人は、「アニマルスピリッツ」のDNAを受け継いでいるのです。

しかし、将来に不安を抱える状態で、ただやみくもに「リスクを取れ」というのは無責任ですし、無理があります。

チャレンジすることを評価する社会、失敗を評価する文化、そして失敗しても、経済的に困窮しないセーフティネット。こうしたものが社会に準備されて初めて、リスクを取ることを推奨できるのだと思います。政治への働きかけも含めて、こうした枠組みを残すことが、私たちの世代の責務だと考えています。

40年前は、米国企業の6割がPBR1倍割れだった！

若い世代の方には信じられないかも知れませんが、1979年には『ジャパン・アズ・ナンバーワン』（原題：*Japan as Number One: Lessons for America*）という本がアメリカで出版されるなど、日本経済が世界の中心にいた時代が確かにありました。[*5]

一方、当時の米国経済は、「株式の死」とまで言われる状況でした。**1982年時点では、米国の上場企業の約6割の株価がPBR（株価純資産倍率）1倍割れの状態、つまり、今の日本と同じく、過半数の米国企業の時価総額が解散価値を下回っていたのです。**[*6]

しかし、米国は、この時期から復活への道を歩み始めます。終身雇用的慣行が薄まって人材の流動化が進み、新たな企業が生まれ、経済資源の再分配が進んだ結果、数十年をかけて強い米国経済に変貌しました。彼らにできたのなら、私たち日本人にも経済再興はできるはずです。

ぜひ、皆さんにも備わっている「アニマルスピリッツ」のDNAを活性化させ、新しい時代を切り拓いていただきたいと願っています。

実は、日本企業は今、世界を席巻している多くの技術を欧米企業よりも先に開発していました。しかし、それをビジネス化できずに、市場シェアやデファクトスタンダードを奪われてしまった例がいくつもあるのです。

たとえば、スマートフォンとiモード。携帯電話を電話機としてではなく、インターネット端末として使うというアイデアは、NTTドコモのiモードがアップルよりもはるかに先行して実用化しました。iモードのサービス開始は1999年2月。iphoneの米国での発売は実に8年も後の2007年6月です。

iモードの先進性は世界のIT業界からも注目されていました。グーグル（現アルファベット）のエリック・シュミットCEO（当時）は、iモードの立ち上げメンバーの1人である夏野剛氏に、「日本の携帯電話からの検索の伸びは想像以上だ。これと同じような状況を世界中でつくりたい。ぜひ手伝ってほしい」と2007年頃に持ち掛けたといわれています。[*7]

結局、日本初のアイデアが世界標準となる機会は失われ、ピーク時には4900万件の契約があったiモードは2026年3月末をもってサービスが終了する予定です。

また、本書でも取り上げた半導体の製造に用いられるEUV（極紫外線）露光装置もしかりです。試作機を完成させたニコンでしたが、技術的困難さと巨額の開発費負担から、2011年に開発を断念しました。

民間企業1社ではリスクが大きすぎたわけですが、ASMLがEU政府の後押しで成長したことや、今日、日本でも多額の政府支出により半導体産業を再興しようとしていることを考えると、やりようがあったかもしれない、と思わざるを得ません。

いずれにせよ、今日のデジタル社会を支えるスマートフォンのアイデアや半導体の最先端製造技術は、日本人が先鞭をつけたにもかかわらず、現在後塵を拝しているわけです。

これ以外にも、日本企業が技術やアイデアで先行したにもかかわらず、世界のデファクトスタンダードになりえなかった例は、各業界で数多く見られます。

その失敗の原因はさまざまですが、日本企業に、より大きな構想力があったなら、またリスクとリターンを冷徹に計算し、アニマルスピリッツもあわせ持つ経営者（ＣＦＯ）がいたのなら、と思わせるケースもあります。

若い世代の皆さんには、この轍を踏んでもらいたくはない、と強く思います。

皆さんが**ＦＰ＆Ａ的な経験、すなわち、⑴事業企画と計数計画を同時に考える、⑵事業部最適（部分最適）と全社最適（全体最適）を調整して統合する、さらに、⑶「安定性の確保」と「成長性の実現」というトレードオフを止揚《アウフヘーベン》する**といった経験や、ＩＲ担当者としての経験、すなわち、**海外投資家の「資本の論理」と社内の論理の相克で悩む**、といった経験を積んでいけば、近い将来、日本企業にグローバルで勝負できる多くの素晴らしいＣＦＯが生まれるはずです。

とりわけ、これからの時代の企業経営においては、アクセルとブレーキを踏み分ける経営判断が重要になります。新しい時代の日本企業のCFOには、時には事業リスクを取るエンジンにもなり、時にはケインズの言う「数量的期待値分析」で過度なリスクテイクにブレーキをかける役割をも果たすことが求められます。

経営トップであるCEO（最高経営責任者）と伴走し、時には諫め、企業を財務的に健全な状況に保ち続けるだけでなく、適切な「アニマルスピリッツ」を発揮するよう促す、すなわち、経営トップや企業全体のアニマルスピリッツを保護し、それを発揮すべき時には背中を押す「ガーディアン（守護者・後見人）」のような存在。それが、私の考える新しい時代のCFOの役割です。

皆さんの中から、そうしたCFOが誕生する日を楽しみにしています。

CFOへのキャリアパスを描く――巻末「CFOチェックリスト」

CFOへのキャリアのスタート地点やルートはさまざまです。

現在、上場企業の有名CFOと言われる方々の経歴を見ても、人それぞれです。第3章でお話しした10の領域（経理・予算・税務・財務・リスクマネジメント・DX・人的資本経営・コーポレートガバナンス・IR・経営戦略）のいずれか（たとえば経理部門）からスタートし、10

領域の別の業務（たとえば予算やＩＲ）を経験し、その後、特定の業務や子会社などでＦＰ＆Ａ的な業務（事業計画や予算の策定を主導し、ファイナンス的視点で企業戦略や事業戦略の達成状況を分析し、対応方針を立案する）を経験する、といったステップを踏んでいくことでＣＦＯに近づいていくことになります。

巻末に「ＣＦＯチェックリスト」と題して、ＣＦＯのカバレッジ領域と、そこで経験すべき項目（私自身も未経験の項目も含む）を載せました。ぜひ、ご自身のこれまでのキャリアと重ね合わせて、今後のキャリアパスや自己研鑽の方向性を考える参考にしていただければと思います。

経理・財務からＦＰ＆Ａ的な仕事に展開するには、あるいは、経営戦略・経営企画、事業戦略・事業企画的な仕事からＣＦＯを目指すためには、それぞれどのような知識や経験が足りないか、自分の強みと弱みを把握し、数年先の姿を想像しながら、知識と経験を補強していくことはとても重要です。

私自身、完璧なＣＦＯはいないと常々思っていますし、関与すべき領域が日々広がり、常に新しいチャレンジが待っているＣＦＯという仕事は、一生の仕事にするに足るおもしろさがあると感じています。

私も皆さんに負けないように、これからも日々、努力していきます。

アニマルスピリッツとは、「実現したいことに対する非合理的なまでの期待と熱意」です。まず、「CFOになりたい」と強く思うことが大切です。日本人の悪いクセである、「どうせ無理だ」という控えめな心を封印し、自分の可能性を限定しないでいただきたいと強く思います。

非合理的なまでの熱い思いで、日本を代表する企業のCFOとなった自分、世界中の投資家に自社の経営方針を語る自分を想像し、そうした未来に期待し、強い気持ちで、今やるべきことに取り組んでいただきたいと思います。本書が、読者の皆さんがアニマルスピリッツを発揮するきっかけとなるなら、それは何よりの幸せです。

おわりに

テレビ東京が2021年の秋に朝の経済番組「Newsモーニングサテライト」で「CFO参上」という特集を開始し、有名大学の大学院でもCFO養成を目的とした講座の開講が相次ぐなど、このところCFOは注目を集める役職になっています。

その一方で、CFOの業務内容や実態については把握することが難しいのも事実です。企業の業種や成熟度によって、あるいは、他の役員との役割分担によって、CFOのカバレッジの範囲が異なり、さらにその企業の置かれている状況次第で課題や優先順位も大きく異なることから、定型的なCFO像を描くのが難しい、ということが背景にあります。

このCFOという職種は、投資家というこれまた「謎めいたイキモノ」と付き合い、社内と資本市場の結節点にいるという意味で、ほかの企業経営者とは異なるユニークさを持っています。

そのユニークさゆえに、資本主義や今後の日本企業のあり方を考えるうえで、CFOの悩みや展望をビジネスパーソンの方々と共有することは意味があるのではないかと考え、本書の執筆に至りました。

ＣＦＯに求められるものは多岐にわたり、日々変化し複雑化しています。私自身ができていないこと、経験したことがないことも多くあります。また、本文でもお話ししたように、私がＣＦＯを務めた2社の市場からの評価は必ずしも高くはなく、そもそもこのようなＣＦＯ本を書く資格が私にあるのかについても、ずいぶん自問自答しました。

しかしながら、異なる業種の上場企業2社でＣＦＯを務めてきたという経験のなかには、なにがしか、次代を担うビジネスパーソンの皆さんにも参考にしていただけることがあるのではないかと考え、実際の体験をもとに筆を進めました。

本書で私は、**日本経済や日本企業に「欠落」している最大のものは、技術でも人材でもなく、経営者のアニマルスピリッツである**、という主張をしています。株式会社は４００数十年前のその誕生の時から、パーパス（存在意義・目的）をアニマルスピリッツで実現してきました。今日の日本企業においては、ＣＦＯが、冷徹な計算と非合理的なまでの熱意を併せ持ち、企業成長のエンジンとなること、すなわち、「ＣＦＯ思考」に基づいて行動することで、企業はそのパーパスの実現に近づくことができます。そして、そうした企業が増えることで日本経済は再び成長軌道に戻っていく、私はそう考えています。

私自身、本書で述べたCFOの理想像に向けて、引き続き努力していきたいと考えています。なお、本書で私がお話しした内容や意見は、私個人の見解であり、私が属する、あるいは過去に属していたいかなる企業や団体にも何ら関係のないことをご理解いただければと思います。

本書刊行については、未熟な私を5年という銀行業界としては異例の長期にわたってCFOとして使っていただいた三菱UFJフィナンシャル・グループの元CEOの平野さん、前CEOの三毛さんをはじめ、現在の亀澤CEO、三菱UFJ銀行の半沢頭取、三菱UFJ信託銀行の長島社長にご了解を頂戴し、また、ニコンの牛田取締役会議長、馬立CEOにもご快諾をいただきました。また、両社の広報を含む関係者の皆さんには事実関係に関する原稿のチェックなどで、多大なご負担をおかけしました。厚く御礼申し上げます。

さらに、朝日新聞朝刊に掲載されていたコラム「経済気象台」にペンネーム「慶」で8年間寄稿した内容や、現在、実名で定期寄稿している日本経済新聞の夕刊コラム「十字路」に掲載された事項も本書のベースになっています。両紙の関係者の皆さまにも感謝申し上げます。

本書は、国内外の多くのビジネスパーソンとの出会いがすべてのベースです。特に、同じ会社で苦楽をともにした多くの仲間たちの力添えなくして、CFOとしての今の私はありません。この紙面を借りて御礼申し上げます。

また、仕事上でお付き合いいいただいた投資家や金融機関、監査法人、コンサルタント会社、格付機関、証券取引所や関係ご当局の皆さん、そして日本企業のCFO仲間の皆さんにも、たくさんの刺激をいただきました。

とりわけ、海外IRの際に偶然同じ飛行機に乗り合わせるなど「接近遭遇」することも多かった各社のCFOの皆さんとは、日本経済を世界にアピールする、日本企業を海外投資家に売り込む、という同じ目的を持つ「戦友」のような不思議な感覚を持っています。

本書には、朝倉祐介さんと堀内勉さんから推薦の辞を頂戴しました。

朝倉さんは、第2章でも取り上げた『ファイナンス思考』（ダイヤモンド社）などの素晴らしい本を著しておられるだけでなく、スタートアップやVC（ベンチャー・キャピタル）の経営者を含むそのご経歴からも分かるように、人生を切り拓く力や夢を実現する力をお持ちの方です。

堀内さんは、金融機関ご出身で事業会社のCFOを務められたご経歴もさることながら、経営者に必須のリベラルアーツの大家です。その圧倒的な読書量とさまざまなご経験をベースに先人の知恵を俯瞰し体系立て要約された『読書大全』（日経BP社）は私の座右の書です。

そのようなお二人からお言葉を頂戴できたことは大きな喜びであり、御礼を申し上げます。

最後に、ダイヤモンド社の横田大樹さん、上村晃大さんには本書を世に出すにあたり、多大なご尽力を頂戴しました。また、エージェントの宮原陽介さんにも伴走していただきました。御礼申し上げます。

本書を、若くして亡くなった父、正勝に捧げることをお許しいただければと思います。玄界灘に浮かぶ藍島・馬島という小さな島々で育った私が、ニューヨーク証券取引所でクロージングベルを鳴らす人生を歩むなど、亡父は考えもしなかったと思いますが、私に大きな影響を与えた偉大な父でした。

これまでの人生で出会った多くの方々のご恩に報いるべく、これからも歩みを進めてまいります。

徳成旨亮

2023年5月

			チェック欄
SR (Shareholder Relations)	助言会社	ISS、グラス・ルイスなどの議決権行使助言会社と対話している	
	投資家	投資家の議決権行使担当者と対話している	
サステナビリティ・ESG 216〜220ページ	対外開示	サステナビリティ報告書を作成している	
	対外評価	GPIFのESG投資で採用している指標のうち、自社が選定されている指標数を把握している	
	気候変動に関する開示	有価証券報告書にTCFD準拠で、機会とリスクについて定量的に開示している	
	ESG投資家との対話	環境関連の投資家やガバナンスに関心を持つ投資家等と積極的に対話している	
	NGO、NPO等との対話	ESG・サステナビリティに関係する多くのステークホルダーとの対話の窓口となっている	
	人的資本経営	人的資本経営など、その他非財務情報に関する対外開示に責任を持ち、企業価値向上につながる施策について社内に影響力を及ぼしている	
DX・IT 225〜228ページ	経理・財務業務効率化	IT化・DX推進により実務の効率化を推進している	
	人材捻出・育成	DX推進を人材捻出だけに留まらず、高度人材（FP&Aなど）育成につなげている	
	生成AI	ChatGPTなど生成AIを含む新技術の自社ビジネスへのリスクと利用の可能性について検討している	
リスク管理・内部統制 216〜220ページ	リスクキャパシティの把握	企業が組織体として許容できる最大リスク量を大まかに把握している	
	リスクアペタイトの決定	事業計画を達成するために進んで受け入れるリスクの量・種類を大まかに決めている	
	リスクテイクの推進・支援	実際のリスク量とリスクアペタイトの差を認識し、CEO等に積極的な使用を促している	
	J-SOX、米国SOX等	J-SOXと進出先各国の類似のルールを認識・把握し、財務報告の信頼性確保に努めている	
	内部統制	J-SOXに留まらず、健全な会社経営のための内部統制の体制整備・実践に関与している	
コーポレートガバナンス 228〜236ページ	取締役会	取締役会で資本政策やM&Aなどについてプレゼンした経験がある	
	監査委員会・監査等委員会・監査役会	監査委員会、監査等委員会、監査役会メンバーと議論した経験がある	

			チェック欄
IR・開示 237〜244ページ	適時開示	東証の適時開示ルール（特にバスケット条項）を理解している	
		適時開示の要否・文言等を東証と相談したことがある	
	臨時報告書	「投資者保護のために開示するべき事象」を理解している	
		臨時報告書を提出したことがある	
	決算説明用資料	和文・英文で作成している	
	統合報告書	統合報告書を作成している	
	実質株主	トラスティ・ノミニー等の背後にいる実質株主を把握している	
	IR	実質大株主や保有が期待される投資家等、IR面談候補先リストを作成している	
		CFOとして年間100件、IRチームとして1000件以上、投資家・アナリストと面談している	
		IR面談の結果を、取締役会に定期的に報告している	
		IR Day、ESG説明会などを行ったことがある	
		日本IR協議会からIR優良企業として専門委員評価を受けている	
		インスティテューショナル・インベスター誌の投資家投票で入選したことがある	
	アクティビスト	取締役会でアクティビスト対応の勉強会を開催したことがある	
		アクティビストと対話したことがある	
		公開アクティビズムに対応した経験がある	

			チェック欄
政策保有株式	取締役会での議論	取締役会で政策保有株式について保有目的・採算性等を精査し保有の適否を検証している	
	売却・解け合い協議	政策保有株式の売却や解け合いの協議を相手方と行ったことがある	
	開示	政策保有株式の売却方針・売却実績などを開示し投資家と対話している	
企業戦略	経営計画	中期経営計画などの企業戦略の策定・モニタリングに関与している	
	資源配分	経済資本の各事業部門への配分を行っている	
		経済資本に加え、人的資本アロケーションや研究開発費・設備投資の配分にも関与している	
M&A／戦略出資 244～247ページ	戦略議論	取締役会での企業戦略の議論に関与している	
	M&A・戦略投資方針	キャピタル・アロケーション方針に基づく具体的なM&A・戦略投資の方針を策定している	
	ロング／ショートリスト	M&A・戦略投資の方針（ターゲット領域、金額等）に基づき、候補先をリスト化している	
	M&A・戦略投資実務	ターゲット企業への打診・提案・デューデリジェンス・交渉・契約・TOBなどの実務経験がある	
	PMI	買収・出資先のPMIに関与し、経営管理を行っている	
	モニタリング	買収・出資先の状況の定期モニタリングを行い、不調な企業について対応策策定を指示している	
	撤退・売却ポリシー	業績不調な買収・出資先に関する撤退・売却ルールを定めている	
	撤退・売却実務	ルールに基づき、買収・出資先からの撤退・売却等を行ったことがある	
	既存事業カーブアウト	既存事業について、売却・カーブアウト・他社との合併化、工場閉鎖などを行ったことがある	
	Chapter11、民事再生法、会社更生法	業績不調な買収・出資先の再建（ターンアラウンド）、破産・清算に関与したことがある	

			チェック欄
財務 （資本） 208〜214ページ	株式公開・上場	株式を公開し、会社を東証に上場させた経験がある	
		株式を日本以外の証券取引所に上場させた経験がある	
	増資（IPO）	普通株式増資をしたことがある	
	売り出し（PO）	自社株を市場で売り出したことがある	
	自己株式取得	自社株を市場から取得したことがある	
	転換社債・メザニン	転換社債や優先株などの種類株式、優先出資証券、劣後債などを発行した経験がある	
	キャピタルアロケーション	資本配分方針を会社で組織決定している。そのリード役を担っている	
		過去の資本配分結果を開示している	
	BS・資本最適化	資本政策（株主還元政策含む）や財務戦略（あるべき資本・負債構成、手元流動性水準）の検討を定期的に行い、実行している	
	株価・PBR・PER・資本コスト	自社の株価・PBR・PER、資本コスト（投資家の期待リターン）、エクイティスプレッド（ROEと資本コストの差）を定期的にチェックし、不調の場合は他社比較を含め要因分析を行っている	
企業年金	DB,DC	確定給付（DB）年金、確定拠出（DC）年金の財務影響を理解し、自社制度のあり方に意見している	
	年金財政（再計算）	DB年金における年金財政の状況を把握しており、3〜5年ごとの財政再計算に関与している	
	運用	金融機関任せにせず、年金財政状況等に応じたDB年金の運用方針を決定している	
	海外子会社年金	海外子会社の年金制度・“隠れ債務”を把握し、バイアウト等の抜本的対応を行っている	

			チェック欄
税務 195〜202ページ	タックスポリシー	タックスポリシーを策定している	
	納税	納税額を国別・地域別等で公表している	
		納税実務に関与したことがある	
	税効果会計	繰延税金資産・負債について理解している。繰延税金資産取り崩しの要否を会計士と議論したことがある	
	国税当局	当局の担当官と議論したことがある	
	税務プランニング	タックスポリシーに基づき、税務プランニングを検討・実施している	
		実効税率目標を設定している	
	移転価格税制	APA（移転価格事前確認）を当局に申請したことがある	
	企業版ふるさと納税	実施したことがある	
財務 （負債） 202〜207ページ	銀行取引	銀行取引を開始あるいは打ち切った経験がある	
		銀行との持合いを含む政策保有株式の売却を行ったことがある	
	社債発行	国内で社債を発行したことがある	
		海外で社債を発行したことがある	
	格付機関	格付の引き下げ阻止・引き上げ促進を働きかけたことがある	
	グリーンファイナンス	グリーン／ソーシャル／サステナビリティ・ボンドあるいはローンで資金調達した経験がある	
	為替等	為替予約・デリバティブ取引の実務経験がある	
	金融機関取引	財務的な課題が生じたときにすぐに相談できる取引金融機関の個人・チームが存在する（日頃から信頼関係を構築・維持している）	
	M&Aファイナンス	買収に絡んだブリッジローン／パーマネントファイナンスの手段検討・執行の経験がある	
	市況把握	金融動向、資本市場環境（発行市場／流通市場トレンド）を把握している	

巻末特典｜CFOチェックリスト

- CFOおよびそのチームが所管する業務のうち、本書で触れていない領域も含め、2023年時点で焦点になっている論点を中心に例示しています
- CFOの業務および課題は、時代とともに変わり、また優先すべき事項もそれぞれの企業の置かれている状況で大きな差異があります
- このリストに含まれている項目の中には、筆者が経験していないことや十分にできていない事項も含まれています
- CFOの業務の広がりや個々の業務の深みをご覧いただき、今後のキャリア形成等の参考にしていただければ幸いです

			チェック欄
経理（財務会計）本書185〜191ページ	会計基準	日本基準について知見がある	
		IFRSについて知見がある	
		米国基準について知見がある	
	監査法人	監査法人を変更したことがある	
		監査法人変更に関して、候補となる監査法人からの提案書受け入れ（テンダー）による比較検討プロセスを主導したことがある	
		監査法人との経営者ディスカッションに関与したことがある	
		監査法人のパートナーと会計処理を巡って議論したことがある	
		経営者確認書の記載文言を検討したことがある	
	有価証券報告書等	有価証券報告書・決算短信の記載内容を把握している	
	会計実務	会計実務	
予算（管理会計）191〜194ページ	予算	全社および事業ごとの予算策定に関与したことがある	
		全社および事業ごとの予実分析に関与したことがある	
		予実差異を踏まえ、改善策を検討・上申したことがある	
	部門支援・指導	ROIC等の財務指標を用いて、各事業部門と対話し、業績改善への支援を行っている	
	管理会計	管理会計のルールを変更したことがある	
		開示セグメントを変更したことがある	

＊2　ジョン・メイナード・ケインズ著、間宮陽介訳『雇用・利子および貨幣の一般理論』岩波文庫、2008年
＊3　ジョージ・A・アカロフ、ロバート・J・シラー著、山形浩生訳『アニマルスピリット：人間の心理がマクロ経済を動かす』東洋経済新報社、2009年6月
＊4　ロバート・J・シラー著、植草一秀、沢崎冬日訳『投機バブル　根拠なき熱狂：アメリカ株式市場、暴落の必然』ダイヤモンド社、2001年1月
＊5　「コーポレートガバナンス・コード」東京証券取引所、2021年6月11日
＊6　Gilson, R. J., and Gordon, J. N. "Board 3.0 – An Introduction, *The Business Lawyer*; Vol. 74(2), May 2019, pp.351-366.
＊7　「日本経済2020－2021」内閣府ウェブサイト、2021年3月
https://www5.cao.go.jp/keizai3/2020/0331nk/index.html

第5章

＊1　Frey, C. B., and Osborne, M. A., "The Future of Employment: How Susceptible Are Jobs to Computerisation?" *Technological Forecasting and Social Change*; Vol. 114, January 2017, pp.254-280.
＊2　「日本の労働人口の49%が人工知能やロボット等で代替可能に」野村総合研究所ニュースリリース、2015年12月2日
https://www.nri.com/-/media/Corporate/jp/Files/PDF/news/newsrelease/cc/2015/151202_1.pdf
＊3　堀井摩耶、櫻井康彰『The future of work in Japan　ポスト・コロナにおける「New Normal」の加速とその意味合い』McKinsey & Company, 2020年5月
https://www.mckinsey.com/jp/~/media/McKinsey/Locations/Asia/Japan/Our%20Insights/Future%20of%20work%20in%20Japan/Future%20of%20work%20in%20Japan_v3_jp.pdf
＊4　「『ご飯 夜7杯、朝3杯』大谷翔平が10年前に書いた、81個の"マンダラの約束"」PRESIDENT Online, 2021年7月12日
https://president.jp/articles/-/47766
＊5　エズラ・F・ヴォーゲル、広中和歌子、木本彰子訳『ジャパン・アズ・ナンバーワン――アメリカへの教訓』阪急コミュニケーションズ、1979年
＊6　「PBR1倍問題、米国の教訓」『日本経済新聞』朝刊、2023年3月7日号
＊7　「【技術革新とiモード】(3) 本当にガラパゴスだったか。」『FujiSankei Business i』2017年2月20日号、4ページ

第3章

*1　「グーグル 新・女性CFO『年俸37億円』の衝撃」Forbes JAPAN、2015年4月7日
https://forbesjapan.com/articles/detail/3269

*2　The number of CFOs being promoted to CEOs hits an all-time high, FORTUNE, 2022年9月29日
https://fortune.com/2022/09/29/cfos-promoted-ceos-all-time-high/

*3　「三菱UFJ：米基準の前期損益「のれん代」の処理で5424億円の赤字に」Bloomberg、2008年9月19日
https://www.bloomberg.co.jp/news/articles/2008-09-19/K7FSA06KLVR401

*4　「MUFG Report 2019」三菱UFJフィナンシャル・グループ、2019年7月
https://www.mufg.jp/ja/ir2019/pdf/all.pdf

*5　「コーポレートガバナンス・コード」東京証券取引所、2021年6月11日
https://www.jpx.co.jp/equities/listing/cg/tvdivq0000008jdy-att/nlsgeu000005lnul.pdf

*6　「『DX 推進指標』とそのガイダンス」経済産業省、2019年7月
https://www.meti.go.jp/press/2019/07/20190731003/20190731003-1.pdf

*7　「DXレポート2（中間取りまとめ）」デジタルトランスフォーメーションの加速に向けた研究会、2020年12月28日
https://www.meti.go.jp/press/2020/12/20201228004/20201228004-2.pdf

*8　「MUFG Report 2019」三菱UFJフィナンシャル・グループ、2019年7月

*9　Botosan, C.A., Disclosure Level and the Cost of Equity Capital, *The Accounting Review*; Vol.72, No.3 (July 1997), pp.323-349.

*10　須田一幸編著『ディスクロージャーの戦略と効果』森山書店、2004年12月

*11　「成功率はわずか2割　M&Aは失敗の歴史」日本経済新聞電子版、2018年8月30日；デロイトトーマツコンサルティング「M&A経験企業にみるM&A実態調査（2013年）
https://www.nikkei.com/article/DGXMZO34745530Z20C18A8000000/
https://www2.deloitte.com/content/dam/Deloitte/jp/Documents/about-deloitte/news-releases/jp-nr-nr20131008-2.pdf

*12　「コーポレートガバナンス・コード」東京証券取引所、2021年6月11日

*13　「リスクアペタイト・フレームワーク思想の経営管理への活用支援コンサルティング」三菱UFJリサーチ&コンサルティング、2021年1月
https://www.murc.jp/wp-content/uploads/2021/01/FI01.pdf

*14　「コーポレートガバナンス・コード」東京証券取引所、2021年6月11日

第4章

*1　科学技術・学術政策研究所「科学技術指標2015」
https://nistep.repo.nii.ac.jp/?action=repository_uri&item_id=4763&file_id=13&file_no=3

『日本経済新聞』朝刊2022年6月29日、12面
*6　Global Top 10 Foundries' Total Revenue Grew by 6% QoQ for 3Q22, but Foundry Industry's Revenue Performance Will Enter Correction Period in 4Q22, Says TrendForce, Trendforce, 2022年12月8日
https://www.trendforce.com/presscenter/news/20221208-11495.html
*7　「TSMC熊本工場の建設着々　経産相視察『非常に速い』」日本経済新聞電子版、2022年10月16日
https://www.nikkei.com/article/DGXZQOUA1623P0W2A011C2000000/
*8　On GPS: Can China afford to attack Taiwan? CNN, 2022年8月1日
https://edition.cnn.com/videos/tv/2022/07/31/exp-gps-0731-mark-liu-taiwan-semiconductors.cnn
*9　「半導体露光機で日系メーカーはなぜASMLに敗れたのか」MONOist、2018年3月2日
https://monoist.itmedia.co.jp/mn/articles/1803/02/news039.html
*10　『MSCI ESG レーティングにおいて最高評価である「AAA」評価を獲得』ニコンウェブサイト、2023年4月28日
https://www.jp.nikon.com/company/news/2023/0428_01.html
*11　朝倉祐介著『ファイナンス思考　日本企業を蝕む病と、再生の戦略論』ダイヤモンド社、2018年7月
*12　「5兆円差益、企業どうする　賃上げ・投資へ最後の挑戦－本社コメンテーター梶原誠」日本経済新聞電子版、2022年11月9日
https://www.nikkei.com/article/DGXZQOCD048H90U2A101C2000000/
*13　「ニコン、ITやM&Aの高度人材獲得へ賃金で特別枠」『日本経済新聞』朝刊、2023年5月6日号
*14　「人的資本経営　～人材の価値を最大限に引き出す～」経済産業省ウェブサイト
https://www.meti.go.jp/policy/economy/jinteki_shihon/index.html
*15　「エーザイの「人財計算式」人の価値を見える化する」日本経済新聞電子版、2022年2月9日
https://www.nikkei.com/article/DGXZQOCD063VU0W2A200C2000000/
*16　2021年3月期決算、KDDI、2021年5月14日
https://www.kddi.com/extlib/files/corporate/ir/library/presentation/2021/pdf/kddi_210514_main_Yhr9KA.pdf
*17　「サステナブルな成長へ向けた強固な財務・非財務基盤の構築」、NEC、2021年12月10日
https://jpn.nec.com/ir/pdf/library/211210/211210_01.pdf
*18　VALUE REPORT 2021、日清食品ホールディングス、2022年2月2日
https://www.nissin.com/jp/ir/library/annual/pdf/ir_2103_01.pdf
*19　JR東日本グループレポート　2022、東日本旅客鉄道、2022年8月
https://www.jreast.co.jp/eco/pdf/pdf_2022/all.pdf

＊13　ISS「2023年版　日本向け議決権行使助言基準」2023年2月1日
https://www.issgovernance.com/file/policy/active/asiapacific/Japan-Voting-Guidelines-Japanese.pdf

＊14　東京証券取引所「コーポレートガバナンス・コード」2021年6月11日
https://www.jpx.co.jp/equities/listing/cg/tvdivq0000008jdy-att/nlsgeu000005lnul.pdf

＊15　「すべての利害関係者の皆様のために、オアシスは東京ドームの価値を守るべく臨時株主総会の招集を請求します」ビジネスワイヤ、2020年10月20日
https://www.businesswire.com/news/home/20201020005896/ja/

＊16　CEO pay has skyrocketed 1,322% since 1978, Economic Policy Institute, 2021年8月10日
https://www.epi.org/publication/ceo-pay-in-2020/

＊17　Business Roundtable Redefines the Purpose of a Corporation to Promote 'An Economy That Serves All Americans', Business Roundtable, 2019年8月19日
https://www.businessroundtable.org/business-roundtable-redefines-the-purpose-of-a-corporation-to-promote-an-economy-that-serves-all-americans

＊18　たとえば「世界で脚光『ステークホルダー資本主義』、企業経営の潮流になるか」(ニュースイッチ、2020年9月24日）など。
https://newswitch.jp/p/23911

＊19　Our Commitment, Business Roundtable,
https://opportunity.businessroundtable.org/ourcommitment/

＊20　Executive Paywatch, AFL-CIO
https://aflcio.org/paywatch

第2章

＊1　アンドリュー・ロス・ソーキン著、加賀山卓朗訳『リーマン・ショック・コンフィデンシャル（下）　倒れゆくウォール街の巨人』早川書房、2010年7月

＊2　「再送-〔IBウォッチャー〕サントリーの米社買収、MスタンレーとMUFGの連携に弾み」ロイター通信、2014年1月16日
https://jp.reuters.com/article/idJPL3N0KQ1DD20140116

＊3　「点検 世界シェア56品目」日本経済新聞ウェブサイト、2022年11月22日
https://vdata.nikkei.com/newsgraphics/share-ranking/#/year/latest/chart-cards?panel=perspectives&sort=desc,total.diff&perspectives=topJapan

＊4　デジタルカメラ統計、一般社団法人　カメラ映像機器工業会
https://www.cipa.jp/j/stats/dc.html

＊5　「台湾TSMC・蘭ASML　半導体2強、進む技術支配　先端品で協力、追随許さず」

参考文献

はじめに

＊1　GDP per capita, current prices U.S. dollars per capita, International Monetary Fund.
https://www.imf.org/external/datamapper/NGDPDPC@WEO/WEOWORLD

第1章

＊1　ジョン・メイナード・ケインズ著、間宮陽介訳『雇用・利子および貨幣の一般理論』岩波文庫、2008年

＊2　文部科学省「大学ファンドの創設について」2021年3月
https://www.mext.go.jp/content/20210304-mxt_gakkikan-000013198_03.pdf

＊3　World University Rankings 2022, Times Higher Education.
https://www.timeshighereducation.com/world-university-rankings/2022/world-ranking#!/page/2/length/25/sort_by/rank/sort_order/asc/cols/stats

＊4　「10兆円大学ファンド、利回り4.38%の勝算は」『日本経済新聞』2022年3月16日

＊5『「国際卓越研究大」の公募に東大・京大など10大学…文科省、秋にも審査結果公表へ』読売新聞オンライン、2023年4月4日
https://www.yomiuri.co.jp/national/20230404-OYT1T50087/

＊6　トマ・ピケティ著、山形浩生、守岡桜、森本正史訳『21世紀の資本』みすず書房、2014年12月

＊7　BlackRock AUM drops 14% despite strong inflows, INVESTMENT WEEK, 2023年1月16日
https://www.investmentweek.co.uk/news/4062701/blackrock-aum-drops-14-despite-strong-inflows

＊8　野村資本市場研究所「野村資本市場クォータリー　2023年冬号」

＊9　「資産運用業高度化プログレスレポート2023」、金融庁、2023年4月
https://www.fsa.go.jp/news/r4/sonota/20230421/20230421_1.pdf

＊10　「『伊藤レポート』誕生の背景とは。」The Meaning of Work、2021年11月9日
https://lm-tmw.com/theory-and-practice/ito-report-1/

＊11　「市場リスクプレミアム」資本コスト
https://costofcapital.jp/risk-premium/

＊12　柳良平著『CFOポリシー　第2版』中央経済社、2021年9月

[著者]
徳成旨亮（とくなり・むねあき）
ニコン取締役専務執行役員CFO。
慶應義塾大学卒業。ペンシルベニア大学経営大学院（ウォートン・スクール）Advanced Management Program for Overseas Bankers修了。
三菱UFJフィナンシャル・グループCFO（最高財務責任者）、米国ユニオンバンク取締役を経て現職。日本IR協議会元理事。米国『インスティテューショナル・インベスター』誌の投資家投票でベストCFO（日本の銀行部門）に2020年まで4年連続選出される（2016年から2019年の活動に対して）。本業の傍ら執筆活動を行い、ペンネーム「北村慶」名義での著書は累計発行部数約17万部。朝日新聞コラム「経済気象台」および日本経済新聞コラム「十字路」への定期寄稿など、金融・経済リテラシーの啓発活動にも取り組んでいる。本書は本名での初の著作。

CFO思考
——日本企業最大の「欠落」とその処方箋

2023年6月6日　第1刷発行
2024年6月21日　第6刷発行

著　者——徳成旨亮
発行所——ダイヤモンド社
〒150-8409　東京都渋谷区神宮前6-12-17
https://www.diamond.co.jp/
電話／03-5778-7233（編集）　03-5778-7240（販売）
著者エージェント——アップルシード・エージェンシー
(http://www.appleseed.co.jp)
装丁・図版・本文デザイン——遠藤陽一(DESIGN WORKSHOP JIN)
本文イラスト——徳丸ゆう
DTP——桜井淳
校正——鷗来堂
製作進行——ダイヤモンド・グラフィック社
印刷——三松堂
製本——加藤製本
編集担当——上村晃大

ISBN 978-4-478-11804-7